학술아카데미 총서 ④: 논문작성법 Ⅳ

# 논문작성 연구방법 실전 노하우:

## 입말로 전하는 문헌 · 양적 · 질적연구

| 천정웅 저 |

양 성 원

# 머리말

이 책은 필자가 지난 몇 년간 강의한 논문작성법 특강을 현장 실황적 내용을 중심으로 체계화하여 정리한 것이다. 공부에 왕도가 없다고 하는데, 학술연구의 핵심인 논문집필에도 지름길은 없다. 그러나, 보다 효율적으로 논문을 준비하는 방법은 전공분야와 연구방법 등에 따라 여러 가지가 있을 수 있다. 논문을 준비하는 사람들이 방법을 모르고 하거나 방법을 잘 못 알고 하는 경우 보다는 제대로 알고 익혀서 실제 상황에 적용한다면 그보다 더 좋은 것은 없을 것이다.

이 책은 이러한 기본 생각에서 준비한 것이지만, 전체 과정을 모두 포함하겠다는 생각에서 세 부분으로 구성하려고 시도하였다. 우선, 어떤 방법론으로 연구를 하더라도 반드시 필요한 문헌고찰과 분석의 노하우를 필요로 한다는 점에서 문헌연구 노하우(제1부), 양적연구방법론을 활용하는 논문의 노하우(제2부), 그리고 질적연구방법론을 적용한 논문의 노하우(제3부) 등으로 구분하였으며, 전체가 하나의 논문집필법 노하우가 되도록 구성하였다.

이 책은 집필방법과 챕터별 구성 등의 몇 가지 측면에서 다음과 같은 특색을 갖도록 구상하였다. 첫째, 이 책의 중심 내용은 필자의 논문작성법 아카데미 과정에서 강의한 내용을 녹음하고 전사한 것을 독자들의 이해를 돕기 위해 다듬고 편집한 것이다. 둘째, 이 책의 권별 구성은 연구방법이 다르기 때문에 다소 상이할 수 있지만, 기본적으로는 해당 연구방법론에 대한 기본 이해를 전제하고 그것을 논문집필에 활용하는 내용에 대한 것과 논문의 서론부터 결론에 이르는 각 챕터별 집필을 위한 가이드라인과 주요한 기법 등을 제시하였다. 셋째, 이 책의 각 챕터의 구성은 먼저 논문집필에 필요한 가이드라인이나 주요한 방법에 대한 내용을 강의 슬라이드를 중심으로 제시하고 그 슬라이드에 담긴 내용에 대해 설명하는 필자의 강의를 글로 풀어서 읽을 수 있도록 하였다. 넷째, 이 책의 챕터 중 일부에는 해당 내용을 익힐 수 있는 실습과 실연 및 재현하는 워크숍 내용을 포함하고 있으며, 필요한 경우 실습사례를 제시하고 있다. 다섯째, 이 책의 챕터 중 일부에는 본문의 내용과 관련하여 기존에 발간된 관련 문헌 중에서 도움이 되는 내용을 번역, 발췌, 또는 인용하여 제시함으로써 챕터의 내용에 대해 보다 폭넓은 이해를 갖도록 고려하였다. 여섯째, 이 책의 챕터 중 일부에는 강의 내용과 관련한 예시를 최대한 많이 제공하도록 하였으며, 필요하면 예시논문을 수록하고 해설하거나 설명하는 내용을 담도록 하였다.

이 책의 내용을 구성하는 주요 문헌은 필자가 공부하는 과정을 통해 수집했던 특별한 자료들은 물론, 국내외의 다양한 논문작성법 자료들을 포함하였다. 주요 내용별로 활용했던 문헌들의 출처는 최대한 구체적으로 해당되는 부분에 제시하여 보다 많은 내용을 공부하고자 하는 경우 활용할 수 있게 하였으며, 참고문헌에도 분명하게 밝히고 있다. 또한 강의에 활용하는 문헌이 영문일 경우 영문 그대로 제시한 곳도 있는데, 번역의 어려움이 있기도 하지만, 영어 용어 그대로 전달하는 것이 실제 강의에서 필요하다고 생각하기 때문이기도 하다. 다소 불편하지만 가끔씩 나오는 영어를 이해해 주기를 기대한다.

이 책을 저술하게 된 계기에 대해서는 제1부의 문헌연구 편 제1강에서 자세히 밝히고 있지만, 두 가지 측면에서 언급할 필요가 있을 것이다. 첫째는 필자의 공부한 과정상의 측면인데, 한국과 미국의 대학교에서 두 개의 전공분야에서 두 번의 박사학위를 받았으며, 정부출연연구기관과 대학교에서 다양한 연구에 종사한 경험이 있으며, 연구방법론과 논문작성법에 대한 직접적인 공부와 이를 활용한 일에 많은 시간을 들였다는 점이다. 둘째는 필자가 귀국해서 대학원 석사 및 박사

과정의 다양한 배경을 가진 학생들의 논문지도를 하면서 직접 경험하고 느낀 측면인데, 보다 많은 학생들에게 보다 체계적으로 공부하는 자세부터 구체적인 방법까지 배워줄 필요가 있다는 것을 체험적으로 확인하는 오랜 세월을 통해 그러한 과정을 개발하여 적용하였으며, 그 성과를 보았다는 것이다. 이러한 성과를 바탕으로 전국의 다른 학생들에게도 이를 확산하는 노력이 있어야 한다는 생각으로 서울, 광주, 대전, 대구 등에서 아카데미 과정을 통해 많은 수강생을 배출하였고 그들 중 대부분이 박사학위와 석사학위 등을 취득하였다. 이 책에 수록된 예시논문과 실습사례의 대부분은 모두 이들 아카데미 수료생들의 과제 중에서 선별한 것이다.

이 책은 앞서 말한 바와 같이 필자의 강의 내용을 중심으로 구성되어 있지만, 이렇게 한권의 책으로 묶어져 나오기까지에는 매우 우연하고도 특별한 상황이 있었으며, 또한 평생 잊을 수 없는 고마움을 함께할 사람들이 있었기 때문이다. 특히, 이 책의 중심 내용이 되는 강의 실황은 아카데미 과정에 참석했던 학생들이 녹음을 하고 그것을 풀어서 공부하는데 활용하겠다는 것에서부터 시작하였다고 볼 수 있다. 그 때는 부분적으로 허용했지만, 생각해보니 이런 책이 만들어져 있었다면 그 많은 학생들이 보다 많이 활용할 수 있었을 것이란 생각이다. 전과정을 3일간 하면 총 강의시간은 22시간 정도 되는데 그 긴 시간을 체계적으로 녹음을 하고 그 녹음 내용을 다시 글로서 옮겨적는 전사를 한 일은 문정희 선생님과 배경남 선생님의 노고였음을 밝힌다. 두 분이 없었다면 오늘의 이 책의 텍스트는 존재하지 않았을 것이다. 특히 문정희 선생님은 수차례의 아카데미 과정에서 서울과 대구, 대전, 광주 등을 여러 차례 오가면서 진행을 도우면서 녹음하고 전사하는 일을 하였다. 고맙다는 말로 다 표현할 수 없는 노고를 빚진 것이다. 이 책은 또한 각 챕터별로 많은 추천하는 읽을 거리를 제공하고 있는데, 김민정 님과 이소양 님의 도움이 없었다면 짧은 시간에 그 많은 문헌들의 중요한 부분들이 읽을거리로 제공되지 못했을 것이다. 수시로 요청하는 참고문헌을 곧바로 찾아주고 편집해주었다.

이 책의 기본 내용이 문정희 선생님과 배경남 선생님의 도움으로 이루어졌다면, 구어체 강의 내용을 책자로 만드는 과정에서 그 모든 내용을 꼼꼼히 읽고 필요한 경우 문어체로 바꾸거나 내용을 바로 잡아주는 등의 일은 박선희 교수님의 몫이었다. 참으로 깊은 감사의 마음을 전하지 않을 수 없다. 특히 이 기회를 통해 국내외의 다양한 논문작성과 관련한 저술을 발간해준 저자분들에게 깊은 감사의 말씀을 드린다. 이 책에 인용하거나 발췌제시한 기존의 다양한 저술들의 도움은 강의에서 뿐만 아니라 이 책의 내용을 완성하는데에도 참으로 큰 도움이 되었음을 물론이다. 아카데미 과정의 강의안을 준비하고 책으로 만드는 데에는 Biklen, S. K. & Casella, R. (2007). Bloomberg, L. D. & Volpe, M. (2012). Booth, W. C., Colomb, G. G. & Williams, J. M. (2008). Cone, J. D. & Foster, S. L. (2010). March, L.A. & McEvoy, B.T. (2009). Matthews, B. and Ross, L. (2010). Pyrczak, F. & Bruce, R. R. (2000). Roberts, C. M. (2010). Szuchman, L. T. (2011). 등의 외국 저술의 도움을 많이 받았으며, 국내에서 발간된 여러 학문 분야에서의 논문 작성법도 최대한 참고하였다.

이 책은 이러한 여러 분들의 열정을 통해 만들어졌다. 삶에서 중요한 것이 많지만 어떤 일을 하거나 무엇을 이루려 할 때 열정이 참으로 중요하다는 생각을 한다. 논문을 쓰는 것에도 방법과 기술 못지않게 마음에 담아야 하는 것이 열정이다. 그러나 또 열정만으로 논문쓰기의 긴 과정을 갈 수 있는 것은 아니라고 분명히 말하고 싶다. 열정만 있고 노력하지 않으면서 이 실전 노하우 책을 본다고 해서 무조건 다 되는 것도 아니며 초심이 무엇이든 그 마음과 열정을 수시로 다듬고 차곡차곡 '소 걸음으로 천리를 가듯' 우직하게 '무쇠로 바늘을 만드는' 성실한 노력을 쏟는 것이야말로 결실을 얻을 수 있는 방도이다.

다시 한 번 강조하는 것은 논문준비를 위한 노력은 지속적이고 체계적으로 그리고 근본적으로 이루어져야 한다는 것이다. 이 책에 제시된 논문작성을 위한 실전 노하우들은 분명 도움이 될 것이 틀림없지만 연구자의 기본적인 자세와 태도로 문헌을 찾고 연구방법론을 공부하고 또 글쓰는 연습을 부단히 하는 노력이 없이 노하우만을 적용하여 논문을 집필할 수는 없다. 시간을 내어 스스로 읽고 부단히 쓰는 노력을 해야 함을 명심하길 바란다. 이 노하우 책은 그러한 과정에서 길을 잃지 않고 우리를 정확하게 종착지로 이끄는 나침반이며 막막하고 지난한 길에 기댈 수 있는 버팀목이 되어 줄 것을 기대한다.

이 책의 제목을 『논문작성 연구방법론』으로 한 것은 연구방법론 자체를 주요 내용으로 한 것은 아니지만, 연구방법론에 대한 이해를 전제하고 있다는 점에서도 그러하거니와 책의 내용의 많은 부분이 방법론적 지식을 포함하고 있기 때문이기도 하다. 물론 보다 실제적인 방법론적 공부는 해당 방법론과 관련한 전문서적을 따로 공부해야 할 것은 물론이다. 또한, 책의 제목에 '입말로 전하는 실전 노하우'라는 수식어를 단 것은 이 책의 특징이 좋은 논문을 완성하기 위해 필요한 특별한 강의 내용을 현장성 있는 생생한 언어로 전하기 위해 입말 그대로를 옮겨 담고 있으며, 이를 실제 논문준비에 필요한 노하우를 중심으로 실습하고 직접 해보는 연습의 중요성을 강조하고자 한 것이다. 논문을 반드시 완성하여야 학위취득자가 될 것이므로 꼭 완성하기를 바라고, 그러기 위해서는 반드시 실전에 임하는 진지한 자세와 충분한 연습이 있어야 할 것이다. 이 책의 핵심적인 과업은 그러한 과정을 제공하는 것으로 준비하였다.

끝으로 이 책이 나오도록 논문집필법 아카데미 특강에 참석하여 함께 했던 전국의 수많은 석사와 박사 및 학위후보자분들께 책 발간의 기쁨을 함께 나누고자 한다. 동시에 앞으로 이 책과 함께할 또 다른 학위취득희망자들에게도 이 책 발간의 기쁨이 전달되기를 기대한다. 아울러, 필자와 함께 세계청소년학아카데미를 통해 진행되고 있는 각종 저술활동과 학회활동을 비롯하여 다양한 프로젝트들에 참여하고 있는 국내외의 동료교수님과 선후배 및 연구자들에게 감사의 마음을 전한다. 특히 본 아카데미 과정에서 귀중한 특강시간을 맡아해 주시고 아카데미가 잘

되도록 지원을 아끼지 않고 함께해주시는 광주대학교의 이용교 교수님과 상명대학교의 홍영준 교수님을 비롯한 여러 협력교수님들께 이 책의 발간을 통해 고마움을 전한다. 또한 본인들의 논문을 예시로 사용하도록 허락해 준 박선희 교수, 이승민 교수, 이정희 교수, 엄영숙 교수, 황수연 교수, 조휴정 교수 등 아카데미과정을 수료한 여러 박사님들께도 감사드린다. 마지막으로는 이 책의 발간을 위해 모든 실무적 협조를 아끼지 않은 도서출판 양성원의 강철원 대표님과 직원여러분께도 깊은 감사의 말씀을 드리면서 아무쪼록 이 책이 논문을 준비하는 대학생과 석박사과정의 대학원생 그리고 여러 연구자들에게 조금이라도 도움이 되기를 기대한다.

무학산 자락에서
중천(中天) 천정웅

# 차 례

# II. 양적연구

## 제1부 양적연구계획 노하우



## 제2부 양적연구 논문완성 노하우

# III. 질적연구

## 제1부 질적논문 특성 이해 노하우



## 제2부 질적논문 챕터별 노하우

# I. 문헌연구

학술아카데미 총서 ❹ : 논문작성법 IV 논문작성 연구방법론: 실전노하우

PART

# 01

# 문헌고찰의 이해: Paper 작성 노하우

# 제1강 문헌고찰 노하우(방법론 공통)

## 1. 논문아카데미 개설의 계기

※ 아카데미 강좌 자료집

국내 대학원에서 연구방법론에 활용되는 교과목 내용을 중심으로 축약,

국내 발간된 연구방법론 40여종의 내용을 포함하여 강의안 슬라이드를 제작,

강의 슬라이드 파포 자료와 국내 발간 참고자료들의 주요 내용을 포함.

### 논문작성법 강의의 계기

- 학교에 와서 보니 대학원 석 · 박사 과정에서 지도학생들을 만나게 됩니다. 그래서 그동안 대학원생들의 재학 및 수료 등과 관련한 상황을 알아보았는데, 많은 학생들이 논문을 제대로 쓰고 학위를 받아 졸업을 하는 것이 아니라 특히, 수료만 한 상태로 사회활동이나 강의를 하며 지내는 학생들이 있음을 알게 되었습니다. 그래서 제가 이유를 알아보니 논문을 어떻게 쓸지 모르거나 엄두를 내지 못하고 있는 경우가 많았고, 또 지도학생들의 논문을 직접지도해 보니, 논문집필에 대한 자신감도 없고 어떻게 쓸 줄을 몰라서 막연하게 시간만 보내고 있는 상황이 많다는 것을 알게 되었습니다.

- 또한, 지도학생을 한 명씩 지도하다 보니, 논문쓰는 것과 관련한 내용의 처음부터 끝까지를 학생마다 똑같은 과정으로 반복하게 됩니다. 이러한 과정을 통해 공통적으로 발견한 사항들이 있는데, 문헌을 찾고 활용하는 방법, 주제를 선정하는 데 필요한 사항, 논문의 구성에 관

한 기본지식, 실제로 각 장별로 논문을 쓰는 방법 등에 대해 체계적인 학습이 부족하다는 것을 알게되었습니다. 논문을 앞두고 있는 학생들은 물론 저 자신도 석·박사과정을 경험하고 국내외에서 대학원 공부를 했기 때문에 경험상 논문준비와 관련된 많은 내용을 제대로 학습하는 것이 매우 중요하다는 점을 다시 생각하게 되었습니다.

※ 이런 생각에서 몇 년전에 대학원의 석·박사 지도학생들을 한자리에 모이게 해서 1박 2일 일정으로 논문쓰는 법에 대한 특강을 준비하여 최소한 연구계획서는 쓸 수 있게 하겠다는 목표로 한번 해 보았습니다.

※ 이렇게 하다 보니 몇 분들이 자꾸 요청이 왔어요. 이게 너무 힘든 것이고, 그래서 한두 시간, 네 시간 특강이야 할 수도 있겠지만 그렇게 듣고만 마는 방법으로는 논문쓰는 것이 여전히 어려울 것이고 반드시 실습과정을 포함하고 연습도 해보고 그렇게 하는 워크숍 형태가 필요하다는 생각을 하게 되었습니다. 그래서 이런 저런 고민을 하다가 이렇게 아카데미 과정으로 발전하였습니다. 본의 아니게 힘들게 됐어요. 그래서 그 다음에 학교에서 했더니 상당히 많은 분들이 오시더라구요. 제가 숙박까지 하면서 각 과정을 1박 2일로 했습니다. 원래 공통과정도 1박 2일이고, 양적연구방법으로 하는 논문작성법도 1박 2일 과정이고, 또 질적방법론에 의한 논문작성법도 1박 2일 과정이었습니다. 최근에 와서는 전체를 2박 3일로 프로그램을 재편성해서 시행하고 있습니다.

## 2. 아카데미의 구성과 운영

- 제가 준비한 슬라이드는 여러분에게 준 슬라이드도 있고, 자료집에 있는 것도 있고, 없는 것도 있습니다. 자료집에 없는 것은 예전에 보니 많은 분들이 찍어 갔습니다.

- 아카데미 과정은 대구에서 하다가 많은 분들이 희망해서 전국 5개 도시 순회아카데미를 했습니다. 대구까지 오시게 하면 비용도 많이 들고, 그래서 제가 가야 되겠다 생각하고 했던 것이 순회하게 되었습니다. 더 많은 분들이 기회를 갖는 것이 사실이지만 수강하는 사람은 사실 제한적입니다.

❖ 아카데미 과정은 전과정을 듣는다는 것이 학생들도 교수도 힘이 듭니다. 지도학생들과 하는 자체 워크숍과는 달리 아카데미과정은 하루 8시간, 9시간을 3일 계속합니다. 매번할 때마다 같이 하는 현지 교수님들이 있습니다. 일부 주제와 관련하여 시간을 맡아서 합니다.

❖ 아카데미 과정의 첫날은 질적연구로 논문작성하는 것에 초점을 두고 질적연구의 각 장별 챕터를 기준으로 해서 1장, 2장, 3장, 4장, 5장 등 중요한 내용을 배우게 되는데, 학생들이 보통 유의할 필요가 있거나 기본적으로 익혀야 할 사항 들을 포함합니다.

❖ 원래 따로 교재를 만들지 못해서 이렇게 파포를 중심으로 하고 참고문헌을 추가하여 스프링 제본을 한 형태로 제시했습니다. 교재라고 하기에는 미흡할 수 있지만 나름대로 준비한 것입니다. 강의내용을 중심으로 해서 책으로 만들려고 녹음을 합니다만 말하는 것을 다 녹음을 해서 풀어서 해야 되겠다 싶어서 다시 집에 가서 작업하려고 하면 잘 안하게 됩니다. 강의하는 내용을 책으로 된 자료집으로 만들어야 하는데 시간을 내기도 그렇고, 하다가 끊기기도 하니까 아예 녹음하자 해서 합니다. 어쨌든 교재용으로 책을 만들긴 만들 것이라고 했는데 이제야 발간을 하게 됩니다.

❖ 우선 자료집은 제 강의안이 주가 되고 그 다음에 간간히 국내에서 발간된 논문작성법과 관련한 책들을 활용합니다. 앞서 말한 대로 아카데미 강의를 담은 책을 만들 때에는 외국에서 배우거나 외국문헌에 제시된 내용들이 많이 들어갈 것입니다. 국내책은 국내책대로 제가 강의할 때 많이 참고하고 있습니다.

- 국내에 어떻게 하고 있나 검색해 보니까 책들이 나와 있어요. 그리고 대학원 과정에서는 석사나 박사나 논문연구라는 과목이 있는데, 이를 통해서 원래 지도교수와 논문공부하게 되어 있는 학점과목이 있습니다. 보통은 실습점수 주듯이 학점을 주지만 원래는 그렇게 하는 것이 아니라, 프로포절 작성부터 해서 체계적으로 지도해야 하는데, 관례를 보면, 대부분 "벌써 논문지도학점 신청할 때 됐나!" 이렇게 넘어가는데 많은 부분이 그렇게 이루어지고 있는 것 같습니다.

하다보면 제가 어느 분야에 또 한참 외길로 나가서 딴 이야기를 할 때도 있습니다. 그것도 다 도움 되는 이야기입니다. 아주 엉뚱한 이야기는 아니니까. 그러다 보면 꼬박 다 내용을 확인하지 못합니다. 중요한 것만 따라가시면 됩니다. 자료집에 제시된 국내문헌은 집에 가서 읽기 바랍니다. 제가 볼 때 도움이 되겠다싶은 것을 제시합니다. 최대한 출처를 밝히려고 했습니다만, 부분적으로 빠진 곳도 있을 것입니다.

## 3. 논문준비의 기본 이해와 문헌고찰 노하우

- 기본적으로 논문은 논리적 구성을 해야 합니다. organization에 약한 분들이 많기 때문에 논리적 구성에 대한 이런 이야기를 오늘 또 말씀드립니다. 논문을 심사할 때 오탈자 문제는 물론 간단한 것이죠. 그러나 글을 못 쓰거나 말이 안되는 것, 또 유사한 내용이 여기도 나왔다가 저기도 나왔다가 하는 것, 예를 들면, 개념이 앞에 나왔는데 한참가다가 또 개념 얘기하고 하는 경우가 있는데 이것은 모두 논리의 문제입니다.

- 그 다음에 글쓰기 능력입니다. 글쓰기 능력은 질적연구 고유의 문장력과 별도로.... 문장력이라는 것이 일반 논문에서는 아주 대단한 문학적인 문장을

요구하는 것이 아니라, 기본적인 문장력을 말하는 것입니다. 물론 질적연구는 조금 문학적이라고 할까? 약간 서술적으로 쓰는 감칠맛이 있어야 하기 때문에 능력이 좀 더 필요합니다.

✜ 논리의 문제까지는 그 학기까지 고칠 수가 있어요. 왜냐하면 심사가 있고 논문에 대해서 교수들이 채점하는 마지막 기일까지 시간이 있기 때문에 보통 한 달, 한 달 반 정도의 시간이 있으니까 이것을 한 달 반만에 수정할 수 있다 또는 없다를 판단해서 한 달 반만에 할 수 있는 것은 괜찮습니다.

✜ 그러나 organization의 문제, 방법론의 문제, 이 두 가지가 있다고 하면 그 학기에 수정만 해서는 하기 어렵습니다. 최소한 한 학기 이상, 일 년 이상 더 공부하라! 이렇게 되는 것입니다. 박사 과정은 2년 더 하라! 이렇게도 나갑니다. 우리는 경험상 어떤 내용의 보완이나 수정을 하는데에는 어느 정도 시간이 필요한 지 압니다. 그리고 학생들이 쓴 것을 보면 그 학생의 수준과 고민의 흔적을 알 수 있습니다. 무엇 때문에 이 학생은 이 상황에 있고, 이렇게 됐는가를 알 수 있습니다. 그런 점에서 오늘 제가 말씀드리는 내용들이 도움이 되기를 바랍니다.

✜ 제가 그동안 한국에서 배웠던 것은 물론이고, 미국에서 공부하고 배운 것, 저의 직접적인 논문작성 경험, 그리고 논문작성과 관련된 국내외 전문서적들을 참고하여 전체 과정을 구성하고 강의안을 만들고 해서 매년 새롭게 업그레이드하면서 하는 것이 이 과정 코스입니다.

✜ 이 과정을 통해서 선생님들께서 논문에 대한 자신감을 갖고 논문 준비에 임할 수 있도록 하고, 또 구체적으로는 논문을 어떻게 쓴다는 것을 알려주고,

실제 논문작성 과정에서 학생들이 가장 힘들어 하는 부분 그리고 또 가장 함부로 하는 부분에 대한 노하우를 갖도록 하는 것이 오늘 강의할 문헌연구 방법 중심의 논문작성법 내용입니다.

- 사실은... 오늘 강의할 내용의 주 초점은 기존의 선행연구들을 많이 참고해서 자기 것으로 만들어가는 과정에서 표절의 문제, 또는 인용에 따른 윤리적 문제가 없이 어떻게 하면 자신의 글이 되도록 잘 서술하는가에 대한 것입니다. 실제 연구를 위해서는 여러 가지 참고문헌이나 선행연구들을 보지 않을 수가 없습니다.

- 자신이 연구하는 주제에 선행연구가 부족하면 해당 주제를 연구하기 쉽지 않습니다. 참고할 것이 있어야 논문을 쓰기 좋습니다. 선행연구가 부족하다는 것은 쉽게 말하면 인용할 것이 없다는 것입니다. 공부를 업으로 하는 연구자들이나 교수들도 마찬가지입니다. 교수들도 마찬가지로 외국문헌을 보고 또 참고할 자료가 많아야 글을 쓰기 좋습니다. 외국문헌을 보고 소개하는 경우에도 마찬가지로 윤리문제가 따릅니다.

- 그러나 훈련된 경우 큰 문제없이 문헌을 잘 활용하여 소개하기 때문에 나름의 문헌인용의 노하우가 있는 것이지만, 공부하는 학생의 경우에는 아직 미숙하고 다른 사람의 글이나 문헌자료를 인용할 때 윤리적 측면에 유의하지 않을 경우가 많기 때문에 논문을 심사하다보면 문헌인용과 관련된 많은 지적을 받게 되는 것이 일반적입니다.

- 우리가 논문을 다운받거나 해서 읽어보면 유사하거나 심지어 똑같은 내용을 여러 논문이나 문헌에서 발견할 수 있고 동일한 연구자에 의해 반복적으로

활용되거나 심지어는 처음에 쓴 사람의 내용이 잘못된 것인데도 고치지 않은 채 계속 그대로 틀린채로 지속적으로 인용되고 있는 것을 많이 보게 됩니다.

## 4. 논문작성을 위한 사전 점검사항

슬라이드 1-①

- 컴퓨터 워드작업과 활용기술 점검
- 측정도구와 분석력 점검
- 원활한 참고문헌 및 자료의 수집
- 데이터의 통계적 분석력 점검
- 연구비의 확보 점검
- 지도교수와의 교감
- 대학교 및 학과의 논문작성에 대한 규정 점검
- 논문제출일 및 심사일정 점검
- 논문심사위원 또는 자문위원과의 상담
- 자기 시간관리 - 전일제 학생 또는 직장인 - 기록유지
- 자기와의 전쟁, 수련의 길, 뚜벅뚜벅 걸어가기

❖ 컴퓨터 워드작업과 활용기술은 기본적인 필수사항입니다 측정도구와 분석력 점검, 데이터의 통계적 분석력 점검이라고 했는데 질적연구는 측정도구가 없습니다. 양적연구만 측정도구를 씁니다. 원활한 참고문헌 및 자료의 수집, 연구비의 확보 점검이라고 했는데 논문준비를 위해서는 재정적인 지원이 필요합니다. 자료를 구입하기도 하고, 필요하면 배우러 다녀야 됩니다. 성취는 투자에 비례한다는 말이 있지요?

❖ 다음으로 지도교수와의 교감. 지도교수와 공부로 교감하는 것을 말합니다. 주제를 고민하는 학생에게 흔히 제안하는 것이 지도교수의 분야에 속하는 주제를 택하는 것이 좋다고 합니다. 깊이있는 많은 지도를 받을 수 있어 좋은 점이 더 많습니다.

**예를 들면...**

[1.1] 청소년 복지가 제 주 전공이니 청소년 말만 나오면 제가 많은 것을 이해하고 있고 또 파악하고 있지만 노인에 관한 것을 연구한다면, 저도 찾아보고 공부하면서 지도를 해야 합니다. 많은 논문 중에 일부는 이렇게 지도교수의 분야를 지도학생이 이어하는 경우가 있습니다. 통계 데이터를 가지고 공동연구를 하거나 교수가 연구하던 데이터를 활용하여 학위논문으로 연결시키는 등의 사례들이 많이 있습니다.

❖ 학교별로 논문작성 규정이 있습니다. 특히 논문제출 일정 등은 꼭 보십시오. 그런 것을 등한시하는 학생들이 꽤 있습니다. 데드 라인을 기준으로 반드시 며칠 전에는 모든 것을 마칠 수 있도록 합니다. 실제로 논문준비과정에서는 예기치 않은 상황이 생기기도 합니다. 많은 보완을 해야 하므로 미리 준비해두면 이러한 상황에 대비할 수 있습니다. 마감날 가져오면 예의에도 어긋나고 교수들은 당혹스럽게 됩니다.

❖ 학생은 지도교수뿐만 아니라 다른 모든 재직교수와의 관계를 잘 유지해야 합니다. 수업을 들을 때 수업시간에 최선을 다하는 이유도 이와 관련해서 생각할 수 있습니다. 직접적인 갈등이나 직접적인 어떤 상황, 예의에 어긋나는 상황은 생기지 않도록 유의할 필요가 있습니다.

❖ 직장생활을 하는 경우 다른 풀타임 학생보다 두 배를 공부할 필요가 있습니다. 쉴 때 쉬고 놀 때 놀면 풀타임 학생 만큼의 공부량을 채울 수 없습니다. 풀타임 학생과 직장인은 학습량이 다를 수 있습니다. 직장생활하는 학생은 기본이 직장생활이고 공부할 시간이 부족합니다. 그러니 남보다 정상적으로 같은 학기에 나가기 어려울 수 있다는 말입니다. 물론 풀타임 학생 중에도 공부 안하는 사람이 있지만, 기본적으로 학습량은 시간에 비례한다고 봅니다.

❖ 수련의 길, 뚜벅뚜벅 걸어가기. 제가 제일 좋아하는 말입니다. 그냥 묵묵히 하십시오. 공부는 양으로 쌓여야 합니다.

## [실습 1] 문헌 검색법

❖ 참고자료 검색법에 대한 자료입니다. 주제가 정해지면 주제와 관련한 다양한 선행연구를 고찰해야 할 것입니다. 선행연구의 고찰은 핵심개념이 될 수 있는 여러 가지 개념에 대한 전체적인 흐름을 파악하는데 있어 아주 중요한 부분입니다.

**참고자료 검색방법**

1. 단행본 검색
   : 단행본의 목차를 검색함으로써 전체적인 outline을 잡는데 유용함.

2. 학위논문 및 학술지 검색
   : 구체적인 내용을 보는데 유용함.
   ⁂ 우선순위를 중점적으로 하여 자료를 수집한다.

3. 기타 자료검색(신문기사, 뉴스보도, 인터넷 블로거 자료 등)
   : 다른 자료검색에 비해 신뢰도가 낮으나 간혹, PDF파일이 첨부된 좋은 자료가 있을 수 있으며 최신경향을 알아보는데 유용함.

4. 외국문헌
   : 최대한 원본을 구하고 관련분야 또는 인용할 부분을 공부함

5. 참고문헌 목록의 작성
   : 참고문헌 리스트를 작성하고 필요한 경우 카드작업 또는 문헌해제를 만든다.

6. 도서관 이용하기
   : 서고 돌아다니기, Online Database
   : 대차제도 활용

- 선행연구고찰을 통해 주제와 관련하여 연구한 변인들 중 중요한 변인들은 무엇이며 어떤 내용을 다루고 있는지 등에 대한 전체적인 흐름을 파악할 수 있습니다. 즉 선행연구 고찰은 주제를 선정하는 데 있어서, 가장 기본적인 사항이며, 페이퍼를 작성하는 전 과정에서 지속적으로 이루어져야 하는 부분입니다. 따라서 선행연구를 할 때 대충 혹은 간단히 한다는 안이한 생각을 버리고 세심하고 철저하게 고찰할 필요가 있습니다.

- 절대 미리 생각하거나 정해 놓지 말자는 말이 있습니다. 본인이 관심 있는 주제를 미리 생각해 놓고, 주제에 대해 깊이 고민하는 것은 아주 중요합니다. 그러나 주제를 선정하는 과정에 있을 경우에는 자신의 머릿속에 미리 정해진 생각과 틀은 방해 요소로 작용할 수 있습니다. 왜냐하면 연구주제를 선정하는 과정에서 다양한 연구를 탐색하고, 탐색한 내용을 토대로 조금씩 좁혀나가면서 하면 보다 심층적인 연구를 할 수 있게 되는데 그와 달리, 본인이 미리 정해놓으면 한정되어진 개념 범위 내에서 탐색하게 되므로 결국 좁은 시각으로 컨셉을 탐색하게 됩니다. 컨셉을 선정하기 전(前) 단계인 주제를 탐색하는 과정에서 어떤 것을 미리 정하지 않아야 좋다는 말은 그런 의미입니다.

- 선정된 컨셉에 대한 현재 이슈를 파악하면 그 주제의 중요성이 보입니다. 다양한 선행연구를 통해서 컨셉을 선정하였다면 자신의 컨셉에 대한 전체적인 연구 흐름을 파악해야 합니다. 즉 자신의 컨셉이 연구가 될 수 있는 주제인지, 연구로서 가치가 있는지, 또는 추후에 연구의 함의와 관련하여 본 컨셉을 통해 어떤 내용을 제시할 수 있는 것인지 등에 대해 충분히 생각할 필요가 있습니다. 선정한 주제와 관련한 법이나 정책이 있는지 또는 실천현장이 어떻게 존재하는지 등에 대해 많이 알수록 좋다는 것입니다. 막연히 알고 있으면 안되고 구체적으로 자료로 또 문건으로 접하는 것이 중요합니다.

✤ 자료검색 수집하기 및 관련키워드를 검색하자는 내용이 있습니다. 자신이 검색한 컨셉만으로는 문헌검색에 한계가 있습니다. 이런 경우에는 유사개념을 파악해서 활용하는 것이 필요합니다. 이러한 접근은 검색에도 중요하지만 본인 논문의 개념을 명확히 하는데도 중요합니다. 보다 다양한 자료를 찾을 수 있습니다.

✤ 자료를 수집하기 위해 KISS, RISS, Google 등 다양한 데이터베이스에서 검색을 합니다. 이때 검색페이지는 몇 페이지만 보는 것이 아니라 최대한 많은 페이지를 둘러볼 필요가 있습니다. 끝까지 인내심을 가지고 보다 보면 간혹 중요한 내용의 논문이 뒤쪽에서 나타날 수 있습니다.

**구글검색**

구글 검색을 많이 합니다. 인터넷은 인용을 하지 말라고 하지만 자료를 찾는데 용이합니다. 페이지에 뜨는 갯수가 10개든 20개든 한정되어 있잖아요. 단지 앞쪽에 있는 몇 페이지만 보고 말아서는 안 됩니다. 계속 눌러 뒷부분 페이지까지 보다보면 그중에 어쩌다가 굵직한 PDF 파일이 올라와 있어요. 뒷부분을 무시하지 말고 앞에 몇 가지만 보고 없구나... 그래서는 안 된다는 말입니다.

✤ 그 다음에 역추적 하자! 자신의 컨셉과 유사한 논문의 참고문헌을 보면 자신에게 필요하거나 찾고 있는 자료를 발견하게 됩니다. 이는 유사한 주제를 다룬 논문의 저자 역시 많은 논문을 검색하였을 것이고 그 중에서도 제일 좋은 자료, 즉 자신의 주제에 적합한 자료를 논문에 인용하여 참고문헌에 제시했기 때문입니다. 그러므로 참고문헌을 역추적하는 것은 연구의 필수적인 과정이기도 합니다.

# 제2강 논문이란 무엇인가?

논문 작성의 개요에 대한 것입니다. 보통 전체적으로 개관하는 내용은 중요한 부분을 중심으로 강의 시작할 때 설명을 합니다. 논문을 처음으로 쓰고 있거나 한번 써본 분들 옳게 쓰고 있는지, 논문답게 구성되어 있는지를 한번 생각해 보기 바랍니다. 교수 생활이 엄청 바쁘다 보니 보통은 논문지도를 철저히 하기가 쉽지는 않습니다. 교수-학생 관계에서는 화를 내기도 쉽지 않기 때문에 더욱 그렇습니다. 그래서 체계적으로 논문작성에 접근하기 보다는 나름대로 써오는 것을 기대하는 경우가 많습니다. 이런 점에서 논문이란 무엇인지부터 시작해서 체계적으로 배운다고 생각하고 아는 것도 다시 확인하기 바랍니다.

## 1. 논문의 본질과 구조

슬라이드 2-❶

- 논문의 본질(논문이란 무엇인가?)
- 논문의 구조
- 논문 작성시 유의사항
- 논문작성 준비단계(논문계획과 구상)
- 주제설정, 자료조사(문헌찾기), 정리, 목차작성

❖ 논문이 무엇인가에 대해서 선생님들이 알아야 됩니다. 이런 것 몰라도 논문은 씁니다만, 논문이 무엇인지를 알고 쓰면 더 나을 것입니다. 그런데 논문이란 뭡니까? 논문이 수필인가요? 뭐가 다르지요?

❖ 논문이 뭡니까? 학술적이어야 합니다. 학술적이어야 하기 때문에 예를 들어서 '흥미 있는 결과가 나왔다.' 이런 수식적인 말 쓰면 안 됩니다. 문체가 건조합니다. 학술적이라는 것은 문학적인 것과 구별됩니다.

❖ 질적연구를 하는 경우 약간의 문학적 소양이라는 것이 필요한데, 그것도 감칠맛 정도이지 본질적으로 학술 논문의 성격을 훼손해서는 안 되기 때문에 학술성을 견지해야 합니다.

❖ 또 하나, 학술논문의 중요한 점은 어떤 주장과 어떤 말에서 상식적이거나 일반적이지 않는 내용이 있을 때는 그것을 지지해 주는 권위적인 인용이 필요합니다. 그래서 우리가 교수의 글을 인용하거나 다른 논문을 인용할 때, 괄호 열고 이름과 연도를 표시하는데, 그 의미가 이렇습니다. 남의 것을, 내가 이 사람 것을 참고하여 인용하였다는 점을 밝혀주는 것입니다.

❖ 세 번째로 강조하는 것은 논문의 윤리성입니다. 윤리적인 것은 남의 것을 그대로 써서는 안 됩니다. 힘들게 공부해서 나온 논문을 누가 그대로 상당부분 옮겨쓴다면, 그 사람은 그야말로 편승하는 것이 됩니다. 편승하는 정도가 아니라 도둑질이라고 합니다. 그래서 거기에는 반드시 예의가 있고 인용하는 규칙이 있습니다.

❖ 이러한 규칙과 룰(rule)은 우리나라에만 있는 것이 아니라 세계적으로 유사합니다. 사회복지 분야는 APA라고 해서, 미국 심리학회(American Psychological

Association)에서 쓰고 있는 논문작성양식을 준용합니다. 그것을 다소 변용해서 사회복지학회를 비롯한 여러 학회들이 조금씩은 다르지만 기본적으로 APA를 따르고 있으니 따라하시면 별 문제없습니다.

✤ APA 책은 대학원생이라면 보는 것이 좋습니다. APA양식은 국내에 번역되어 있습니다. 지금 6판까지 나왔고, 4-5년마다 한 번씩 미국심리학회에서 개정을 합니다.

✤ 이런 몇 가지 사실, 즉 논문이 가져야 될 기본적인 성격, 그에 대한 자각이 필요합니다. 그래서 논문은 구조가 있습니다. 기본 구조가 뭡니까? 1장부터 6장까지 내려가는 것이 있지요. 그리고 그 앞에 초록이 붙고 뒤에는 부록이 있는 기본 양식이 있습니다. 연구자가 임의대로 할 수 있는 것이 아닙니다.

✤ 심지어 점찍는 것도 룰이 정해져 있습니다. 콜론, 세미콜론의 문제뿐만 아니라 내용을 줄일거나 축약할 때는 점을 3개 찍습니다. 마음대로 5개 찍고 기분 따라 찍는 것이 아니라 3개를 찍는 룰이 있습니다. 이렇게 엄격합니다. 그래서 공부하는 사람들은 매우 꼼꼼하게 됩니다.

✤ 마지막에 논문심사표에 보면 꼭 참고문헌 등을 규정에 맞게 했는가를 확인하는 부분이 있습니다.

✤ 논문심사를 가끔하게 되는데, 먼저 보는 것이 초록과 참고문헌입니다. 그것을 보고 논문에 대해 기본 인상을 갖게 됩니다. 왜 참고문헌을 보겠습니까? 참고문헌을 보는 것은 양식에 맞게 했는가 하는 것에 초점이 있습니다. 양식에 맞게 한다면 이 연구자는 글을 쓸 수 있는 사람입니다. 뭐 좀 아는 사람인 것이죠.

✜ 그리고 참고문헌을 볼 때는 최근 논문을 봤는가? 2021년도에 심사를 하면 적어도 2020년 글이 몇 개 들어가야 합니다. 그런데 2021년도 논문을 심사하는데 가장 최근 문헌이 2017년일 때 것이라면, 그 사람은 2017년도까지 논문을 쓰고 그 이후에는 쓰지 않고 있다가 낸 것으로 볼 수 있겠지요. 참고하고 인용한 책들이 10년 이전 것이라면 최근 것을 안 본 것입니다. 이렇게 몇 가지 판단을 하게 되는 것입니다. 초록을 압축하는 능력을 보아도 연구자의 역량을 알 수 있습니다. 그래서 저는 처음부터 서론을 읽지 않습니다.

✜ 초록과 참고문헌을 먼저 본 다음에 서론을 보는데, 교수가 모두 그렇지는 않겠지만 대부분은 서론에 제시된 인용 중에서 샘플로 몇 개는 참고문헌을 확인합니다. 본문에는 괄호 속에 저자와 연도가 적혀있는데, 정작 참고문헌에 보면 제시되지 않고 있는 경우가 많이 있습니다.

**학술논문 수정**

학위논문뿐만 아니라 소논문을 쓰시는 분들도 있으니까 말씀드리지만, 학술논문을 제출하면 마지막에 "게재 가" 또는 "수정 후 게재"라는 심사결과는 받아야 논문이 게재될 가능성이 높아져요. 재심에 들어가면 떨어질 가능성이 있습니다. 왜냐하면 재심을 하고 나면 그 다음에 다시 수정해서 냈을 때에 재심 판정을 한 교수가 게재냐 불가냐 두 가지 중 판단하게 되는 경우가 많은데, 그러면 단순하게 수정한다고 되는 것이 아니라, 교수는 한 번 더 기회를 주는 것이니 아주 많이 고쳐야 합니다. "수정 후 재심사"를 주는 교수는 그래도 괜찮지만, "게재불가"를 보통 많이 합니다. 어쨌든 "수정 후 재심사"로 결과를 받으면, 많이 수정하도록 노력해야 할 것입니다.

✜ 그러면 논문구조상 1장, 2장, 3장, 4장, 5장이 그냥 구성됩니까? 나름대로 지켜야 될 규칙이 있고, 논리적 구조가 있고, 세계적으로 보편화된 학문적인 그 세계만의 약속된 나름대로의 규범이 있습니다.

✤ 논문 작성할 때 유의사항이 있습니다. 알아야 할 유의사항, 그리고 논문준비 단계가 있습니다.

✤ 논문계획 구상단계입니다. 논문 쓸 때 제일 중요한 것이 주제를 잡는 것입니다. '선생님들은 무엇에 대해 쓸 것인가요?'라는 말을 많이 듣습니다. 그러나 오해하지 마십시오. 뭘 쓸 것인가 하는 것은 어떤 분야를 할 것인가 하는 일반적인 말과도 연결되지만, 그 보다 더 중요한 것은 연구방법론에 대한 이해와 스킬입니다. 무엇을 쓸 것인가는 그것을 어떻게 연구할 것인가에 대한 생각없이는 어렵기 대문입니다.

✤ 저도 박사과정할 때 논문 구상을 할 때 지도교수님께서 언제까지 써와야 하는 지 궁금했는데, 알아서하라고 했습니다. 그래서 알아서 써 오라는 것이 10페이지 정도면 되는지 아니면 전체를 구성해 오라는 것인지 또 한 달 내로 가져오라는 것인지, 언제까지 가져오라는 것인지를 말해주지 않은 채 본인이 판단해서 하라고 했던 기억이 납니다. 어떻게 준비하는지를 보겠다는 뜻으로 볼 수 있을 것입니다.

✤ 그래서 제 판단에 일단 한번 구상이 얼마나 되어 있나 보려고 하는 것으로 생각해서 전체적인 구성을 했습니다. 1장부터 제 맘대로 많이 인용하면서 준비했습니다. 지금도 저희집 가보(家寶)로 있는데, 볼 때마다 웃음이 나옵니다. 반성을 하게 되고 말이지요. 논문 준비하는 과정의 일반적인 형태가 그렇습니다. 긴장과 설레임과 기대감을 갖습니다. 그 말씀이 사실은 야단치는 말인지 몰랐던 것이지요. 그 말씀이 일반적인 말이니까.

**영어문헌**

그래서 논문을 쓰겠다고 생각한 후 전체적으로 틀을 구성한 것을 제출한 적이 있는데, 그 때 교수님을 뵙고 집으로 돌아오기 전에 제 교수님이 영어 책을 주시며, '이 주제로 하려고 하면 이 책을 봐야 하는데 보지 않았으니 이 책을 보게.' 영어로 된 것을 한 권도 아니고 두 권을 주셨습니다. 일주일 뒤에 다른 교수님이 연락이 왔어요. 제 지도교수님하고 친분이 있는 분인데, 저를 좀 보자고요. 그 분이 만나서 하는 말씀이 혹시 한강에 안 갔었나? 지도교수님이 혹시 제가 그날 만나고 간 이후에 너무 마음의 상처를 받고 고민하다가 혹시 잘못된 마음을 품고 그래서... 어떤지 모르겠다고 대신 불러서 위로를 좀 해주라고 하셨다는 겁니다. 지도교수님의 뜻은 공부를 제대로 하라는 뜻이었다고 전하시는 것입니다. 별 생각이 없었던 저와 달리 지도교수님은 그 이상으로 매우 진지하고 심각하게 제 공부상태를 깨닫게 하려는 것이었던 거죠. 아주 우회적으로... 인간적인 그 말씀을 듣고 나니까 제가 무심히 있을 일이 아니라는 것을 알겠더라구요. 그리고 이제 지도교수님이 했던 말씀들을 정리한 것을 다시 보니 논문을 준비하려면 엄청난 시간이 필요하다는 것을 알게 된 거에요. 그래서 제가 스스로 얼마나 부족한지를 알고선 좌절을 했습니다. 웬만하면 교수들은 바로 직설적으로 말하는 것은 드물고 다 좋게 좋게 편안하게 말하고 일반적인 용어로 말합니다. 그러니 선생님들이 판단해야 됩니다.

✣ 지도학생 중에도 정말 심각한 경우가 있어요. 논문에 대해서 직접적으로 말하면 상처받을까 싶어서 간접적으로 에둘러서 말하는데, 부드럽게 말하면 그 뜻을 잘 새겨서 알기보다는 말하는 그대로 알고서 안이하게 준비하는 경우가 있습니다. 이유는 상처받을까봐 말 안 해요. 그러면 본인이 알아서 가야 하는데 이것을 모르는 것이지요.

✣ 꼭 제가 그랬습니다. 그래서 늘 선생님들은 자기 중심으로 하지 말고, 지도교수님 말씀대로 잊지 마시고, 내 논문이 옳은 것인가 아닌가를 늘 생각해야 합니다.

✣ 논문주제를 선정합니다. 논문주제가 선정되면 우선 검색해봅니다. 주제와 관련된 논문이 몇 편쯤 나오지 않으면 안 됩니다. 이 점을 명심하세요. 그 어떤

주제를 생각하더라도 논문이 되려면 웬만큼 검색하면 선행연구들이 나타나야 합니다. 똑같은 주제가 아니라면 비슷한 주제라도 나와야합니다. 그래서 자료검색기술, 즉 검색력이 상당히 중요합니다.

✤ 보통은 검색 한 두 번만 해보고 이 정도가 대부분의 선행연구라고 생각합니다만 그것이 아니라 검색하는 노하우가 있습니다. 30편 찾고 다 했다고 하는데 제가 검색하면 80편 나옵니다. 옛날과 달리 지금은 온라인이니까 거의 다 올라와 있어요. 그것을 모두 찾아봐야 합니다.

✤ 주제설정, 자료조사 그 다음에는 정리하고 목차를 씁니다. 수없이 많은 목차가 선생님들 머릿속에 왔다 갔다 해야 합니다. 만약에 수없이 목차가 바뀌고 있으면 논문을 쓰고 있고, 좋은 논문이 되려나 하고 기뻐해야 합니다.

## 2. 논문작성의 과정과 방법

슬라이드 2-❷

- 논문 작성 과정 (각 장별)
- 연구방법과 자료처리
- 논문 양식(인용과 참고문헌, 초록, 부록 포함)
- 자료제시의 시각화(표, 그림, 사진 등)
- 연구윤리(표절과 부정행위)

❖ 그리고 논문작성단계를 보면 각 장별로 집필합니다. 처음에 제가 1장부터 5장까지 다 써가지 않았습니까? 나름대로 고생해서 대충 이렇게 쓰겠다하고 써서 갔던 거지요. 그다음 지도교수님이 이제 그 동료교수님 불러서 한번 말씀하고 난 다음에 영어책을 줬다고 했습니다. 그리고 석 달이 지나 제가 교수님께 연락을 해서 찾아뵙고 교수님께 더 열심히 하겠습니다라고 했습니다. 그러니까 이제 제가 번역했으니까 저도 열심히 했다는 것을 보여드린 것입니다. 보시더니 '다음 달부터 1장부터 가져와 보게'라고 말씀했습니다.

❖ 이런 과정은 외국에서 공부할 때도 마찬가지로 1장부터 했습니다. 미국의 지도교수님은 더했습니다. 연구질문을 가져오래요. 연구질문이 뭐죠? 연구질문을 가져오라 하는데 일주일 뒤에 오라는 것입니다. '아니 연구질문 지금 말씀드릴 수 있는데요. 교수님 약속해서 만나기도 어려운데 말씀드린다'고 했더니 웃으시더라구요. 이유가 있어요. 연구질문을 생각하려면 일주일이 걸리고 연구질문이라고 가져와서 두 줄을 말할 때 몇 가지 질문을 하면 답변을 해야 할 것인데 그런 것까지 생각을 해야 된다는 말씀을 하시는 겁니다.

❖ 어쨌든 한국에서 논문지도 받으며 연구질문부터 시작했어요. 1장을 써서 드리면 지도교수님께서 빨간줄로 피드백을 하시는데... 2장을 가져다 드릴 때 1장을 되돌려 줍니다. 저는 또 그걸 받아서 수정을 하고요. 이렇게 한국에서 박사학위를 준비했습니다. 미국에서 사회복지학 박사학위를 할 때도 마찬가지고 말이지요. 정말 그렇게 해주는 교수님도 쉽지 않습니다. 누가 그렇게 글자 한 자 한 자 해주시겠습니까?

❖ 교수가 움직이지 않으면 논문이 진행되지 않습니다. 교수가 판단할 때 그 판단은 매우 절대적입니다. 교수의 논문지도는 눈에 보이지 않고 측정할 수도

없는 영역이기 때문에 평가하거나 어떻게 말할 수 없어요. 그래서 참고 열심히 따라가야 합니다.

❖ 그 다음에 연구방법과 자료처리입니다. 질적 연구도 질적연구 프로그램이 있습니다. Atlas,ti. NVivo 등이 있는데 질적연구 방법론에서 배울 수 있고 논문작성할 때 활용할 수 있습니다. 또 통계, 양적으로 하는 분들은 당연히 SPSS를 해야 할 것이고 요즘은 AMOS가 기본이니까. 석사는 SPSS로 회귀분석까지 해야 하고 박사는 AMOS까지 하는 추세인 것 같습니다.

❖ 그 다음 양식문제인데 초록에서 부록까지 모두 중요합니다. 부록도 양식이라고 했습니다. 오늘 제가 강조한 말 아시겠죠? 이렇게 꼼꼼하고 철저해야 하는 것이 학위논문이라는 사실을 알고 출발하시길 바랍니다.

❖ 논문은 글만 쓰는 것이 아닙니다. 필요하면 표로 만들어야 하고 시각화도 적절히 해야 하니 그림으로 표현하는 것도 능숙해야 합니다. 그런 노하우를 활용하면 상당히 논문이 돋보입니다. 중요한 기법들과 엑셀 등의 프로그램들을 잘 활용해야 합니다.

❖ 연구윤리, 표절의 문제 이것은 다시 말할 것 없이 강조해야 하는 부분입니다. 인용을 밝히는 것은 가장 기본적인 윤리행위입니다. 남의 것을 자신의 논문에 그대로 옮겨 적고서 제대로 인용을 밝혀주지 않는 것, 그런 표절에서 벗어나는 특별한 노하우를 뒤에 가서 나중에 공부하기로 합니다.

## [실습 2] Template 만들기

- 논문준비를 위한 기초작업으로 Template를 만드는 실습을 합니다. 각자 준비해 온 논문 3편에 대한 것을 항목별로 입력하여 만들어 봅니다.

- 저자, 연도, 주제, 키워드 등이 필요합니다. 다음에 연구목적이 어떻게 적혀 있는지를 보아야 합니다. 논문에 표시하고 템플레이트에 옮겨 적습니다. 그 다음에 관련 인용이 언급되어 있다면 몇 개를 옮겨 적습니다.

- 또한 연구방법은 어떠하고, 표본과 사용 척도, 연구함의 등에 대한 내용을 찾아 표시합니다. 템플레이트의 항목은 나름대로 할 수 있을 것입니다만, 연구를 위해 꼭 필요한 선행연구의 내용을 정리하는 것입니다.

## Template 예시

| 저자(년도) | | |
|---|---|---|
| 주　　제 | | |
| key word | | |
| 연구 목적 | | |
| 관련 이론<br>(이론적 배경) | | |
| 연구 방법 | | |
| 표본 확보 | | |
| 사용 척도 | | |
| 함　　의 | 정책적 | |
| | 이론적 | |
| | 실천적 | |
| 논　　의 | | |
| 결　　론 | | |

# 제3강 논문작성 단계와 과정

## 1. 논문작성과정

### 1) 논문작성의 요소

슬라이드 3-❶

- 논문 논제 진단 (Problem Identification)
- 3개 이상의 주제선정 (Research Question)
- 참고문헌 확인작업 (Literature Review)
- 주제 초점 (Hypothesis or Refinement of Research Questions)
- 용어정리, 대상, 방법론 확립 (Design & Planning)
- 데이터수집 (Data Collection)
- 데이터 분석, 검토, 요약 (Analysis of Data)
- 도표, 그래프 등 (Specification)
- 결과 해석 (Interpretation of Research Finding)

✤ 슬라이드 내용 중 대표적인 몇 가지만 설명합니다. research question이라는 말이 있습니다. 연구 질문이라고 합니다. 어떤 논문이든 그 논문의 주제가 있으면 궁극적으로 연구하고자 하는 연구 질문이 있어야 합니다. 질적연구든지 양적연구든지 연구 질문이 뭔가 물으면 나름대로 준비되어 있어야 합니다. 보통 양적연구는 research question이 3~4개 정도로 제시됩니다. 큰 질문 한 개에 하위 질문이 3~4개 정도가 되고 질적 연구는 한두 가지로 제시합니다.

✤ 양적연구에서는 연구가설이 있어야 됩니다. 연구 질문이 있으면 연구 질문을 가설의 형태로 바꾸어야 합니다. 그 다음에 연구 디자인을 해야 하는데, 조사연구의 경우는 표본설계를 합니다. 모집단을 규정한 후 표본을 정하며 이때 지역별, 성별 등의 표본수를 정하여 어떻게 조사할 것인가를 결정합니다.

✤ 모집단을 그대로 층화표집 할 수 없으니까 표집방법과 샘플 수를 정합니다. 샘플 수는 원래 샘플파우어(Sample Power)라고 해서 분석방법에 따라 설문조사 사례수의 통계치를 검증해 낼 수 있는 적절한 숫자와 비율이 함께 나옵니다. 어떤 경우는 100명만 해도 통계적으로는 적절한 표본수가 됩니다. 이 Sample Power라는 프로그램을 활용하면 표본수를 정하는데 유용합니다. 그런데, 중요한 것은 그것은 통계상의 상황이고 실제로 지도교수들의 관념이나 한국의 표본수의 관례가 석사학위논문이면 몇 개, 박사학위논문이면 몇 개 이렇게 되어 있는 것 같습니다.

✤ 어떤 경우에는 석사학위논문 준비하는 경우에도 1,000명을 하는 경우가 있는데, 설문조사는 일정한 비용이 들기도 하고, 조사협조를 받는 것도 쉽지 않은 현실입니다. 그런 점에서는 연구주제나 설문내용, 분석방법, 대상특성 등에 따라 다소 차이가 있을 수 있지만, 어쨌든 근거없이 많이 하는 것이 좋다는 것은 재고할 필요가 있습니다.

✤ 보통은 300~500명 정도면 될 것입니다. 실제 분석을 하게 되는 것은 그 보다 더 적을 수가 있습니다. 학생을 설문조사하는 경우, 남, 여, 인문계, 실업계 구분하면, 현실적으로 표본설계하기가 쉽지 않을 수 있습니다. 특히, 남, 여 구성비가 중요합니다. 중학교는 보통 남녀 공학이지만 고등학교는 지금도 나눠져 있는 경우가 많이 있지요. 노인을 대상으로 하는 경우도 마찬가지입니다. 어떤 지역에 사는 지에 따라 상황이나 성향이 다르기도 하고 대단위로 샘플하기가 쉽지 않습니다. 그래서 표본설계에 관한 공부를 하고 연구에 임해야 합니다.

✤ 다음으로 중요한 것은 결과 해석인데 분명한 것은 제4장의 결과분석에 관한 챕터를 집필할 때는 결과분석만 해야 합니다. 결과분석 챕터에 논의를 하거나 다른 이론적인 내용을 쓰거나 해서는 곤란합니다. 그러니까 결과가 어떻다든가, 몇 명이 했는데 이런 결과가 나왔다, 0.05%다, 이렇게 쓰고 질적연구면 질적연구 대로 데이터 나온 것을 바탕으로 의미를 정리해서 쓰면 되는 것입니다. 결과분석에서 다른 연구에 의하면 이렇게 나왔는데 본인의 결과와 어떻게 다르고 등과 같은 식의 내용이 들어가면 안 된다는 것입니다. 일반적으로 보면 혼재되어 있는 경우가 많습니다. 사실 그런 내용은 제5장의 논의라는 챕터에 들어가야 합니다. 결과분석은 순전히 본인의 데이터를 분석한 결과만 제시하는 것이라는 점을 기억하기 바랍니다.

## 2) 연구주제의 선정

슬라이드 3-❷

※ 주제 선정할 때의 우선적 고려사항
- 연구자 관심과의 적합성: 연구주제의 선정은 기본적으로 자신의 관심에서 출발
- 자료 수집 가능성: 경제적, 지리적 시간적 한계 고려
- 분석 능력의 적합성: 언어와 연구방법상의 능력 고려
- 연구목적과 글쓰기 성격과의 부합성: 각 과정 학위청구논문, 기타 연구논문, 논문길이, 청탁자의 의도 등을 고려

※ 될 수 있는 한 작고, 쉽고, 흥미로운 것을 선정해야 함

❖ 주제 선정시 고려할 사항에 관한 내용입니다. 우선 연구자 관심과의 적합성인데, 포인트는 연구자가 하고 싶고 좋아하는 것을 선정해야 합니다. 앞서 지도교수의 연구분야와 관계도 고려해야 하지만, 현실적으로 선택하는 것입니다. 기본적으로 자기가 좋아하는 것, 하고 싶은 것을 하면 신나서 합니다. 그러니까 주제는 가급적 본인이 좋아하는 것을 택하되 현실을 절충하는 것이 좋다는 것입니다.

❖ 그 다음에 자료 수집 가능성입니다. 자료 수집 가능성에서 중요한 것은 데이터입니다. 데이터가 결국은 통계처리를 한다고 하면 설문조사를 하는 설문대상자가 있어야 되겠죠? 노인을 조사한다고 하면 노인을 어떻게 조사합니까? 노인을 500명 조사해야한다면 어디가서 합니까? 노인정? 복지관 가면 몇 명 옵니까? 복지관 몇 개를 해야 될까요? 할당해서 해야 될 것 아닙니까? 어쨌든, 설문조사를 하려고 하면 설문대상에 대한 현실성을 생각해야 됩니다.

❖ 학교는 많은 설문조사에 대한 부탁을 받습니다. 잘 안해줍니다. 친분이 있는 사람이 있더라도... 또 현실적으로 본인이 아는 친구나 지인이 학교에 있다 해도 표본이 맞아야 됩니다. 내가 서울에서 조사해야 하는데 언니가 의정부에 있으면 직접적인 관계는 없는 상황이 됩니다. 그런 현실성을 고려해야 됩니다.

❖ 질적 연구도 마찬가지입니다. 내가 인터뷰할 대상, 내가 인터뷰하거나 참여관찰할 대상은 연구자가 알거나 관련성이 있거나 직접 만날 수 있어야 됩니다. 서울에 있는 연구자가 제주도에 사는 사람을 만나서 연구하기가 쉽지는 않을 것입니다. 만나서 라뽀도 형성해야 하니까 거리나 이런 여러 가지 상황이 현실적인 것과 부합해야 하는 것입니다.

❖ 분석 능력의 적합성에 대한 것입니다. 선생님들 영어에 대한 문제가 있습니다. 앞서 제 경우에 지도교수님이 영어원서를 보라고 하셨는데 물론 잘하는 사람들은 한 달만에 할 수 있겠지만 그렇지 않은 경우엔 시간이 많이 걸리겠지요. 그러나 어려움이 있더라도 그렇게 영어자료를 보라는 대로 따라함으로써 그 과정에서 영어능력도 향상되었을 것입니다. 지금부터 영어학원을 다닌다는 그런 생각은 할 수 있는 것이 아니지만 그러나 통계분석 능력의 경우는 공부를 하면 오래지 않아 할 수 있습니다.

❖ 논문의 참고문헌에 순 한글 문헌만 적을 수 없잖아요. 그래도 석사고 박사인데 영어문헌이 몇 개 들어가야 한다고 생각하여 영어문헌을 몇 개 씁니다. 그런데 연구윤리에 따르면 참고문헌은 본인이 직접 본 것만 적습니다. 그러면 어떻게 할까요? 학생들 논문을 보면, 외국문헌은 전부 다 1990년도 전후한 것이 많습니다. 그건 자기가 본 논문의 참고문헌에서 인용하고 또 인용한

자료의 참고문헌을 따라한 것입니다.

✣ 그 다음에 논문길이, 논문의 양. 분량에서 선생님들이 고민합니다. 석사는 몇 페이지? 어쨌든 분량은 정해져 있다기보다는 보통의 통상적인 상식적 범주에서 40페이지, 박사논문은? 70페이지로 된 박사논문이 있었습니다. 어떻게 생각하세요?

✣ 뭔가 볼륨에도 상식적인 선이 있겠지요? 그러니까 표준을 가지고 하면 전후좌우가 지도교수님의 지도 아래 줄고 늘고 하게 되니까 적정선을 찾게 될 것입니다. 너무 양만 많이 늘어진 논문이 있다면 누가 그것을 심사 합니까? 실제로 70페이지 논문도 있지만, 600페이지나 되는 학위논문도 있어요. 저는 그런 논문 심사 안한 게 천만 다행이다 싶습니다.

✣ 그 다음에 될 수 있는 한 작고, 쉽고, 흥미로운 것을 설정해라. Topic, 즉 주제 이야기입니다. 흥미로운 것을 선택하라. 선생님들 하고 있는 주제가 그렇습니까?

### 3) 주제선정 후 재검토와 연구방법

**슬라이드 3-❸**

▩ 선행연구가 많고 논의가 잘 정리된 경우
- 선행연구의 결함을 발견하거나 새로운 결론을 도출할 수 있어야 함. 특정한 연구방법을 그대로 적용하거나 보완하는 것이 좋음

▩ 선행연구가 드물고 논의가 전혀 혹은 잘 정리되어 있지 않은 경우
- 선행연구의 결함을 발견하거나 새로운 결론을 도출할 수 있어야 함. 특정한 연구방법을

그대로 적용하거나 보완 혹은 여러 연구 방법들을 종합하거나 전혀 새로운 연구방법을 모색

※ 선행연구가 전혀 없는 경우

- 논의되지 않았다는 점을 밝혀 증명할 수 있어야 함. 간접적인 적용 가능성이 있는 연구 방법들에 천착하고, 특정한 연구방법을 적용하거나 보완하기 보다 대체로 여러 연구방법들을 종합하거나 전혀 새로운 연구방법을 모색

✣ 논문을 쓸 때 최소한 창의적이거나 새로운 것을 말하지 않더라도 기존에 많은 논문과는 다른 면이 있는 논문이 되도록 하는 것이 좋습니다. 추가적으로 논문의 기여성이라고 하는데 무엇인가 선행연구에서 했던 것에 새로운 내용을 추가할 수 있는 논문이 될 필요가 있습니다. 논문에 새로운 데이터를 썼다든가, 주제를 좀더 좁혔다든가, 글을 잘 정리했다든가, 이론적 배경을 잘 썼다든가 뭔가 하나는 장점이 있어야 할 것입니다. 다음으로 문제의식이 주제에 확실히 드러나도록 해야 한다는 것을 생각할 수 있는데 실제로 쉽지 않습니다.

✣ 선행연구가 전혀 없는 경우라고 했는데 거의 없는 경우는 있지만, 전혀 없는 경우는 없을 것입니다. 나중에 concept 공부할 때 나오겠습니다만 논문을 준비하면서 선행연구 검토할 때 자기 주제만 가지고 하지 말고 선행연구가 잘 검색되지 않으면 유사개념이나 주제와 유사한 용어들을 같이 검색할 필요가 있습니다. 다양하게 검색하고 띄어쓰기에 유의하여 그렇게 열심히 검색하다 보면 좋은 자료를 만날 수 있습니다.

✣ 그래서 논문 주제와 관련한 선행연구가 있다 없다고 말할 때 신중할 필요가 있습니다. 지금 논문작성과 관련한 문헌고찰의 주요내용을 개관하는 시

간입니다만, 전체적으로 자료 검색의 경우에는 우선 DB가 많으니까 큰 문제 없지만 DB에만 의존하면 안 됩니다. 옛날 자료도 중요합니다. DB는 최근 10년 정도까지만 있고 점차 확장해나가는 상황이며 지금도 DB작업을 하고 있지만 모든 문헌이 탑재되어 있지는 않습니다. 그전의 것을 보려면 도서관에 가서 찾아야 합니다. 요즘은 학교마다 도서관이 잘되어 있기 때문에 Interlibrary loan, 즉 대차 제도를 잘 활용하면 의외로 좋은 자료를 찾을 수 있습니다.

### 4) 연구질문과 자료찾기

**슬라이드 3-❹**

- 세 종류의 자료를 사용하는 방법알기
  - 일차 자료, 이차 자료(보고서), 삼차 자료(백과, 웹 등)
- 도서관 자료찾기
  - 정보찾기(사서, 전문가, 참고자료 등)
  - 구체적 자료찾기(도서관 카탈로그, DB, 서가 돌아다니기)
- 인터넷으로 자료찾기
- 자료의 관련성과 신뢰성을 평가하기
  - 명망있는 출판사 또는 온라인 게시
  - peer review 여부
  - 저자의 명망성
  - 온라인은 운영기관이 어떤가
  - 자료가 최근 것인가
  - 다른 사람들이 그 자료를 자주 인용하는가

✤ 논문을 쓸 때 제일 많이 보아야 할 참고 문헌은 첫 번째가 박사학위 논문입니다. 그리고 두 번째는 학술논문입니다. 세 번째가 좋은 대학의 석사학위 논문입니다. 좋은 대학이다 아니다는 본인이 알아서 판단하세요.

✤ 다음에 인터넷 자료에 대한 언급이 있는데 가급적 의존하지 않는 것이 좋습니다. 물론 인터넷을 통해 보고서같은 좋은 자료를 다운 받는 경우는 도움이 될 수 있습니다. 외국 문헌은 좋은 보고서들이 많이 올라와 있습니다. 우리도 공신력 있는 기관의 자료들은 활용가치가 있습니다. 그러나 일반적인 웹 자료들은 함부로 인용하지 않도록 유의할 필요가 있습니다.

✤ WWW로 시작하는 인용자료는 가급적 지양하고 신문기사드 학술논문에는 가급적 사용하지 않는 것이 좋습니다. 논문의 주제가 특별히 저널리즘이나 언론에 관한 것이어서 신문기사나 잡지 등을 주요한 자료로 하는 경우면 몰라도 말입니다.

✤ 일반 학술논문에서 잡지 이런 내용을 인용한다거나 하는 경우가 많지는 않습니다. peer review라는 것은 동료검토라고 해서 동료가 리뷰한 것이나 논문을 세 명이 심사하는 것을 예로 볼 수 있습니다. 세 명이라는 말은 각기 다른 세 사람의 전문가가 그 논문을 검증하는 것입니다. 그것이 심사라는 과정이지요. 이렇게 심사하는 review 과정이 있기 때문에 학술는문이나 학위논문이나 다 peer review한 것으로 볼 수 있습니다. 그래서 통과된 것만 게재되고 학위논문이 되는 것입니다 peer review를 했기 때문에 논문 자체가 인정을 받는 것입니다. 그런데 인터넷, 신문 이런 것은 인정하는 절차가 따로 없는 것이 일반적입니다.

✤ 여기 보시면 저자의 명망성. 그리고 만약에 온라인에서 다운받더라도 믿을

만한 곳인가 알려주면 됩니다. 즉 자료가 최근 것이어야 됩니다. 이것은 매우 중요한데, 특히 서론 부분에서 1990년대 문헌이 인용되거나 하는 것은 피하는 것이 좋습니다. 서론에는 2016, 2017... 이런 문헌이 인용되어야 합니다. 연도가 오래 되더라도 중요한 고전적인 문헌이나 논문은 쓸 수 있지만 그 외는 최근 문헌으로 해야 합니다.

✤ 다른 사람들이 많이 인용하는 것인가라는 내용이 있는데, 그것은 약방의 감초 같이 어떤 주제의 경우든지 해당 주제와 관련하여 어떤 특정 저자의 문헌 등이 반드시 인용되는 것이 있다면 빠짐없이 인용해 주는 것이 필요하다는 뜻입니다.

✤ 그리고 참고문헌에는 학술논문이 많이 리스트업 되어야지 도서가 많다거나 잡지가 많다거나 하는 것은 권장하지 않습니다. 물론 꼭 필요한 단행본들은 있어야 합니다만, 번역본의 경우는 참고문헌에 원저서명을 쓰고 수록하는 경우가 많은데, 인용할 때는 원저자와 출판년도를 그대로 써 주어도 내용을 인용한 경우에는 큰 무리가 없을 것입니다. 물론 원본을 보지 않은 사실은 부담이 되겠지만, 그 책의 내용은 번역본을 통해 파악한 것으로 볼 수 있습니다. 그런데 만일에 인용 페이지까지 밝히는 경우에는 번역본의 해당 페이지를 써주어야 할 것입니다.

**번역책**

번역된 책을 많이 보실 수 있어요. 보시면 테크니컬 하게 잘 활용하셔야 해요. 어떤 책이 원본이라는 게 번역본에 나오잖아요? 그 원본을 참고 문헌에 쓰시고, 원저자와 출판년도를 원고에 써주어요. 선생님들이 원문을 안 봤으니까 내용을 인용할 경우에는 페이지를 확인하지 못해요. 번역본은 우리말로 바꾼 것이니 페이지도 다르겠지요. 단, 직접 인용하는 경우에는 인용한 페이지를 밝혀야 합니다. (“ ”)를 써서 원전을 확인하여 페이지를 반드시 제시해야 한다는 말입니다.

# 제4강 논문구성과 2장-4장 관계

## 1. 논문의 기본구성

슬라이드 4-❶

- 서론 (제1장) / Introduction
- 문헌고찰 (제2장) / Literature Review/ Previous Research
- 연구질문 / Research Question
- 연구방법 (제3장) / Methodology/ Approach
- 결과분석 (제4장) / Results/ Findings
- 논의 (제4장/제5장) / Discussion
- 결론 (제5장/제6장) / Conclusion and Implications/ Summary
- 후속연구 / Further Research/ Future Work

- 참고문헌(References) / Reference/ Bibliography/ Works Cited
- 초록/개요 (Abstract/Outline)
- 부록 / Appendix

- 논문의 기본 구성에 대해 다시 한번 공부합니다. 즉 1장, 2장, 3장, 4장, 5장, 6장 등에 관한 내용을 중심으로 복습해 봅니다. 우선 연구 질문은 보통 서론에 언급을 합니다. 그리고 제3장인 방법론 챕터에서 구체적으로 진술하게 되지요. 제5장 논의는 중요하다고 했습니다. 꼭 discussion(논의)있는 논문을 쓰세요.

- 실제 논문을 쓸 때 쓰기가 제일 어려운 부분이 논의입니다. 논의는 다른 논문을 보고 쉽게 옮겨 쓸 수도 없고 연구자가 내용을 파악하고 어떻게든 분석적으로 서술해야 하기 때문에 어렵습니다. 그래서 페이지를 많이 쓸 수 없는 챕터이기도 합니다. 논의 챕터가 5페이지를 넘어간다면 열심히 한 것으로 볼 수 있습니다.

- 논의 챕터를 명시적으로 제시하지 않았다는 것은 그만큼 분량면에서 몇 페이지 밖에 쓰지 못했기 때문이기도 합니다. 보통 이런 경우는 결론 챕터에 포함하여 결론이라고 하고 요약 및 논의, 제언 등을 같이 제시합니다. 이것은 논문의 구성요건을 제대로 지킨 것으로 볼 수 없는 것입니다.

## 2. 논문제목의 구성유형

슬라이드 4-❷

- Concept+Concept+Verb
  영적안녕감이 사회성발달에 미치는 영향
- Concept+Concept+Verb: Methods
  영적안녕감이 사회성발달에 미치는 영향: 자아존중감의 매개효과
- Concept(Issue)+Issue(Concept)+Verb
  스마트폰 사용이 소외에 미치는 영향
- Concept(Issue/PG)의 관련변인(효과성)
- Concept(Issue)를 전제한 주제연구 등

✤ 일반적인 논문의 제목을 보면 concept + concept + verb의 형태가 있습니다. 예를 들면, "영적 안녕감이 사회성발달에 미치는 영향"이란 논문제목을 볼 수 있습니다. '영적 안녕감이 사회성발달에 미치는' 이라고 했으니, 사회성발달이라는 컨셉이 종속변수이고, 독립변수가 영적안녕감이란 컨셉입니다. 영향관계에 관한 것이니까 양적연구인 것을 알 수 있습니다. 실제로 이 연구는 회귀분석을 했습니다.

✤ 영적안녕감이 concept이고 사회성발달이 또한 컨셉이라고 했는데 무슨 말이냐 하면, 이 두 가지 컨셉이 논문의 Keyword가 됩니다. 선생님들의 논문에는 반드시 Keyword가 있어야 됩니다. 그래서 논문은 topic과 제목이 있고 제

목은 이런 형태 중의 하나입니다.

- 영향을 보는 것이라고 했는데 영향이 곧 동사의 역할을 하는 것입니다. 다음 제목을 보면, 콜론(:)을 하고 자아존중감의 매개효과라고 했습니다. 즉 자아존중감이라는 변수를 하나 더 넣었습니다. 매개변수의 영향력을 본 것입니다. 매개변수도 Keyword가 됩니다. 자아존중감도 하나의 Keyword이니, 개념과 개념 그리고 동사에다가 Methods(방법)로 매개효과를 회귀분석한 연구라는 것을 바로 알 수 있습니다. 이렇게 Keyword는 세 개입니다.

- 논문의 제목이 이런 형태가 되든가 그렇지 않으면 Issue가 들어갑니다. Issue는 개념이 아니라 사회현상입니다. 뒤에 보면, "스마트폰 사용이 소외에 미치는 영향"이란 논문제목이 있는데, 영향은 동사이고, 소외는 키워드이며, concept이기도 합니다. 그런데 "스마트폰 사용"이라고 했으니 연구주제가 스마트폰 사용 빈도, 즉 스마트폰의 과다사용이 사람에게 주는 영향을 연구하는 것으로 알 수 있습니다. 그러니까 논문의 제목은 그 주제를 제목화하는 이와 같은 원인이 되는 개념과 그에 따라 영향을 받는 개념, 또는 용어와 용어에 대한 생각을 선택하게 됩니다. 그리고 일반적인 논문제목들은 대부분 여기서 말하는 형태 중의 하나로 나타나게 됩니다.

- 또한, 프로그램의 효과성 검증에 관한 논문들이 가끔 있습니다. 대체로 프로그램 효과성을 검증하려면 프로그램을 개발하고 그것을 테스트하는데, 프로그램 참여하기 전과 참여하는 과정 또는 기본적으로는 참여하기 전과 참여한 후의 상황을 측정해서 어떤 변화가 있는지를 알아보게 됩니다. 흔히 쓰는 방법은 t-test이며 그 결과를 바탕으로 프로그램이 효과가 있고 의미가 있다 또는 크게 변화가 없다는 등과 같은 설명을 합니다.

❖ 어떤 프로그램이 매우 고유한 특별한 프로그램이라면 개발 연구를 할 수도 있고, 그 성과를 측정하여 효과성을 검증하는 연구를 해야 합니다. 그런데 프로그램 연구는 개발적 측면보다는 효과성 검정이나 t-test를 주로 활용하는 것이 많습니다. 석사학위 논문의 경우는 회귀분석을 주로 하고 박사학위 논문을 쓰는 데는 Amos 구조방정식이 대세인 것 같습니다. t-test로 프로그램 평가 연구를 하는 양적연구는 바람직하지 못한 측면이 있습니다. 양적연구의 자료분석을 공부하면 알게 되겠지만 t-test는 기초단계의 분석이기 때문에 easy going하는 것으로 보이게 됩니다.

| 단순하게 사전 사후 t-test해서 박사학위논문을 하겠다는 생각은 지양하는 것이 좋습니다. 프로그램을 개발 하든가 할 필요가 있어요. 개발이라는 것은 하나의 프로그램을 만드는 것이기 때문에 프로그램 개발이론에 대한 공부도 해야 하고 통계분석기법도 배워야 합니다. |
|---|

❖ 프로그램 개발 이론이 많습니다. 그러니까 프로그램을 짤 때는 1회기, 2회기 등을 마음대로 구성하는 것이 아니고 이 프로그램은 이렇게 되고, 이런 식으로 몇 번 만들어야 되고, 몇 시간을 어떤 식으로 해야 되는 등의 이론이 있을 것입니다. 그것을 제대로 연구해서 프로그램을 개발하는 부분을 포함하든가 해서 연구내용이나 방법 등에서 무엇인가 중요한 의미가 있도록 하는 것이 필요합니다. 그런 것 없이 어떤 프로그램을 실시한 것을 사전사후 검사로 t-test해서 좋은 프로그램이더라고 하는 것은 너무 심플한 연구로 보일 수 있습니다.

❖ 그러므로 무엇인가 연구의 강점이 있어야 합니다. 이론적 배경을 잘 쓰든가, 연구방법이 고급분석이든가 아니면 내용이 탄탄하든가 해서 quality가 있어

야 합니다. 프로그램 효과성 검정 연구하는 분들은 그러한 취약점이 있다는 것을 알고 연구를 할 필요가 있습니다. 프로그램 관련 연구를 제대로 하면 사실 매우 어렵습니다.

✤ 교수는 객관적인 제3의 시각으로 논문을 검토하고 수준 높은 의견을 제시하는 등 도움을 많이 줄 수 있지만 실제 논문을 쓰는 사람은 어디까지나 연구자 자신입니다. 논문이 통과되고 심사를 받는 절차를 수행하는 것은 결국 연구자 자신의 몫이며 모든 것은 온전히 스스로 해 나가야 하는 것임을 명심해야 합니다.

✤ 그 다음에 concept을 전제한 주제 연구입니다. "무엇"에 따른 ○○에 관련된 연구, 이렇게 앞에 큰 개념이 하나 나오는 것이 있습니다. 대체적으로 논문의 일반적인 형태는 앞에서 살펴본 3가지가 가장 보편적인 것입니다. 이미 논문을 쓰신 분, 계획서가 통과되신 분들 대부분이 아마도 이러한 제목 형태일 것입니다.

✤ 검색을 하면 제목이 먼저 나오고 그 다음에 초록을 볼 수 있게 됩니다. 검색하면서 다운을 받을 것인가를 판단합니다. 이렇게 제목이 중요하다는 이야기입니다. 실제로 심사가 끝나는 마지막까지 제목을 가지고 고민합니다. 심사위원들이 제목을 바꾸라고 코멘트하는 경우도 많습니다.

# 3. 이론적 배경/선행연구 분석

슬라이드 4-❸

- 보통 이론적 배경/고찰/문헌연구 시 학생들은 유사한 내용을 보고 원본을 그대로 옮겨 쓰는 것에 급급함
- 그러나 구성요소, 서술의 전개방법론을 이해해야 함
- 챕터의 이유는 연구목적, 가설, 실태, 연구내용에 대해 설명력을 높이기 위함
- 자신의 주장을 논리적으로 객관화시킴
- 연구목적과 무관한 목차, 이론적 배경의 이론들은 과감히 삭제
- 챕터는 연구성격에 따라 문헌개관, 선행연구, 실증적 사례 등으로 대체가능
- 반드시 절에 들어가기 전에 장에서는 전체적인 개요를 소개하면서 서술한다.
- 서술 시 반드시 논문의 기본적인 구성원리가 연구자의 주장에 대하여 갑론을박하는 과정을 거쳐 객관적인 타당한 논리를 설명하는 것이 기본 구도임
- 따라서 연구목적에 맞게 목차 선정기술

✤ 보통의 경우 학생들은 유사한 내용을 보고 원본을 그대로 옮겨 쓰기 급급합니다. 그러나 구성요소나 서술 전개방식에 대한 이야기를 해야 합니다. 서론, 이론적 배경에 대한 이유는 연구 목적과 가설, 실태나 내용에 대해서 설명을 보다 구체적으로 하여 주제에 대한 이해를 높이기 위한 것입니다.

❖ 각 챕터는 장별 스타트 부분에 전체 챕터의 성격을 총괄해 주는 문단이 필요합니다. 다음에 그 이하의 절이 구성됩니다. 두괄식을 권합니다. 각 절에도 마찬가지로 처음 부분에 이 절이 무엇에 대해서 쓴다는 언급을 해주고 시작할 필요가 있습니다.

❖ 원래 논문심사라는 것이 잘못된 것을 지적하는 것만이 아니라 때로는 교수가 묻기도 하고 테스트를 하기도 하고 내용을 알기 위해 물어보기도 합니다. 그렇게 다양한 상황이 있습니다. 그 모든 것이 막힘없이 잘 답변할 수 있는 정도가 되어야 합니다. 각 장별로 또는 절별로 그렇게 요약하여 잘 정리해 두면 아주 유용합니다.

❖ 각 장마다 요약을 하는데, '지금까지의 논의를 요약하면~' 또는 '지금까지의 결과를 요약하면~', '지금까지의 내용을 요약하면~' 이렇게 요약적인 문단을 두세요. 그러면 상당히 깨끗하게 보입니다. 체계적으로 보이기도 하지요. 읽는 사람이 볼 때 상당히 잘 정리된 것으로 생각합니다.

❖ 특히 결과분석 4장은 2장의 문헌고찰, 또는 이론적 배경에 관한 내용구성과 연결되도록 맞추는 접근이 필요합니다. 먼저 2장이 4장과 어떻게 매치되는지를 예를 통해 같이 보기로 합니다.

# 4. 논문제목 구성과 2장과 4장의 관계

## 1) 청소년의 영적안녕감이 사회성발달에 미치는 영향 (2장)

슬라이드 4-❹

1. 청소년의 영적안녕감
    1) 영적안녕감의 개념
    2) 영성과 청소년영성의 이해
    3) 청소년의 영적안녕감

2. 청소년과 사회성발달
    1) 사회성의 개념
    2) 청소년의 사회성 발달

3. 청소년의 영적안녕감과 사회성발달의 관계
    1) 영적안녕감과 청소년발달
    2) 청소년의 영적안녕감과 사회성발달

❖ 오늘은 몇 가지 작업을 해야 합니다. 앞에서 "영적안녕감이 사회성발달에 미치는 영향"이라는 제목이 있었는데 그 논문의 2장 이론적 배경입니다. 2장을 어떻게 구성할 것인가를 공부하기로 합니다.

❖ 간단한 방법으로는 먼저 개념 하나 하나를 나눕니다. 1 concept 영적안녕감이 1절로 되어 있는데, 실제 많은 논문에서도 유사한 형태로 구성됩니다. Key concept을 하나 하나 정리를 하는 것입니다. 여기의 사례에서는 영적안녕감과 사회성 발달이 두 가지 핵심 컨셉이므로 영적안녕감의 개념, 사회성

의 개념, 그 다음에 영적안녕감과 사회성과의 관계 이렇게 나갑니다. 논리적인 순서로 되어야 합니다. 사회성 발달의 경우는 사회성의 개념, 청소년의 사회성 발달 등으로 서술됩니다.

- 제목이 나올 때 쯤 너무 멀리가면 안됩니다. 사회부터 정의할까요? 사회의 개념부터 사회성 개념하고 사회성 발달을 할까요? 사회에 관한 개념정의부터 시작하기는 너무 멀리 간 것입니다. 그러한 판단을 해야 합니다. 그러나 일단 망라해서 정리하는 것이 좋습니다. 나중에 빼는 것이 필요하면 그때 빼더라도 말이지요. 내용이 적은 것보다 많은 것이 낫습니다. 많은 것을 빼는 것은 괜찮지만 부족해서 나중에 보완하게 되면 시간도 쫓기고 힘들어집니다.

- 보통 2장의 3절은 고찰한 두 가지의 개념과 관련한 기존의 연구들을 정리합니다. 비교적 바람직한 이론적인 배경의 구조는 1절과 2절의 내용을 3절로 연결시켜서 종합하는 것입니다.

- 여기에 제시된 사례를 보면 컨셉이 두 개, 영적안녕감과 사회성 발달이니까 모든 대상과 관련된 영적안녕감과 사회성발달의 일반적 개념에 대해서 먼저 소개하는 것입니다. 노인, 여성 등 청소년 이외의 대상을 포괄하는 일반적인 개념을 다룬 후 청소년의 영적안념감, 청소년의 사회성발달 항목으로 정리를 하는 것입니다. 이것이 논리적인 구조입니다. 목차의 구성이 어떻게 전개되든 논리적인 구조가 될 때까지 한참 수정하는 과정을 거치게 됩니다.

## 2) 청소년의 영적안녕감이 사회성발달에 미치는 영향 (4장)

슬라이드 4-❺

- 1. 기술적 분석
  - 1) 조사대상자의 인구사회학적 특성
  - 2) 영적안녕감과 사회성에 관한 기술적 분석
- 2. 영적안녕감에 대한 분석
  - 1) 인구사회학적 특성에 따른 종교적 안녕감
  - 2) 인구사회학적 특성에 따른 실존적 안녕감
- 3. 사회성에 대한 분석
  - 1) 인구사회학적 특성에 따른 사회성
  - 2) 영적안녕감에 따른 사회성
- 4. 영적안녕감과 사회성의 관계
  - 1) 영적안녕감과 사회성의 관계
  - 2) 영적안녕감과 사회성 각 하위 영역의 관계

✤ 이제 4장을 보면 2장과 4장이 매치되어야 한다고 했는데, 므든 양적 연구에 필수적으로 들어가야 하는 연구참여자의 특성이라는 부분을 제외하고는 첫 번째는 영적안녕감, 두 번째는 사회성에 대한 분석과 일치합니다.

✤ 그 다음 논문의 초점은 영적안녕감과 사회성발달의 관계에 대한 것입니다. 이를 위해 2장에서 관련된 선행연구들을 살펴보았습니다. 그러니까 2장과 4장이 매치가 되는 것입니다. 그러면 논리적인 서술이 되면서 구조의 틀이 연결되게 됩니다.

학술아카데미 총서 ❹ : 논문작성법 IV 논문작성 연구방법론: 실전노하우

PART

# 02

# 문헌분석의 응용: 본문집필 노하우

# 제5강 논문제목과 연구질문

## 1. 제목선정의 가이드라인

### 가이드라인 5-1

슬라이드 5-①

※ Concept(변수)가 여러 개가 아니면 제목에는 변수가 포함되어야 한다.

〈예시〉
⇨ 자기 존중감과 공격성과의 관계

※ Concept(변수)가 여러 개라면 변수의 유형이 제목에 포함될 수 있다.

〈예시〉
⇨ 학교변화에 대한 학생의 태도를 지역별, 사회경제적 집단별, 성별 등으로 조사하는 연구의 경우, 제목에 모든 변수를 다 쓸 수 없고 핵심변수만 포함하고 다른 것은 "인구사회적 변수" 등과 같은 유형적 용어로 표현한다(학교에 대한 학생의 태도변화와 인구적 변수간의 관계)

※ 학술논문제목은 짧아야 하고 학위논문은 길 수 있다.

출처: Pyrczak & Bruce, 2000, pp. 24-30.

✤ 일반적으로 학술논문은 짧아야 하고 학위 논문은 깁니다. 학위논문의 분량이 많다는 것은 단순하게 페이지 수가 많은 것이 아니라 내용을 요목화하고 항목을 구성하면서 내용면에서 충실해야 한다는 의미입니다.

## 가이드라인 5-2

**슬라이드 5-❷**

▩ 제목은 연구의 결과나 결론이 아니라 무엇이 연구되었는지를 나타내야 한다.

▩ 연구 모집단의 유형이 중요하다면 제목에 포함하라.

〈예시〉
⇨ 수학 시험에서의 계산기 사용에 대한 교사들의 반응
(대상집단이 교사들인데 이는 부모나 학생들과 아주 다른 반응이 있을 것으로 보이므로 중요하다.)

▩ 연구목적이나 방법을 부연하기 위해서는 부제를 사용할 필요가 있다.

〈예시〉
⇨ 알코홀리즘의 역할: 질적 연구
스트래스에 대한 상담 : 초보상담가의 관점

✤ 논문제목은 연구의 결과나 결론이 아니라 무엇이 연구되었는지를 알 수 있도록 해야 합니다. 논문제목에 결론적인 내용을 포함할 필요는 없습니다.

✤ 만일 예를 들면 모집단이 여성이면 여성, 장애인이면 장애인 등이 중요하다면 그것을 제목에 넣는 것이 좋을 수 있습니다.

✤ 부제 사용문제입니다. 부제는 보통 세미콜론( : )을 한 후 제시하는데 제목을 넣고도 무엇인가 아쉬운 점이 있다면 추가하는 것이 좋습니다. 부제는 논문을 검색할 때 중요합니다.

✤ 논문의 제목은 제한된 몇 글자로 되어 있습니다. 글자가 몇 자 되지 않습니다. 그래서 보통은 부연 설명을 합니다. 방법론적인 내용이라든가, 매개변수를 활용한 매개효과 같은 말을 제목에 넣어주는 것입니다.

✤ 제3컨셉 또는 제3의 이슈가 제시될 수 있다고 보면 됩니다. 예를 들어 소외감에 대한 연구라면, "스마트폰 사용을 중심으로" 라는 것을 추가하는 것입니다. 그런데 부제로 지역적인 범주를 넣거나 하는 것은 그다지 바람직하지 못한 것 같습니다. 예를 들어 "대구 · 경북 지역을 중심으로"와 같이 설문조사의 지역 범위를 제목의 부제로 밝히는 것과 같은 경우입니다.

## 가이드라인 5-3

**슬라이드 5-❸**

- 제목은 질문의 형태로 제시될 수도 있으나 유의해서 사용하고 삼가하는 것이 좋다.

〈예시〉

⇨ 사립대학은 지체장애자들이 접근할 수 있게 하는가?

- 제목에 "효과" 또는 "영향"이라는 단어는 유의해서 사용한다.
  (이 경우 보통, 실험설계나 사전사후 검사 등이 사용되어야 한다.)
  ("효과"는 보통 "종속변수에 대한 독립변수의 영향"이라는 형태로 사용된다.)

❖ 제목이 질문의 형태로 제시될 수 있습니다만 가급적 삼가는 것이 좋다는 의미입니다. 가끔 학술논문에 "인간은 유능한가?"와 같이 질문형태로 제목이 되어있는 경우가 있습니다. 언론적인 글에서는 가끔 제시하는데, 학술논문에서는 바람직한 것은 아니라는 생각입니다.

❖ '~ 효과'와 '~ 영향'에 관한 연구가 많은데 어떤 용어를 쓰는가하는 것에 연구의 성격이 나타납니다. 효과성 연구 또는 개발 연구 등을 제목으로 한다면 그 개념자체와 연구의 방법론이 암시하는 내용이 서로 맞아야 합니다. 효과면 효과검증에 대한 방법론을 써야 되고, 영향이면 영향에 대한 분석을 하는 것이 일반적입니다. 인구사회학적 변수를 언급하는 경우도 바람직한 제목은 아닙니다.

## 가이드라인 5-4

**슬라이드 5-❹**

- 연구가설, 목적, 연구질문과 일관성 있는 제목을 사용한다.
  (가설에서 언급한 변수를 포함하거나, 연구목적을 반영하는 제목일 수 있다.)

- 연구의 독특한 특징이 있으면 제목에 언급을 고려한다.

〈예시〉

⇨ 치아 침식에 관한 A 약물의 장기적 효과
(약물의 효과에 관해 최초의 장기 추적 연구를 수행함.)

- 재치있는 제목은 피하라. 특히 그것이 논문의 중요내용을 제대로 전달하지 못한다면 더욱 그러하다.
  (일반적으로 재치있거나 유머러스하고 싶은 유혹에서 벗어나는 것이 좋다.)

✤ 연구가설, 목적, 연구질문과 일관성이 있는 제목을 사용합니다. 제목이 연구질문이 될 수가 있고 키워드, 키컨셉이 제목으로 언급되는 것이 좋습니다. 연구질문 자체가 그대로 제목이 되는 것이 가능합니다. 장기적인 효과라든가, 패널연구라든가 이렇게 논문의 독특한 특징을 제목에 밝히는 것이 좋습니다.

✤ 연구주제와 관련하여 중요한 내용에 관한 용어 등은 논문제목에 넣어서 강조할 필요가 있습니다. 제목이 정말 중요하다는 것은 제목이 많은 내용을 담을 수 있기 때문입니다. 그러나 주제와의 관련성이 없는 괜히 재치있는 제목이나 멋있는 것을 쓰려고 해서는 안된다는 점을 기억하기 바랍니다.

## 2. 연구제목 연습

슬라이드 5-❺

▩ Part A) 아래 제시된 제목의 적절성을 평가하라.

- "임상 심리학자"
- "정신치료가는 자살을 예방할 수 있는가?"
- "숨겨진 보수가 특히 달콤하다: 법률가의 윤리행위에 관한 연구"
- "연령과 종신직은 사회복지사의 직업만족도에 관련되는가?"
- "간호사가 간호조무원보다 HIV감염에 대한 두려움이 적다."

▩ Part B) 관심있는 주제에 관한 연구목적을 설정하고 그에 따른 적절한 연구제목을 만들어 보라.

✤ 논문 제목을 정하는 것에 대해 외국 자료에서 소개하고 있는 것입니다. 연습해 보기 바랍니다.

읽을거리

## 1. 연구 질문은 무엇인가? (What are research questions?)

연구 질문에 대한 아이디어는 당신에게 있어 새로운 것이 아닐 수도 있다. 우리는 옛날부터 친숙했던 것에 더 편하게 질문하고 답한다. 무엇인가를 알아내기 원할 때, 우리가 찾는 것을 돕는 질문들을 구성하고 필요한 정보에 초점을 맞추게 된다. 종종 이러한 과정은 우리가 그 어떤 것에 대해 분명하지 않게 생각하게 만들 수도 있다. 하지만 연구 질문의 경우 우리가 설계하는 연구가 질문에 대해 답할 수 있을 것인지에 대해 확신을 가질 수 있도록 조심히, 그리고 명확하게 생각하는 것이 요구된다. 근본적으로 질문이 없으면 답할 수 없다. 연구 질문은 프로젝트의 핵심이고, 연구의 초점을 제공한다. 따라서 연구 질문은 연구 프로젝트의 목적을 진술해야 하고, 또한 연구 과정을 통해 당신을 안내해야 한다. 그렇다면 연구 질문은 단순한 진술 그 이상이어야 한다는 것이 분명하다. 왜냐하면 그것은 연구의 완전한 본성에 대한 세부사항을 포함해야 하기 때문이다. 이는 연구 질문이 특정한 연구에 착수할 수 있을 만큼 분명함을 의미한다.

## 2. 연구 질문의 유형 (Types of research questions)

연구 질문에는 기본적으로 서술적, 탐색적, 설명적, 평가적 질문의 4가지 다른 유형이 있다.

1) 서술적(Descriptive). 이러한 종류의 질문은 대개 탐색적 질문에 뒤따른다. 기술적 질문은 종종 어떤 부분, 이슈 혹은 현상을 수량화하는데 관심이 있다. 예를 들어 그것이 얼마나 큰가? 얼마나 많은가? 그것은 어디 있는가? 영향을 받은 인구비율은 얼마인가?

2) 탐색적(Exploratory). 그것은 당신이 (어쩌면 개인으로써, 그러나 아마 당신이 소속된 사회 연구 공동체로써) 어떤 부분 혹은 이슈에 제한된 사전 이해를 가지고 있을 때 어떠한 사회적 과정 혹은 현상을 이해하거나 탐색하는 처음의 시도이다.

3) 설명적(Explanatory). 이것은 "왜"라는 질문으로 묘사될 수 있다. 그것은 원인과 영향을 묻는다: 왜 이것이 일어났는가? 어떻게 일어났는가? 어떤 과정이 여기에 작용하는가?

4) 평가적(Evaluative). 평가적 질문들은 특정한 사회 실천 혹은 현상의 가치에 관련 있고, 다음과 같은 질문이 있다: 어떤 것이 가장 잘 작용하는가? 얼마나 좋은가(혹은 좋지 않은가)? 얼마나 효과적인가? 이러한 연구 유형은 종종 어떻게 하면 어떤 것이 더 향상 혹은 변화될 수 있을 것인지에 대한 제언을 포함하며, 이러한 측면은 연구 질문에 포함될 수 있다.

당신의 연구는 이러한 범주의 한 가지 이상으로 나뉠 수 있지만, 대부분의 연구 프로젝트가 하나 이상의 연구 질문을 가지기 때문에 그것은 문제가 되지 않는다.

출처: Matthews & Ross, 2010, p.31.

# 제6강 개념정의하기

## 1. 개념정의하는 두 가지 형태

슬라이드 6-❶

- 개념적 정의(Conceptual Definitions)
  - 일반적 concept으로 사전적 개념정의와 비슷
  - 주로 서론에 나옴
  - 일반적 개념을 알고 있는 것으로 보아 형식적 정의를 제공하지 않기도 함

- 조작적 정의(Operational Definitions)
  - 엄밀한 특징을 정의함
  - step-by-step의 physical terms
  - 주로 방법론 섹션에서 제시됨

- 개념적 정의와 조작적 정의를 어떻게 사용하고 무엇을 정의해야하는지에 대한 가이드라인 제시

출처: Pyrczak & Bruce, 2000, pp. 47-53.

- 개념정의에 대한 부분입니다. 먼저 여기에서의 개념적 정의는 앞서 공부했던 컨셉 관련한 개념정의와는 다릅니다. 앞서 선행연구와 관련한 여러 학자들의 개념정의, 즉 definition이란 말은 일반적으로 사전적 개념정의와 비슷한 것이라고 볼 수 있습니다.

- 다음으로 조작적 정의라는 것이 있습니다. 조작적 정의는 연구자가 해당 논문에서 어떻게 그 개념을 측정하는지와 관련한 것으로 특히 양적연구에서 중요한 개념입니다.

- 예를 들면 소외라는 개념의 일반적인 개념적 정의는 남에게 따돌림을 받거나 남에게 거리감이 있거나 그로인해 외로워지는 것을 말한다고 할 수 있을 것입니다. 그러나 소외에 대한 설문조사를 하여 그 정도를 측정한 결과를 바탕으로 규정한다면 이것은 조작적 정의에 해당하는 것입니다. 예를 들어 소외에 대해 가족과의 관계, 친구와의 관계 등으로 해서 열 가지 질문을 한 후 응답자 중에 평균 3.0이상을 받은 사람을 소외감이 있다고 본다고 규정합니다. 매우 구체적이고 손에 잡히듯이 정의하며 양적연구에서는 반드시 이렇게 해야 합니다. 영어로 '조작적'이라는 말은 없는 것을 만든다든가 해서 조작한다는 것이라기보다는 operational 이라고 해서 '운영한다'는 것으로 이해해야 합니다. 즉 필요에 의해서 나름대로 정의하는 것입니다. 소외감 척도를 사용한 결과 몇 점 이상은 소외가 있다고 보는 것이지요. 이러한 것이 조작적 정의입니다.

# 2. 개념정의 가이드라인

## 가이드라인 6-1

슬라이드 6-❷

※ 연구가설, 목적, 또는 연구질문은 개념정의해야 한다.
〈예시〉
⇨ 신문독서와 문화적 리터러시(literacy: 문해력) 사이에는 직접적 관계가 있다.
⇨ 하나의 가설인데, "신문독서"와 "문화적 리터리시"는 개념정의해야 한다.

※ 연구 모집단의 속성적 개념은 정의해야 한다.
〈예시〉
⇨ 성인교육학습자들에 있어서 신문독서와 문화적 리터러시 사이에는 직접적 관계가 있다.

✤ 다음에 연구가설, 연구목적, 연구질문과 관련하여 개념정의가 필요하다는 말이 있습니다. 연구가설에 쓰는 중요 용어, 연구목적의 서술에 필요한 중요한 용어나 개념, 그리고 연구질문에 쓰이는 용어 등과 관련하여 반드시 정의를 해야 합니다. 논문에 보면 용어의 정의라는 부분이 이에 해당합니다.

✤ 박사학위 논문의 경우 1장 서론이나 2장 문헌고찰 챕터에 용어의 정의가 있는지 볼 필요가 있습니다. 가설, 연구목적이나 연구질문 중에 용어적인 성격이 있는 것을 정의하는 것입니다.

✤ '스마트폰 사용이 청소년의 소외감에 미치는 영향에 관한 연구'의 연구질문은 스마트폰 사용이 청소년의 소외감을 부적으로 증가시킨다는 가설을 가정

하고 있습니다. 여기에서 소외감은 물론이거니와 스마트폰 사용은 어떻게 얼마나 사용하는 것을 말하는가에 대해 고민하게 됩니다. 인터넷 사용도 포함하는지, 이메일 체크하는 것도 포함하는지 등 여러 가지를 생각할 수 있습니다.

- 그럼 소외를 뭐라고 정의할까요? 앞에서 우리는 실질적으로 척도에서 몇 점까지 받은 것을 말한다고 했으니 그렇게 정의합니다. 여기에서 스마트폰 과다사용이라고 하면 "과다사용"이 어느 정도를 사용한 것을 말하는지가 불분명합니다. 하루에 세 시간 이상을 사용하는 것을 말하는지, 5시간 이상을 사용한 것을 말하는지 등 그러한 내용을 정의해야 한다는 것입니다. 그래서 선행논문 중에 용어의 정의를 포함하고 있는 것을 보면 대체로 주요 용어 5~10개 정도를 정의하고 있습니다.

- 슬라이드의 내용을 보면 신문독서 literacy라고 했는데 생소합니다. 따라서 반드시 이러한 용어에 대하여 정의를 해야 합니다. 내용을 쓰기가 쉽지 않다면 사전적으로라도 정의하는 노력이 필요합니다.

- 모집단의 속성적 개념을 정의한다고 했는데, 이것은 무슨 말입니까? 속성을 가지고 있다는 것을 특성이라고 보면, 성인교육학습자의 모집단은 성인인 것 같지만, 그저 성인인 것이 아니라 사실은 성인 중에서도 교육적인 학습을 받은 사람을 말하는 것으로 볼 수 있습니다. 따라서 여기에서는 교육학습이 무엇인가를 설명해야 합니다. 즉 모집단의 속성적인 특징이 있을 때에는 그것을 정의해 주어야 한다는 의미입니다.

## 가이드라인 6-2

슬라이드 6-❸

⊠ 연구가 기반하고 있는 이론과 모델은 정의되어야 한다.

〈예시〉
⇨ 연구결과는 박탈모델의 배경에서 논의되어야 한다.
⇨ 여기서 "박탈모델"은 반드시 개념정의되어야 한다.

⊠ 개념적 정의는 구체적이어야 한다.

〈예시〉
⇨ 치료자의 자기폭로는 개인적 정보를 누설하는 것을 포함한다.
⇨ 여기서 "치료자의 자기폭로"의 정의가 충분히 구체적이지 않다.

〈예시〉 (좀 더 나은 예시):
⇨ 치료자의 자기폭로는 치료자가 자신에 관한 사실적 정보를 노출하는 것으로 정의된다(홍길동, 2010).
⇨ 여기서는 자기폭로를 구성하는 요소에 대해 정보가 주어졌다. 전문가에 의해 제공된 개념정의를 인용하는 것은 매우 좋다(이 경우에는 홍길동, 2010). 사실, 이것은 하나의 기존개념을 정의하는 데 새로운 방법을 고안하려고 하는 것이 선호되는 경우가 많다.

〈예시〉 (응용적 예시):
⇨ 부모로 부터의 심리적 분리를 설명하기 위해 기능적 독립의 변수(부모의 지원없이 이끌어가는 사람의 능력에 초점을 둔다)와 정서적 독립(승인에 대한 과도한 필요에서 보고된 자유와 부모로 부터의 정서적 지지를 얻어내는)을 사용하였다.
⇨ 여기서는 괄호 속에 개념적 정의를 제공하고 있는데, 간략한 개념적 정의를 나타내기 위한 하나의 효과적인 기법이 될 수 있다.

✤ 다음은 이론과 모델입니다. 선행연구를 보면 제2장 이론적 배경이나 문헌고찰에서 이론을 정리하고 있습니다. 어느 분야든 이론은 다 있습니다. 생태체

계이론, 임파워먼트 이론 등을 비롯하여 사회복지전반에 걸쳐서 어떤 이론이 나오면 모두 정의해 주고 표로 만들어 두는 것이 필요합니다.

- 논문 중에는 제2장에 분석틀이라는 말을 쓰는 경우가 있습니다. 논문의 이론적인 틀이 무엇인지 또 분석틀은 어떻게 다른지에 대해 공부할 필요가 있습니다. 이것도 반드시 정리해야 하고 모델이라는 용어를 사용할 때는 이론과 다르므로 모델은 모델대로 정리해 두어야 합니다.

- 논문별로 주제에 따른 이론을 정리해 둔 것도 있고 안한 것도 있을 것입니다. 선행연구 논문을 보면 같은 자녀양육에 대해 연구했는데 A논문에는 자녀양육의 태도에 대한 이론이 제시되어 있고, B논문에는 정리되어 있지 않습니다. B논문보다 이론이 있는 A논문이 중요하게 활용될 수 있는 것입니다. 정리를 해두는 일이 중요합니다.

- 다음에는 개념정의할 때 구체적으로 해야 한다는 것을 강조합니다. 막연하게 하지 말고 여러 사람이 정의한 내용을 보고 구체적으로 정의해야 합니다.

## 가이드라인 6-3

**슬라이드 6-❹**

- 조작적 정의도 반드시 제시하여야 한다. 주로 방법론 섹션에 진술한다.

- 조작적 정의는 자연적인 단계의 측면에서 서술되는 것이다. 조작적 정의를 읽고 하나의 변수를 측정하는데 사용된 자연적 작용을 마음속으로는 볼 수 있어야 하며, 처치를 제공하고, 하나의 모집단을 정의하며, 모델이나 이론의 관련된 측면을 규명한다.

〈예시〉

⇨ 정당화요인이란 한 진술에 주어진 이유가 되는 증거, 예를 들면, "나는 그들이 그것을 해야 한다고 믿는다"

〈예시〉

⇨ 실험집단에 대한 스트레스 생산조건은 실험자에 의해 주어진 유순한 언어적 위협이었다.

⇨ 실험집단에 대한 스트레스 생산조건을 만들기 위해서 실험자들은 의사가운을 입고 자신을 의사로 소개하면서 실험의 목적을 "전기충격을 받을 것이다"고 말했다.

☒ 실험대상자 앞에 수행한 구체적 행동을 서술하지 않았기 때문에 앞에 것은 조작적이 아니며, 뒤에 것은 맞다.

✜ 조작적 정의를 반드시 제시해야한다고 했습니다만, 보통 조작적 정의는 방법론 섹션에 나와 있습니다.

## 가이드라인 6-4

**슬라이드 6-⑤**

☒ 각각의 개념적 정의에 대해서는 상응하는 조작적 정의가 있어야 한다.

〈예시〉 (서론에서의 개념적 정의):

⇨ 홍길동(2010)은 애착을 두사람 사이의 의미있으며 견딜 수 있는 정서적 유대로 정의하였다.

〈예시〉 (방법론에서의 조작적 정의):

⇨ 부모애착. 부모유대도구(PBI: Parker, 1999)는 50개 항목의 자기기입식 설문지로 25항목은 어머니와의 관계를 측정하고 또 다른 25문항은 아버지관계를 본다. PBI 는 4점 척도로써 …

✣ 준비한 논문들 중 양적연구의 경우 조작적 정의가 되어 있는 부분을 연필로 표시해 보세요. '본 논문에서 ~은 ~을 말한다'라고 되어 있는 부분이 있으면 조작적 정의에 해당합니다. 보통 양적연구의 변수에 관한 이야기를 할 때, 그리고 척도를 사용하는 경우 조작적 정의를 하게 됩니다.

## 가이드라인 6-5

슬라이드 6-⑥

- 만일 기존 도구를 사용한다면, 측정된 변수는 해당 도구에 대한 인용을 밝힘으로써 조작적으로 정의된다.

- 기존에 발행된 도구는 사용 방법에 대한 구체적이고 단계적인 지침과 함께 제공된다. 해당 도구의 저자와 발행자에 대한 참고문헌을 인용하면, 연구자는 조작적 개념정의를 제공한 것이 된다.

〈예시〉

⇨ 수학기초기법은 Stanford Test, 9판 (Smith, 2009), Level 2의 Form S에 따른 점수로 정의된다.

- 개념정의를 보다 더 조작화하기 위해서는, 테스트의 일반사항(즉, 항목 내용과 수, 시간제한 등), 통계적인 사항, 신뢰도와 타당도 등을 제공한다.

✣ 연구자가 기존에 있는 도구를 사용한다고 하면 그 도구가 처음 소개된 원자료, 즉 원문헌을 찾는 것이 중요합니다.

## 가이드라인 6-6

**슬라이드 6-❼**

- 만일 기존 것이 아닌 도구를 사용한다면, 전체 도구가 제시되어야 한다.
- 연구 목적상 연구자는 자체적으로 도구를 구성해야 할 때가 있다. 그러한 도구가 짧은 것이라면, 복사하여 그림으로 제시되어야 한다.
- 긴 도구라면 부록으로 제시되어야 한다.
- 그러나, 보통 학술논문에서는 첨부되지 않으나 독자의 요구시에는 제시할 수 있도록 준비되어야 한다.
- 측정준수사항을 위반하는 것이 아니라면 해당 도구에서 샘플 항목을 제공하는 것은 긴 도구로 측정된 변수의 조작화를 증대시키는 좋은 방법이다.

✤ 보통 외국학자가 한 것을 국내에서 번역을 해서 소개하면 또 누가 번안을 하여 그대로 또는 일부 발췌하는 등의 수정을 해서 사용하는 경우가 많습니다. 어쨌든 원래의 설문지 척도를 구하는 것이 좋습니다.

## 가이드라인 6-7

**슬라이드 6-❽**

- 조작적 개념정의는 충분히 구체적이어야 한다. 다른 연구자가 동일한 조건에서 동일한 변수를 조사하고 있다는 확신을 가지고 연구를 재연할 수 있어야 한다.
- 재연은 동일한 연구방법을 사용하여 이전의 연구에 대한 결과를 재생산하려는 시도이다. 재연능력은 경험연구의 결과에 대한 신뢰도를 판단하는 주요기준이다.

※ 매우 조작적으로 한눈에 보이는 개념정의도 연구를 재연하려고 하면 부적절할 수 있다. 다음 〈예시〉는 이 점을 나타낸다.

〈예시〉

⇨ 시각적 예민함은 알파벳의 글자를 무작위로 2초간격으로 깜빡거렸을 때 이를 맞추는 능력으로 정의한다.

※ 이러한 변수를 사용하여 연구를 재연하려고 하는 경우, 다음과 같은 물리적 과정에 대한 의문이 생긴다. 스크린은 어떤 형태인가? 글자는 얼마나 큰가?

※ 실제에 있어서 연구자는 합리적으로 근접한 재연을 위해서는 어느 정도로 개념이 조작적으로 되어야 하는지를 고려할 필요가 있다.

※ 유사한 형태들 사이에서 차별적이 되기 위해서는 위의 예시에 대하여 제기된 질문에 대해 대답하는 것이 성공적 재연을 위해 중요한 것일 수 있다.

✤ 현재 보고 있는 논문의 저자도 그 전에 다른 연구자가 한 것을 사용하였다면, 최대한 추적해서 원전을 구하는 것입니다. 왜 그렇게 해야 할까요? 엄격히 말하면, 여러 사람을 거쳐서 바뀌고 발췌하는 사이에 원척도가 왜곡될 수도 있기 때문입니다. 오탈자가 생긴다든지, 잘못된 척도가 될 수 있습니다. 잘못된 것을 그대로 사용하여 조사를 하는 경우가 있을 수 있으므로 반드시 최대한 추적해서 어디에 무엇이 어떻게 바뀌었는지를 확인하는 것이 중요합니다.

## 가이드라인 6-8

**슬라이드 6-⑨**

- 매우 조작적으로 개념정의가 잘 된 것이라도 유용한 개념정의가 되지 못할 수도 있다.
- 지나치게 좁거나 다른 사람들이 변수에 대해 정의하는 것과 너무 동떨어진 조작적 개념정의는 부적절할 수 있다. 다음 예시는 이 점을 나타낸다.

〈예시〉

⇨ 자기 개념은 각 어린이가 5일간 연속된 날 동안 홈룸(Homeroom)을 하는데 그 첫번째 15분 동안 웃었던 회수로서 정의된다.

- 위의 〈예시〉는 매우 조작적이지만, “자기 개념”이라는 정의는 대부분의 교사나 심리학자들이 사용하는 것보다 훨씬 더 좁은 것이다.

- 어떤 척도는 리커트 5점 척도이고 다른 것은 리커트 4점 척도라 같은 연구에서 사용하는 2개 이상의 변수들 간 척도의 점수 구간이 다른 경우가 있을 수 있습니다. 또한 변수가 3개라고 가정하면, 그 세 가지의 측정을 각기 다른 연구자가 개발한 척도를 사용해야 하는 경우도 있습니다. 이 때에는 세 가지 변수의 척도를 가급적 동일한 점수 구간의 것으로 사용하는 것이 좋습니다. 한 변수의 점수구간은 6점이고 다른 한 변수의 점수구간은 4점이어서 결과분석에서 혼란이 초래되는 것을 피하기 위해서입니다. 따라서 가능하면 변수마다 적어도 2개 이상의 척도를 구하여 가장 적합한 것을 선택하는 방향으로 하는 것이 좋습니다.

- 척도를 개발하려면 상당히 많은 과정을 거쳐야 합니다. pilot test를 하고 검증을 거쳐 통계적인 측정을 통해 신뢰성을 확보하는 힘든 과정이 있습니다. 그래서 일반적으로 선행연구에서 많이 사용한 것을 씁니다만 원척도를 추적

하여 확인한 후 사용하는 것이 척도로 인한 문제가 발생하지 않도록 하는 방법입니다.

## 3. 결론적 커멘트

슬라이드 6-⑩

- 만족할 만한 조작적 개념정의를 하는 것은 처음 보는 것보다 때로는 더 어렵다.
- 조작적 개념정의를 할 때는 누군가에게 연구를 어떻게 수행하는지를 정확하게 말하는 것을 전제하라.
- 다음에 동료에게 그 개념정의를 검토하게 하고 동료들이 어떤 추가적인 정보를 요청하지 않고 동일한 방법으로 동일한 연구를 수행할 수 있는지를 물어보라.

✣ 결론적 커멘트입니다. 만족할만한 조작적 개념정의를 하는 것은 쉽지 않습니다. 즉 연구자만의 개념 정의가 쉽지 않다는 의미입니다. 선행연구를 통해 해당 개념에 대해 많은 공부를 하고 표를 만들기도 하여 반드시 각 개념을 연구자의 방식으로 정리를 해줘야 합니다. '본 논문에서 사용하는 ○○개념은 ○○한 의미로 사용한다'라고 밝혀 줍니다. 또한 척도를 소개하는 부분에서도 연구에서의 조작적 정의를 제시하도록 합니다.

# 제7강 글쓰기와 윤리

## 1. 문장변경과 아이디어 차용

### 1) 정확한 단어와 문장구조 사용하기

슬라이드 7-①

- 인용 따옴표를 사용하거나 block quote 형태를 사용 : 다른 사람의 말을 그대로 사용하거나 원본이 있는 곳을 구체적으로 지적할 때

- 그렇지 않으면 표절이며, 해당 아이디어가 누군가의 것이라고 말하였다고 해도 마찬가지로 표절이 된다.

- 이 경우 마치 그 아이디어는 빌려왔지만, 단어들은 자신의 것인 양 보이게 될 수도 있기 때문이다.

- 어떤 문단의 어느 한부분이라도 자신이 저자인 글에 말그대로 옮겨놓았다면 그 또한 표절이다.

- 자신의 글에 타인의 글에 있는 간략한 문단(phrase)이라도 사용한다면, 인용한 것이며, 해당 글을 쓴 타인이 원저자라는 점을 분명히 해야 한다.

❖ 흔히 연구자들이 하는 방법은 말을 앞뒤로 바꾸거나 비슷한 어휘를 대신 사용하는 정도입니다.

## 2) 단어와 문장구조 변경하기 (1)

**슬라이드 7-❷**

- 다른 저자의 아이디어를 사용하고 단어는 사용하지 않았다면 해당 문헌에는 참고문헌을 달아야 한다.
- 종종 학생들은 아이디어를 다시쓰고 자신의 것으로 보이게 하지만, Paraphrasing은 연습이 필요한 기술임
- 경우에 따라, 이 문제를 해결하기 위해 어휘사전을 찾아 문장은 원저자의 것을 유사하게 둔 채로 일부 원어를 다른 단어로 대체하려고 한다.
- 학생들은 타인의 글에서 일부 단어를 바꾸고 재구성하고 다시쓰기를 했다면 해당 문장은 더 이상 인용따옴표를 할 필요가 없다고 생각하고 자신의 글로 합법적으로 주장할 수 있다고 생각한다. 그러나 이러한 것도 표절에 해당한다.

❖ 그러나 말을 앞뒤로 바꾸고 유사 어휘를 사용하더라도 인용을 밝혀야 하고 그렇지 않으면 표절입니다. 말을 바꾸었더라도 그 논지와 내용이 있을 것이기 때문입니다.

## 3) 단어와 문장구조 변경하기 (2)

슬라이드 7-❸

- 그러면 어떻게 해야 표절이 아닌가?
- 충분히 rework하고 그 결과 상당히 개선되었다고 보는 경우, 해당 글은 공동의 것으로 보이게 할 수도 있다. 그러나, 이때에도 원저자의 것을 활용했음을 문단 시작에 명시하는 것이 최선의 방책이다.
- 홍길동(2010)의 글을 다시 쓰면, 건강을 해치는…
- 홍길동(2010)과 다른 저자들이 원조관계에 관한 논의에서 지적한 바와 같이, 건강을 해치는…
- 비의도적 표절로부터 안전하게 되는 방법이 있다.
- 결코 한꺼번에 한 문장을 절대 다시쓰지 않는 것이다.

❖ 자신의 생각이라고 하기 위해서는 다른 사람의 말을 인용하거나 풀어쓰거나 혹은 요약해야 하는 과정이 필요합니다.

## 4) 단어와 문장구조 변경하기 (3)

슬라이드 7-❹

- 대신, 먼저 다시쓰려고 하는 전체 섹션을 모두 읽고 다시쓰기를 한다. 단 원본을 다시 보아서는 안 된다.
- 다음에, 다시 쓴 섹션에 담긴 아이디어가 그 저자의 것임을 밝힌다.

- 한 문단이나 한 문장을 인용해야만 하는 상황이라면, 해당 인용문구에 대해서 따옴표를 한다.
- 그러나 이 경우 원본을 조금이라도 변경하고 그것이 하나의 paraphrase라고 생각하려고 시도하지 마라.

✤ 남이 한 내용을 인용하여 자신의 말로 표현할 때는 풀어 주더라도 출처를 밝혀야 할 뿐만 아니라 그 말을 줄여주고 해서 새로운 글로 만들어야 합니다.

## 5) 포멧 바꾸기

**슬라이드 7-⑤**

- 다른 사람의 문장구조를 위반하지 않는 법을 배웠다.
- 그렇다면, 보다 큰 단위의 구조는 어떨까?
- 자신의 글과 같은 주제에 대해 문헌고찰한 글을 발견했다고 가정하자. 이 경우 표절의 위험은 어떤가?
- 만일 동일한 테마에 관한 글을 구성한다면, 표절한 것이다.
- 만일 동일한 강조를 하기 위해 동일한 예를 사용한다면, 표절한 것이다.
- 이러한 형태의 표절을 예방하려면, 스스로 도서관 작업을 하는데 도움을 받도록 그 문헌분석의 참고문헌 목록을 사용할 수 있다. 그러나 자신의 결론을 끌어낼 때까지는 그 실제 문헌분석 논문을 읽지는 말아야 한다.

✤ 원래 남의 글을 인용할 때 세 문장 이상이 똑같으면 표절로 봅니다. 이런 경우는 직접인용을 하는 것으로 보아 사실은 문단 들여쓰기를 해야 합니다. 본문보다 작은 글씨로 전체를 인용구로 하는 것입니다.

## 6) 아이디어 차용과 재생하기

슬라이드 7-❻

- 자기 교수나 교과서에서 아이디어를 빌리는 것은 어떨까? 안전하기 위해서는 이 경우에도 출처를 밝혀야 한다.
- 이러한 것에서 부터 지식을 얻을 수도 있지만, 그 지식을 자신의 글에 사용한다면 인용을 밝혀야 한다.
- 자신의 말을 한번 이상 수업시간에 사용하면서 그 때마다 처음 사용하는 것으로 글로 쓴다면 그것도 비윤리적이다.
- 특정 수업을 위해 사용된 글은 그 수업에만 제공된 것일 필요가 있다. 결국 연구자들도 동일한 논문을 두개의 저널에 사용해서는 안 된다.
- 이미 사용된 것을 새로운 상품으로 파는 것도 안 된다.
- 이미 한 과제에 사용된 자기 페이퍼가 있는데, 이를 다른 과제에 사용하게 될 것 같다면, 두번째 수업을 위해 그 페이퍼를 재사용하기 전에, 해당 교수와 그 페이퍼의 상당히 많은 부분의 지도를 받아야 한다.

✤ 어떤 용어의 개념이 너무나 일반화된 것이 아니라면, 일반화되기 전의 상태는 그 사람만이 쓰는 용어이므로 인용을 밝혀주어야 합니다.

### 7) 기술적 표현(Phrases)과 인용표시(attribution)

슬라이드 7-⑦

- 어떤 분야에 생소한 학생은 그 표현이 표준적, 기술적 용어이고 그것이 오리지널 용어인지에 대해 혼동한다.
- 기술적 표현은 인용표시없이 사용가능하다. 대체로, 저자들이 배운 결과나 사용하는 변수를 인용표시없이 사용하는 것은 안전하다.
- 인용표시를 해야 하는 지가 확실하지 않는 하나의 단문을 사용한다면, 인용문을 사용하지 않아도 된다.

✤ 만유인력의 법칙이 뉴턴의 이론이라는 것은 너무 일반화된 것이므로 뉴턴을 인용하지 않아도 되지만, 임파워먼트에 대해 쓴다면 누구의 임파워먼트 이론인지 인용을 밝혀주어야 하는 것입니다.

## 2. 인용의 목적과 방법

### 1) 인용의 목적

슬라이드 7-⑧

- 인용은 다음의 목적을 위해 사용한다.
  - 단어자체가 자신의 주장의 이유를 떠받치는 증거가 될 때
  - 자신의 주장에 힘을 실어주는 권위있는 사람의 말
  - 아주 독창적인 말이거나 자신의 핵심개념을 완벽히 표현해주고 있어 본문의 인식적 틀

이 되고 있을 때
- 자신이 동의하지 않는 관점을 담은 지문이지만, 공평성 확보를 위해 있는 그대로 표현하고 싶을 때

※ 요약, 풀어쓰기, 인용하기 등을 사용할 때는 적절한 스타일의 출처정보를 제시해야 한다.

✤ 인용은 자신의 주장에 대한 이유로 뒷받침되는 증거가 될 때 제시한다고 했습니다. 인용은 권위에 호소하는 것입니다. 인용한다는 것의 의미가 그 말에 대한 내용을 어디서 베꼈다고 말하는 것이 아니라는 점을 알 필요가 있습니다.

**보편적인 5가지 인용양식(citation styles)**

① APA: American Psychological Association
- 과학 및 사회과학 분야
- Publication Manual of the American Psychological Association

② MLA: Modern Language Association
- 인문학, 문학, 예술분야
- MLA Style Manual and Guide to Scholarty Publishing

③ Turabian:
- 역사, 다 학문 분야
- Manual for Writers of Term Papers These, and Dissertations by Kate Turabian

④ Chicago:
- 역사, 다 학문 분야
- Chicago Maunal of Style

⑤ AMA: American Medical Association
- 건강, 의학 및 생물학
- American Medical Association Manual of Style

## 2) 인용의 방법 (1)

슬라이드 7-⑨

- 인터넷에서 다운 받아 자신의 말을 몇 문장 보태고 짜깁기하는 행위는 절대로 금해야 한다.

- 직접인용을 본문에 편입하기(1)
  - 4줄 이하는 따옴표로 구분하여 본문에 삽입
  - 5줄 이상이면 들여쓰기 단을 만들어 구분
  - 몇 줄의 저자 식별 단어로 시작(저자는 다음과 같이 말한다, 저자에 따르면, 저자가 말하듯, 등) (예) 홍길동에 의하면, "역사는 …" (p. 90)
  - 인용지문을 해석하거나 특징을 설명하는 문장으로 시작 (예) 홍길동은 역사에서 배울 것을 설명한다. "…"(p.90)

✤ 인터넷에서 다운받아 자신의 말을 몇 문장 더 보태고 짜깁기하는 행위는 절대 금해야 한다고 했습니다. 인터넷은 온 세계 누구나 다운 받을 수 있습니다.

✤ 인터넷에 올라 있는 과제용 리포트를 다운받아서 제출하는 학생도 있습니다. 학위논문은 더욱 그래서는 안 됩니다. 학위논문은 영구히 남고 파일로 보관됩니다.

### 3) 인용의 방법 (2)

슬라이드 7-⑩

※ 직접인용을 본문에 편입하기(2)

- 인용문의 내용은 본래의 의미를 바꾸지 않는 한 다른 형태로 제시할 수도 있다.
- 중도 생략은 점3개(…)로 표시하며, 변경한 부분이 있으면, 꺽쇠로 표시

@ 홍길동은 "미국의 특성은 다원주의이며, 규범의 통치가 효율성을 발휘한다. 종교는 역사적으로 규범의 원천이었다" (p. 19)

@ 홍길동은 "미국의 특성은 다원주의"라고 말했다. 그는 사회규범이 "효율성을 발휘한다"고 보면서 "종교는 … 규범의 원천이었다"라고 말했다.(p. 19)

※ 증거가 어떻게 논지에 연관되어 있는지 설명한다.

- 복잡한 숫자나 긴인용문 등을 증거로 사용했다면, 그러한 자료가 무슨 의미를 갖는지를 설명해야 한다.
- 그 속에서 어떤 정보를 얻어내야 좋을지 한 문장을 넣어야 한다.
- 증거에 대한 연결성을 제시해야 한다.
- 증거가 복잡할 때에는 그에 대한 설명문을 꼭 넣어야 한다.

✣ 인용문에 대한 설명을 보면 '중도 생략은 점 3개(...)로 표시한다.' 이것이 APA 양식입니다. 홍길동은 "미국의 특성은 다원주의이며, 규범의 통치가 효율성을 발휘한다. 종교는 역사적으로 규범의 원천이었다"(p.19) 이렇게 되어 있는데 말을 바꿨습니다. 홍길동은 "미국의 특성은 다원주의'라고 말했다. 그는 사회규범이 "효율성을 발휘한다"고 보면서 "종교는...규범의 원천이었다"라고 말했다(p.19) 이렇게 되어 있습니다. 여기에서 p.19 라고 했습니다.

✣ 본인이 본 논문이 이렇게 되어 있었다면 비록 19페이지를 직접 본 것은 아니라고 해도 기술적으로 옮겨 적은 것이 됩니다. 따라서 따옴표가 들어가는 직접인용에서 페이지를 밝히는 것은 매우 중요합니다. 그리고 두 세 줄의 긴

문장은 잘라서 옮겨 적을 필요가 있습니다. 따옴표 몇 개 들어가면 좋습니다. 다원주의 끊어버리고 또 따옴표 넣으면 됩니다.

## 3. 표절과 글쓰기윤리

### 1) 글쓰기와 윤리

슬라이드 7-⑪

- 표절: 학술글쓰기에서 가장 일반적이며 중요한 잘못 "다른 사람의 아이디어와 글을 취하여 자신의 것으로 사용하는 것"
- "Plagiarism is a form of cheating and it is wrong. It therefore violates your internalized code of personal, academic, and professional ethics. It also violates external codes of ethics and that can have various consequences"(Rothery, 1999).
- 의도적이든 아니든 간에, 표절에 따른 대가는 심각하다. 시간적 측면의 비용과 정서적 긴장은 심대하다.
- 무지는 이유가 되지 않는다. 글쓰기 기술을 익히기 전에 글쓰기와 윤리에 대해 공부하는 이유가 여기에 있다.

❖ 논문을 쓰다 보면 수많은 파일의 버전이 생기는데, 그 때 바로 출처를 밝혀 두지 않고 넘어가다가는 나중에 그대로 논문이 나갑니다. 본인도 어디에서 그 내용을 옮겨 적었던지를 기억하지 못해 아주 큰 어려움을 겪게 됩니다. 다른 사람의 업적을 자신의 것인 양 글을 쓰게 되는 것입니다.

## 2) 출처밝히기

**슬라이드 7-⑫**

- 당신 자신의 생각이 아니라면 보통 출처를 밝혀야 한다.
  - 지구가 둥글다는 점에 대해서 출처를 밝힐 것을 기대하지 않는다. 그러나, 어떤 생각이 특정의 사람과 연관되어 있을 때, 그리고 해당분야에서 일반적 지식의 범주에 포함되지 않는 새로운 것일 때는 출처를 밝힐 것이 기대된다.
- 무지와 오해, 혹은 순수한 의도 때문으로 돌리지마라.
  - 인터넷에서 다운받은 자료는 출처를 밝힐 필요가 없다고 생각하는 것은 잘못이다.
  - 원전의 저자가 그 글을 활용한 저자의 글을 누구 것이라고 생각하는가를 염두에 두라.

✣ 이것은 좋은 말이라서 강조합니다. 표절을 의심받지 않으려면, 고개를 돌린 후 그 내용에 대해 잠시 생각한 후에 아직 고개를 돌린 상터에서 자신의 말로 그 내용을 말해 보는 것이라고 말하고 있습니다.

## 3) 다른 말로 표현하기 (1)

**슬라이드 7-⑬**

- 다른 말로 표현하기(1)
  - 다른 원전의 글을 가져와서 자신의 어휘로 다시 진술하는 것을 의미
  - 원본의 의미를 유지하지만, 그 정확한 문구는 복사하지 않는 것임
  - 동의어를 사용하고 문장의 구조를 바꾸는 것이다.
  - 문장을 능동태에서 수동태로 바꾼다.
  - 어구를 절로 줄이거나 문장의 부분을 바꾸어서 그 느낌을 다르게 하면서 원전출처를 밝힌다.

✤ 다른 말로 표현하기와 관련된 내용입니다. 우선 몇 가지 기법 중 하나가 능동태를 수동태로 바꾸는 것입니다. 다음에는 동의어를 사용하고 유사한 다른 말로 바꿔주거나 합니다.

## 4) 다른 말로 표현하기 (2)

**슬라이드 7-⑭**

다른 말로 표현하기(2)

- 그럼에도 불구하고 표절이 되는 것은 저자가 다른 사람의 글을 인용부호없이 그대로 옮기거나 동의어로 몇 군데만 대체하기 때문이다.
- 다른 사람이 사용한 문장이나 단어의 구조를 그대로 옮기지 않고 원본의 문장의미를 살려서 어조와 문체를 바꾸고 인용출처를 밝혀야만 한다.
- 포괄적인 단어는 굳이 바꿀 필요가 없으며, 문장의 부분을 바꾸는데 있어서는 단순히 동의어로 단어를 교체하지 말고 다양한 전략을 결합시켜야 한다.

✤ 또한, 문단을 절로 줄이거나 문장의 부분을 바꿔서 하면서 출처를 밝혀주는 것입니다. 확실히 자신의 것이 아니라면 반드시 출처를 밝혀주는 것이 핵심입니다.

# Ⅱ. 양적연구

제1부 양적연구계획 노하우

제2부 양적연구 논문완성 노하우

학술아카데미 총서 ❹ : 논문작성법 IV 논문작성 연구방법론: 실전노하우

PART

# 01

# 양적연구계획 노하우

# 제1강 양적연구방법의 논문작성

## 1. 논문작성법 학습 개관

### 1) 학생과 교수

❖ 논문준비학생

- 학위논문 준비를 위한 확신, 자신감, 용기배양
- 학교에서 가르쳐주지 않는 구체적 방법과 노하우의 체계적 공부
- 어깨너머로 배운 논문에 대한 막연한 이해를 현실화시키는 계기제공

❖ 논문지도교수

- 지도학생별로 같은 설명을 반복하던 것을 전체 일괄적으로 학습하여 부담을 줄임
- 선진외국의 다양한 문헌분석, 연구방법론, 논문준비노하우 등 활용

### 2) 논문준비의 일반적 과정

❖ 논문계획발표회(제1장: 서론, 제2장: 문헌분석 및 선행연구고찰 등, 제3장:

연구방법과 절차 등 포함)

❖ 공통과정: 학생들이 실수하고 크게 잘못을 범하는 것 중에 하나가 남의 글을 인용하는 것이 아니라, 그대로 베끼거나 짜깁기 하는 경우임. 중요한 것은 인용법대로 하여 출처를 밝혀둘 건 밝히고 인용법을 준수하는 것임.

❖ 인용법에 대한 체계적 학습과 숙달의 중요성

### 3) 논문작성법 학습의 선행조건

❖ 논문에서 제일 중요한 것은 많은 논문을 보는 것임
(논문주제, 자기가 관심 있는 분야에 관한 많은 논문)

❖ 두 번째 중요한 것은 연구방법론으로 양적방법이든 질적방법이든 두 가지 중에 한 가지는 능통해야 함. 각기 수준이 있음. 즉 양적연구방법은 양적방법대로의 단계, 수준이 있고, 질적연구방법은 질적방법대로의 그 수준이 있음.

❖ 양적 연구를 하는 석사논문은 회귀분석, 박사논문은 AMOS프로그램을 활용한 구조방정식 권장.

※ 아카데미 과정 자료집
국내 대학원에서 수업한 양적연구방법론 교과목 중심으로 내용을 축약.
국내 발간된 양적연구방법론 40여종의 내용을 포함하여 강의안 슬라이드 제작.
강의 슬라이드 파포 자료와 국내 발간 참고자료들의 주요 내용을 포함.

## 2. 논문작성법과의 만남

❖ 논문작성법을 하게 된 우연한 계기를 이야기한 적이 있습니다만, 저의 경력 또한 아카데미와 관련이 많이 있습니다. 우선, 석사학위를 마친 후에 민간 연구기간에서 3년 6개월을 일한 후에 정치학으로 박사학위를 하고 정부출연 연구기관에서 13년을 일했습니다. 그 후에 미국을 가서 다시 사회복지학을 공부하여 박사학위를 받았습니다. 한국의 대학에서 외래교수도 하고 미국의 2개 대학에서 일했습니다.

❖ 제가 일했던 연구기관은 주로 양적연구를 하는데, 대부분 설문조사를 하고 그 결과를 보고서에 담아냅니다. 연구기관에 있을 때 주로 하던 일이 청소년 분야라서 그것과 가까운 학문분야가 사회복지, 교육학, 심리학 등이었고 그 중에서도 사회복지가 저와 맞는 것 같아서 다시 공부할 상황에 이르렀을 때 사회복지학으로 전공을 하게 되었습니다. 미국에서의 박사학위 논문은 사회복지학전공 질적연구였습니다.

❖ 외국에서는 양적연구 특히 통계자료분석을 잘 하는 사람을 필요로 하는데, 한국이나 중국학생들이 잘한다고 생각을 합니다. 오늘 양적연구방법론으로 논문쓰는 것에 관한 논문작성 노하우를 말씀드리는 것이라 자료분석 잘하는 것이 도움이 많이 된다는 것을 강조해 봅니다.

❖ 어떻게 보면, 한국과 미국에서의 공부, 오랜 연구활동, 양적 및 질적연구방법과의 인연, 국내외에서의 학위 논문작성 경험, 정치학과 사회복지학의 두 가지 전공분야 등 여러 가지 상황이 이런 글쓰기와 논문작성에 관한 많은 노하우를 갖게 된 계기임을 알 수 있습니다. 이런 것이 제 삶의 중요한 부분

이었습니다. 가르치기 전부터 이미 그에 대한 노하우를 가질 경험들을 했고 미국에서는 직접 이런 논문작성법을 배우러 다니면서 자료도 모으고 한 것이 오늘과 같은 이러한 기회를 가지게 된 것입니다.

## 3. 체계적 방법론 공부

- 경험을 통해 보면, 외국에서 학교를 다니게 되면 이러한 논문작성법도 수업시간에 특별히 하는 경우가 있는가 하면 별도의 워크숍을 통해 배우는 기회도 있습니다. 우리는 조사방법론, 자료분석론 정도의 한두 과목입니다만, 거기는 하나의 방법론을 3학점씩 한 강좌로 편성하여 한 학기 수업합니다. 구조 방정식 하나만 내내 한다든가 회귀분석이면 그것만 수업하는 그런 식으로 강좌를 개설합니다.

- 많은 강좌를 하면 학생들은 좋은데 학교가 운영이 어렵잖아요. 그러니까 우리나라는 대부분 재학생 수에 비례해서 강좌수를 정하는 경우가 많기 때문에 아무래도 학생들은 선택을 할 여지가 많지 않아 원하는 대로 배우기가 쉽지 않습니다.

- 제 경우는 더 많이 배울 수 있는 기회다라고 생각하니까 방법론이나 논문작성과 관련한 기법 등을 익히는 것이 중요하다는 생각이 들었습니다. 특히 그 사람들은 청강시스템이 잘 되어 있는데, 그 청강이 우리처럼 듣기만 하는 것이라기보다는 정규등록 학생들과 똑같은 의무를 다하는 것을 요구합니다. 저도 학교에서 청강을 허락할 때는 그와 같은 조건으로 합니다.

✣ 또 하나 잘되어 있는 것이 연구방법론 과목과 이런 논문작성에 관한 과목 등은 반드시 실습을 합니다. 실제로 3학점 과목 수업을 듣는데, 3시간 마친 후에 곧바로 통계실습을 위해 1시간을 Lap실이나 전산실에서 SPSS, Amos 프로그램을 직접 익히는 것으로 한 학기를 보낸 과목도 있습니다. 교수가 실습실에 함께 있으면서 질문을 받기도 하고 수업시간에 배운 것을 제대로 할 수 있도록 도와줍니다.

✣ 이런 저런 특별한 경험과 공부한 인연으로 아카데미를 하고 있는데, 성과는 있는 것 같습니다. 논문쓰는 것에 겁을 먹던 분들이 용기를 내어 준비하는 분도 있고 막막해 하던 분들이 '이렇게 하는 거구나' 하면서 구체적으로 알아가는 모습을 봅니다. 특히, 아카데미 과정은 실습을 많이 하기 때문에 직접 익히는 과정을 경험합니다.

✣ 다른 시간에도 말한 바 있지만, 배운 것 중에 몇 개는 직접 익혀서 체득을 하고 필요할 때 자유자재로 활용할 수 있어야 합니다. 그래야 원하는 목표를 이룰 수가 있습니다. 준비된 사람만이 기회를 갖습니다. 그래서 저는 "배운 대로만 하라, 그럼 모든 것이 형통한다."고 합니다.

**양적논문작성법**

오늘 우리가 공부 할 것은 양적연구방법으로 논문을 쓰는 분들을 위한 양적논문작성법입니다. 기본적으로 강의는 논문의 제1장, 제2장 등 각 챕터별로 유의할 점과 필요한 점에 관한 노하우를 배웁니다. 그래서 문헌연구방법이나, 문헌고찰 노하우에 대한 아카데미 과정은 양적방법론으로 쓰든 질적방법론으로 쓰든지 간에 기존 선행연구를 잘 활용해서 자신의 논문에 녹여내는 방법에 대한 노하우, 곧 문헌내용을 옮겨 쓸 때의 주의할 점과 인용을 잘하는 데 필요한 기법을 배우고 익히는 연습과 훈련 등을 합니다. 그 후에 논문의 각 챕터, 즉 장 별 노하우를 공부합니다.

# [실습 1] 논문작성 준비하기

## 연구방법의 선택

양적 연구, 질적 연구, 혼합 연구 가운데 하나를 선택하는 것은 데이터 수집 방법에 대해 결정해야 하는 여러 사안들 가운데 한 가지 사안에 불과하다. 데이터 수집 방법의 선택은 현실적이면서도 어느 정도 실용적인 결정이다. 모든 연구자는 한정된 자원으로 작업하며, 여러 가지 기술을 동원해 잠재적인 데이터 출처 가운데 일부에 접근한다. 연구 실습생이라면, 자원, 특히 시간과 자금, 데이터 수집 능력 그리고 접근 가능성을 기본적으로 고려한 후, 수집 방법을 선택해야 한다.

아래 체크사항을 읽어보면, 데이터 수집 방법을 결정하는데 도움이 될 것이다.

✤ 연구 질문을 감안할 때, 어떤 유형의 데이터를 수집하고 처리할 수 있겠는지 생각해보자.

| 1차 또는 2차 데이터인가? | | 예 √ |
|---|---|---|
| 다른 사람들이 수집한 데이터가 연구 질문에 답하는데 도움이 될 수 있겠는가? | | |
| | 어떤 유형의 데이터인가? | |
| | 그 데이터에 접근할 수 있는가? | |
| | 그 데이터가 어떻게 수집되었는지 알고 있는가?<br>('예'라면, 아래 칸으로 이동하시오.) | |
| 당신이 직접 데이터를 수집할 수 있는가? | | |
| | 데이터를 수집하고자하는 사람들, 상황 또는 사태에 접근할 수 있는가? | |
| | 활용할 수 있는 기술과 자원을 갖추고 있는 데이터 수집 방법은 무엇인가? | |
| | 연구에 대한 자신의 이해와 경험 수준을 검토할 수 있는 데이터를 원하는가?<br>('예'라면, 아래 칸으로 이동하시오.) | |
| 데이터 수집 기술 등에 대해 이해하고, 자신의 기술과 자원을 감안하는 가운데 관심 있는 수집 방법을 알고 있는가? | | |

| 구두 데이터인가 문서 데이터인가? 아니면 비(非)언어/시각적 데이터인가? | | 예 √ |
|---|---|---|
| 정책 문서, 일기, 사례 기록부 등과 같이 데이터로 활용될 수 있는 문서 자료가 존재하는가? | | |
| | 이 자료에 접근할 수 있는가? | |
| | 이 자료가 왜 그리고 어떻게 만들어졌는지 알고 있는가? ('예'라면, 아래 칸으로 진행하시오.) | |
| 문서와 2차 데이터 수집에 대해 이해하는가? | | |
| 연구 질문에 대한 문서 답안을 수집할 수 있는가? ('예'라면, 아래 칸으로 진행하시오) | | |
| 질문지를 사용한 데이터 수집 방법을 고려해봤는가? | | |
| 활용할만한 시각적 데이터가 존재하는가? | | |
| | 언어를 사용하지 않고 전달되는 데이터가 있는가? | |
| | 사태를 관찰 가능한가? | |
| | 사진이나 동영상 기록이 존재하는가? ('예'라면 아래 칸으로 이동하시오.) | |
| 관찰을 통한 데이터 수집을 고려해보았는가? ('예'라면, 아래 칸으로 이동하시오.) | | |
| 연구 질문에 답하는데 도움이 되는 수준으로 논의할 수 있는 사람에게 접근 가능한가? ('예'라면, 아래 칸으로 이동하시오.) | | |
| 반(半)구조화된 면접 또는 초점 그룹의 활용을 고려해본다. | | |

| 개인인가 아니면 집단인가? | | 예 √ |
|---|---|---|
| 개인들에 관한 또는 개인으로부터 정보를 수집하기를 원하는가? | | |
| | 여러 집단으로부터 사실, 태도, 의견에 관한 데이터를 수집할 필요가 있는가? | |
| | 데이터를 수집해야 하는 집단을 규명할만한 정보를 확보하고 있는가? | |
| | 다수의 사람들을 대상으로(예컨대 50명 이상) 데이터를 수집할만한 출처를 확보하고 있는가? ('예'라면, 아래 칸으로 이동하시오.) | |
| 자가 완성 질문지(self completion questionnaire)의 활용을 고려해본다. | | |

| | | |
|---|---|---|
| | 사람들의 이야기, 경험, 인식에 대한 데이터를 수집하기를 원하는가? | |
| | 연구 주제와 관련된 경험, 아이디어, 견해를 가진 사람들에게 접근할 수 있는가? ('예'라면, 아래 칸으로 이동하시오.) | |
| | | |
| 반(半)구조적인 면접의 활용을 고려해보고, 비네트(vignettes)의 수집을 고려해본다. | | |
| | 개인이 자신의 경험과 이해에 대해 이야기를 하는데 관심이 있는가? ('예'라면, 아래 칸으로 이동하시오.) | |
| 내러티브(narrative) 수집을 고려해보았는가? . | | |
| 집단으로부터 또는 집단에 관한 정보를 수집하는 것을 고려해보았는가? | | |
| | 사람들이 연구 주제에 관한 다른 사람들과 이야기할 의향이 있는 것 같은가? | |
| | 집단이 연구 주제에 대해 토론하는 양상에 대해 관심이 있는가? | |
| | 잠재적인 연구 참가자 집단에 접근할 수 있는가? | |
| | 집단 토론을 촉진할만한 기술과 자원을 갖추고 있는가? ('예'라면, 아래 칸으로 이동하시오.) | |
| 초점 집단을 활용해 데이터를 수집하는 방안을 고려해본다. | | |

다양한 데이터 수집 방법을 살펴본 후에는 다시 연구 질문으로 돌아와서 이러한 질문을 가장 적절하게 처리할 방법이 무엇인지, 그리고 데이터는 어떻게 수집할 것인지를 고민해야 한다. 데이터가 분석되면, 적어도 연구 질문에 대한 답변이 마련되기 시작한 단계라고 할 수 있다. 데이터 수집 방법을 결정했다면, 자신의 결정을 정당화해야 한다. 다시 말해, 정보에 입각해 연구 전략을 선택했고, 이렇게 선택한 방법의 장점과 한계를 인식하고 있다는 사실을 입증해야 한다는 것이다.

출처: Matthews & Ross, 2010, pp. 147-150.

# 제2강 서론의 유의점

## 1. 서론의 5대 구성요소

슬라이드 2-①

- Scholarly review of relevant literature (문헌고찰)
- Purpose of the study (연구 목적)
- Theoretical implications (이론적 함의들)
- Definitions of variables (변수의 정의들)
- Statement of hypotheses and their rationales (가설과 그것의 논리적 근거 서술)

출처: APA Publication Manual

### 1) Literature review (문헌 고찰)

❖ 서론에 포함되어야 하는 것이 무엇입니까? '문헌고찰'이 들어간다는 것입니

다. '문헌고찰'은 원래 논문의 2장에서 본격적으로 다루는 내용입니다만, 여기서 말하는 '문헌고찰'은 문헌고찰을 바탕으로 주제에 대한 내용을 파악하고 전체 서론을 구성해야하며 또 중요한 부분에는 그러한 내용이 간략하면서도 압축적으로 제시되어야 한다는 것입니다. 서론에서 어떠한 선행연구들이 있었는지, 어떤 내용들이 중요한 지 등에 대해 언급하는 부분들이 있습니다. 그런 부분이 들어가야 된다는 것입니다.

## 2) Purpose of the study (연구 목적)

- 연구목적을 말해야 합니다. 연구목적은 보통 서론의 뒷부분에서 명료한 문장으로 제시합니다. 전체적으로 연구의 필요성에 대해 논리적이고 체계적으로 언급한 후에 그에 따라 연구의 목적을 제시하는 것이 일반적입니다.

## 3) Theoretical implications (이론적 함의들)

- 이론적 함의를 말해야 합니다. 이것은 연구의 의의와 관련한 내용을 서술할 때 언급하는 것이 좋습니다. 서론에서 본 연구의 '이론적 함의가 ~'라고 쓰는 것이 아니라 결국 '이런 연구를 함으로써 연구주제와 관계되는 새로운 무엇인가를 기존의 연구성과나 이론적 발전에 보태거나 기여한다'는 부문이 서술된다는 것입니다.

- 이론적 함의의 주요 내용은 결론에서 구체적으로 서술해야 합니다. 결론에서 본격적으로 함의를 말하는 것은 '이런 연구를 왜 해야 하는가?'라는 물음에 '이 주제를 연구하면 무엇이 어떻게 도움이 되는가'를 두세 가지 측면에서 자신 있게 말할 수 있어야 하는 것입니다.

### 4) Definitions of variables (변수의 정의들)

❖ 서론에는 또한 변수 정의에 대한 내용이 들어가야 합니다. 논문의 성격에 따라서 서론에서 선택한 변수에 대해 언급할 수 있습니다. 아주 자세히 언급하기 보다는 종합적으로 제시하는 것이 좋습니다. 그리고 선택한 주요 변수와 용어에 대해 이론적 또는 조작적 정의를 서술하여 제시하는 것입니다.

❖ 실제로 학위논문에서 변수의 정의 부분은 명료하게 한 부분으로 제시하는 수도 있고 또 넣지 않는 경우도 있습니다. 만일에 서론에서 제시하지 않으면, 제3장 연구방법 챕터에 유사한 형태로 서술합니다.

### 5) Statement of hypotheses and their rationales (가설과 그것의 논리적 근거 서술)

❖ 가설도 마찬가지입니다. 가설도 제시할 때 그러한 가설이 제시되는 당위성(rationales)이 명료하게 나타나야 할 것입니다. 가설이 곧 연구질문을 말해주는 것이기도 하기 때문입니다. 이러한 양적논문과 달리, 질적논문은 마지막에 한 문장으로 제시되는 것이 보통입니다. '~무엇에 관한 경험은 어떠한가?', '~무엇의 의미는 어떠한가?'와 같은 연구 질문의 형태를 갖습니다.

❖ 양적 연구는 보통 가설을 3~5가지 정도로 제시합니다. 연구질문 역시 3개에서 5개정도로 합니다. 여기에서 3개에서 5개라고 하지만, 연구주제에 따라서는 연구 질문이 1개이고 그 아래 하위질문이 2~3개가 있을 수 있습니다. 예를 들면, '자아존중감이 청소년 자살에 끼치는 영향에 관한 연구'라면 '높은 자아존중감은 청소년 자살충동을 낮추는 데 영향을 준다.'는 식의 연구가설이 제시될 수 있을 것입니다.

✤ 이제 이러한 연구문제를 전제하면, 하위 연구문제는 어떠한지를 생각해 봅니다. 보통 '자아존중감의 수준은 어떠한가?'로 해서 1개의 하위 연구문제가 나오고, 그 다음은 '자살충동은 어느 정도인가?'라는 하위 연구문제가 나와서 2개가 되고, 그 다음에 '자아존중감이 자살충동에 어떤 영향을 끼치는가?'라고 하는 하위 연구문제 1개를 더 생각할 수 있습니다. 보통은 이렇게 세 개를 제시하는 일반적인 구조가 됩니다. 그러나 변수구조가 복잡할 때는 더 많은 것이 제시될 수 있을 것입니다.

✤ 매개변수나 조절변수가 있을 때는 종속변수와 독립변수를 포함하여 변수가 3개 또는 4개가 됩니다. 석사 논문은 보통 종속변수와 독립변수 각 1개씩해서 2개 변수만으로 연구를 할 수도 있는데, 대부분의 학생들이 3번째 또는 4번째 변수로 매개변수나 조절변수를 쓰고 싶어 합니다.

**연구모형**

연구모형을 그림으로 나타내는 경우가 많은데, 일반적인 경우 종속변수는 오른쪽에 오고 독립변수는 왼쪽에 둡니다. 그런데 인구사회학적 배경변인들이 있는 경우는 독립변수로 쓰거나 통제변수로 쓸 수 있는데 독립변수로 할 때는 역시 왼편으로 가지만, 통제변수로 될 경우에는 화살표없이 모형의 아래 쪽에 별도로 제시하는 경우가 많습니다. 일반적으로 회귀분석을 한다고 가정하면, 성별, 학교별 등과 같은 배경변인이 있을 경우 독립변수나 통제변수 중 어디에 해당하는가에 따라서 통계분석의 방법이 다릅니다. 학생들은 가끔 하위 연구질문으로 '성별, 학교별로 차이가 나는가?'라는 내용을 포함하는 경우가 있는데, 그렇게 하면 '독립변수'가 됩니다. 뒤에 연구방법론을 배우는 시간이 있겠지만 생각나는 내용이기에 언급합니다. 연구가설이나 연구질문을 구성하는 일은 유의할 필요가 있습니다.

## 2. 서론의 서술상 유의점

### 1) What Was Done and Why

슬라이드 2-❷

- 서론에 포함하여야 할 다섯 가지 항목에 대해 명료하게 서술함
  - 첫 시작: 본 연구의 목적은 …
  - 마지막 문단: 본 연구의 가설은 ….
  - 중간 문단: 문헌 분석 내용과 이론적 함의 서술

- 논문의 첫 문단이나 두 번째 문단에서는 “무엇을(What)”, “왜(Why)” 연구하는가에 대해 분명히 제시해야함

- 이슈와 문제가 무엇인지 그리고 왜 그것을 연구하는 것이 중요한지 또는 그것에 대해 더 많은 내용을 알게되는 것이 중요한 지에 대해 반드시 서술해야함

출처: Szuchman, 2008, pp. 28-35.

✣ 논문을 읽어 보면, ‘본 연구의 목적은 ~이다’라고 한두 줄로 깔끔하게 제시하는 경우를 봅니다. 그렇지 않으면 연구 필요성에 대한 서술을 한 후에 ‘~ 이것이 본 연구의 목적이다.’하고 서술하고 있습니다. 좋은 논문은 연구목적이 명료합니다. 따라서 연구의 목적을 진술하는 문장은 2~3줄 정도로 명료하게 제시하고, 필요한 경우에는 보완하는 문장을 이어서 추가로 제시하는 것이 좋습니다.

✣ 문장형태는 짧게 하는 연습을 하는 것이 좋습니다. 긴 문장을 다른 선행연구에서 옮겨 쓰는 경우가 있다면 몇 개의 문장으로 나누어서 다시 제시하는

연습을 해야 합니다. 그렇게 하는 것이 보다 명료하고 논리적으로 보입니다. 길게 늘어지면 그럴수록 분명하지 못한 연구로 보이기 쉽습니다. 따라서 문장은 가급적 명료하게 논리적으로 전개하는 것이 좋습니다. 논리적일수록 자신감도 있어 보입니다.

## 2) What Was Done

슬라이드 2-❸

◙ 연습하기 Exercise

- 첫 두 문단을 보고 연구목적을 서술한 문장찾기
- 문장이 없다면 마지막 두 문단을 보세요.

〈예시〉

⇨ 따라서, 본 연구의 목적은 …

⇨ 본 연구에서는 이러한 연구결과에 대한 가능한 생태학적 설명을 찾아보려고 하였다.

◙ 연습하기 Exercise

- 첫 두문단 또는 마지막 두문단에서 왜 이것이 중요한 연구주제인지에 대해 말하는 문장 찾기.

〈예시〉

⇨ 이러한 요인에 대한 지식은 위험에 처한 개인이 ….

⇨ 아동방임이 초래하는 결과에 대한 지식이 증가함에 따라서, 연구자는 … 에 관심을 갖게 되었으며 …

✣ 보통 첫 문장에 '본 연구의 목적은 ~'이라고 시작되는 경우는 많지 않습니다. 학술논문의 경우는 약 20페이지 정도인데, 바로 앞부분에서 연구의 목적에

대해 서술하는 논문이 있습니다.

- 다음에는 연구의 가설이 서론의 앞에 나오는 경우는 거의 없습니다. 뒷부분이나 중간 이하 부분에 나오는 경우가 많습니다. 가설의 위치를 확인했으면 가설에 이어서 나오는 내용이 무엇인지 알아봅니다. 서론의 구성요소들을 많이 포함하고 있고, 명료하고 논리적으로 서술하여 독자들이 이해하는데 어려움이 없는 것이 좋은 논문이 될 수 있을 것입니다. 이런 논문을 쓰도록 노력해야 합니다.

- 서론은 '서론스러운' 맥락으로 써 나가야합니다. 논문의 첫 문장과 둘째문장에서 '무엇을 왜 연구하는가?'를 밝히는 것이 좋습니다. 여기에서 '무엇'은 연구목적, 즉 연구주제를 의미합니다. '왜 연구하는가?'라는 부분은 이러한 연구가 매우 중요한데, 지금까지 유사한 연구들이 별로 이루어지지 않았다는 점을 밝히면서 그래서 이러한 연구를 한다는 논리로 서술하는 것으로 나타나야 할 것입니다.

- 서론에서 지금 언급한 바와 같이 '중요한 것이 있다.', '거의 없다.', '연구를 많이 해 왔다', '본 연구의 목적은', '본 연구의 가설은', '연구방법은' 등과 같은 단어가 있는 문장을 찾아보는 연습을 합니다. 서론에 핵심적인 이러한 문장들을 명료하게 제시하지 않으면서 이런 저런 내용을 많이 쓴 논문이라면 좋지 않은 것으로 생각합니다. 서론 글은 잠깐 읽어도 바로 이해될 수 있는 것이 좋고, 또 어떤 부분을 보다가 그와 관련하여 예상되는 내용이 있는데, 바로 그런 내용이 나온다고 하면 좋은 논문일 수 있습니다.

### 3) Why Important

**슬라이드 2-❹**

연습하기 Exercise

- 논문 첫 문장은 항상 어떤 전략을 염두에 두고 서술한다.
- 연구목적이나 이슈의 중요성을 강조하거나 다른 관심을 잡는 방법으로 시작한다.
- 첫 문장이 무슨 내용을 담고 있는지를 보세요.

〈예시〉

⇨ 특히, 도시의 학교에서 나타나는 폭력, 범죄행위 등은 그 어떤 지역의 특징을 말해준다
— 잘 알려진 현상에 대한 서술

⇨ 폭력은 학습된 행동이며 그런 까닭에 예방과 변화를 위해서는 수정할 수 있다
— 하나의 개념을 설명

⇨ 지난 20여년 간 위탁양육가정의 부족현상이 지속되었으며, 현재 보호를 받고 있는 50만 명의 아동들은 서비스의 질에서 위험에 처해 있다… — 오랫동안 연구된 심각한 문제에 대해 서술하고 있는 것으로 이 연구가 왜 중요한 지에 대해서도 말하고 있음

✤ 보통 영어논문에 'purpose of the story~' 이렇게 분명히 'purpose'라는 단어가 나옵니다. 그게 목적 문(文)이고 'hypothesis~'가 나오면 가설입니다. 우리나라의 논문도 이렇게 명확하게 제시할수록 자신있는 논문이 될 수 있습니다.

✤ '연구주제가 왜 중요한가?'는 서론을 읽어보다가 고개가 끄떡여지고 중요한 것이라는 생각이 들도록 설득력이 있다면 잘 쓴 논문이 될 수 있습니다.

**문헌다운받기**

우리가 많은 자료를 다운 받을 때 어떤 것은 돈을 주고라도 다운받을 필요가 있고, 어떤 것은 그렇지 않다는 것을 판단하게 됩니다. 어떤 기준으로 그렇게 판단하나요? 어떤 기준으로 다운 받습니까? 뭘 읽어보고? 이럴 때 우리는 '서론'을 조금이라도 보는 것이 필요합니다. 서론을 보고 '괜찮게 썼구나'라는 생각이 들면 다운받는 것입니다. 서론을 훑어보는데, 필자의 필력이 느껴지고 서론이 깨끗하면 잘 쓴 논문일 가능성이 많아요. 논리성이 부족하거나 분량만 많은 경우 등은 그렇지 않은 경우일 것입니다. 특히 양적논문은 일반적으로 서론이 짧은 편이고 그다지 길지 않습니다. 서론이 더욱 명료해야 합니다.

❖ 자신이 본 서론의 첫 문장이 무엇입니까? 첫 문장이 무엇을 이야기합니까? 혹시 주제에서 너무 먼 이야기를 하고 있지 않은지 유의해서 볼 필요가 있습니다. 주제에서 '너무 멀리서 시작하는' 것은 바람직하지 않습니다.

❖ 청소년 자살을 주제로 연구하는 경우 바로 '요즘 청소년 자살은~' 하고 시작하는 것과 '요즘 청소년들은 어른들 보다 문제가 많은데 문제 중에서는 무엇이 어떠한데~' 하는 것은 어떤 차이가 있는지를 생각해 봅니다.

**심사위원**

석사학위논문은 3명의 교수가 심사를 합니다. 박사학위논문은 5명이 하는 것이 기본입니다. 따라서 심사위원 교수들이 해당 논문을 읽는 첫 번째 독자가 되는 것입니다. 심사교수들이 보고 통과하게 하는 일이므로 논문을 계속 읽고 싶도록 서론부터 잘 써야 합니다. '너무 멀리 갔네', '글 쓸 줄 모르네', '앞뒤가 안 맞네', '맞춤법이 틀렸네', '오탈자가 많네', '수준을 높일 필요가 있네'라는 반응을 보게 되는 경우가 있습니다. 이런 것보다는 심사교수들이 읽다가 '아, 맞다! 아이고 그렇지!' 하면서 '이거 잘 썼네'라고 말하게 되는 논문이 되어야 합니다.

✣ 서술한 내용을 보니 무슨 관계가 있다는 것 같은데 엉뚱한 종류의 내용을 먼저 말하게 되었다면 좋지 않은 것입니다. 연구 주제의 적합도가 높아야 합니다. 서론의 문단인 시작 문단이 적합도가 있게 서술되어야 하는데 너무 곧바로 주제로 들어가거나 너무 멀리 돌아서 주제로 접근하는 것 모두 좋은 것이 아닙니다.

✣ 오랫동안 연구되어 정립된 시각과 문제에 대해서 서술도 하고 이 연구가 왜 중요한지에 대해서 말하는 것이 좋습니다. 주제에 대한 이야기와 연구 필요성에 대해 말하는 것이 있어야 합니다.

예를 들면...

[2.1] '요즘 청소년 문제에 대한 관심이 높아지고 있으며, 이러한 현상의 이면에는 청소년 자살, 학교 따돌림, 가출 등이 예전보다 아주 빈번하게 발생하고 있다, 많은 연구가 이루어지고 개선방안이 제시되지만 여전히 더 많은 문제가 생기고 있다. 그래서 보다 심층적인 연구가 필요하다.' 이렇게 썼다면 주제에 관한 이야기와 선행연구와 필요성에 대해서도 이야기하는 것이므로 무엇인가 분위기가 자신의 연구가 그렇다면 이런 점에서 도움이 되는 연구라고 하는 것을 잘 제시하고 있는 것이다.

✣ 이렇게 무엇인가를 제시하고 그 다음에 '최근에 자살을 보면~' 하고 시작하는 의미를 주는 것이 좋습니다. 글을 못 쓰더라도 지금 우리가 배운 논리성은 이슈의 중요성을 쓰고, 그 다음에 연구동향을 쓰는 식으로 하는 서론구성을 따라 서술할 수 있어야 합니다.

# 3. 연구가설

## 1) Specific Hypotheses

슬라이드 2-⑤

연습하기 Exercise

- 서론의 마지막 몇 문단을 보고 구체적인 가설을 서술한 문장이나 문단을 찾으세요.
- 찾기 어려우면, "예측하다" 또는 "기대된다" 등과 같은 단어를 찾으세요.

〈예시〉

⇨ 구체적인 예측은 다음과 같다…

⇨ 동정심을 표현하는 능력은 사회복지실습학생들이 초기 면담에서 클라이언트를 사정하는 방법에 영향을 끼친다는 점을 기대하였다.

⇨ 가계도의 사용으로 부모의 가족의 강점과 약점에 대한 이해를 증대할 것으로 기대되었다.

❖ 다음은 가설에 대한 내용입니다. 영어논문 같은 경우를 이야기하는 것이지만, 우리가 양적 연구에서 효과, 영향, 예측 등과 같은 말을 쓸 때 신중할 필요가 있습니다. 용어 자체가 방법론과 관련성을 갖게 됩니다. 검정과 검증이 다릅니다. 따라서 용어를 쓰는 데 있어서의 적확성을 길러야 합니다.

❖ 가설은 반드시 '한다', '그렇다', '~다'로 끝나야 합니다. 그와 달리 연구 질문은 '~은 ~한가?'와 같은 질문형태로 제시하는 것입니다.

## 2) Hypotheses Need Rationales

슬라이드 2-❻

- 직관(institution)이나 예감(hunch)에 기초해서는 안됨
- 연구 초기 단계에서는 예감을 갖고 시작할 수도 있음
- 이러한 예감은 연구자가 연구를 시작하도록 해주고, 그 예감이 맞는 지를 알아보기 위해 문헌조사를 시작함
- 문헌고찰이 끝나면, 당초의 예감보다 확실한 어떤 것으로 가설을 지지할 수 있게 될수도 있음
- 연구자는 보통 연구에서 기대하는 성과를 예측하기 위해 이전 결과나 이론을 사용함
- 가설을 서술할 때는 예로 왜 한 집단이 다른 집단보다 더 점수가 높은 가 등에 대해 설명할 필요가 있음
- 이 과정은 서론에 포함된 문헌고찰 속에서 나타나지만, 가설을 논의할 때 그 이유를 명백히 설명하는 것이 좋음

✣ 여기 보면 '직관'이나 '예감'에 기초해서는 안 된다고 제시되어 있습니다. 논문의 가설을 정할 때는 임의로 넣더라도 뭔가 말이 되게 해야 합니다. 즉 배운 바에 의해서 객관적으로 지지되는 인정할 만한 객관적인 서술이 되어야 합니다.

✣ '직관'은 생각하는 바의 선입견을 포함할 수 있고, '예감'은 그럴 것으로 생각하는 막연한 추론입니다. 실제 학술논문 보다는 어떤 사람의 뛰어난 직관이 세상을 이끌어 가기도 합니다만 그러나 학술논문은 모든 것이 다 근거가 있

게 아주 체계적이고 논리적으로 서술하는 것이 중요합니다.

- 어떤 주제를 정할 때는 우선은 그 주제에 대한 관심이나 예감 또는 직관으로 할 수 있습니다. '요즘 아이들은 자살이 많지? 분명히 이게 중요한 주제가 될 것 같아' 하고 시작할 수 있습니다. 그러나 자료검색을 했을 때는 정말 청소년 자살이 그렇게 심각한 지에 대해 확인할 필요가 있다는 것입니다.

- 연구주제를 정할 때 예를 들면, 부모의 자녀양육태도가 사회성 발달과 관련이 있는 것으로 생각한다면, 정말 어떤 관계가 있는지, 또 그것이 실제로 어떻게 중요한 영향을 주는지 등에 대해 알아볼 필요가 있습니다. 범죄자 중에 어머니의 양육태도에 문제가 있어서 범죄자가 된 경우가 있는 지를 확인해 본다든가 해서 경험상의 생각을 뒷받침 하는 내용을 논문검색을 통해 확인하는 것이 중요합니다.

- 분명히 어머니의 자녀양육태도가 사회성발달과 관계가 있다고 생각한다면, 그렇게 생각한 이유는 본인의 경험이나 생각 또는 지금까지 공부하다가 알게 된 것일 수도 있고 이런 모든 것이 합쳐져 된 것일 수도 있습니다.

- 그렇다고 한다면 문헌검색을 통해서도 어머니의 자녀양육태도와 사회성발달에 관해 연구한 결과들이 통계적으로 유의미하다고 많이 보고되는 것이 있어야 좋다는 것입니다. 그런데 한 가지 더 생각할 것은 많은 문헌들이 유의미하다고 한다면 구태여 이런 주제에 대해 다시 한 번 더 연구를 해야 할 이유가 있는가 하는 점입니다. 어떻게 보면 연구를 더 이상 하지 않아도 이미 상식적인 사실일 수 있기 때문입니다.

**한단계 더 들어가야...**

이렇게 구태여 연구하지 않아도 다 알 수 있는 내용의 주제가 있다면, 한 단계 더 깊이 다룰 수 있는 내용을 주제로 잡을 필요가 있습니다. 예를 들면, 양육태도가 어떠해야 사회성발달에 기여하는지를 연구하는 것입니다. 양육태도가 사회성발달과 관계가 있다는 것은 알겠는데 자녀양육태도의 여러 가지 유형이 있다고 보면, 민주적 양육태도인 경우 사회성 발달에 더욱 중요한 영향을 준다는 연구를 고려해 보는 것입니다.

### 3) Rationales for Hypotheses

**슬라이드 2-⑦**

연습하기 Exercise

- 가설을 위한 당위성을 설명하는 예를 찾으시오.
- 논문에 따라서는 가설에 대한 서술 직전이나 직후에 분명하게 이를 제공하고 있지 않을 수도 있다.
- 분명한 당위성만을 예로 사용하세요.

〈예시〉

⇨ 직장에서의 A현상과 B현상 사이에 차이점이 있다면, 행동에 대한 그것의 영향 간에도 차이점이 있을 것이다…

⇨ 성인 성폭력피해자에 대한 선행연구들을 보면, 트라우마와 관련된 증상은 아동 성학대 생존자에서도 그것이 나타날 것으로 기대할 수 있다.

⇨ 이전 분석에서 운전 중 음주를 피하는 것이 중요하다는 점을 지적했기 때문에….

✤ 따라서 너무 뻔한 주제라고 생각된다면 한 단계 더 심층적으로 주제를 선정해 봅니다. “어머니의 자녀양육태도와 사회성발달에 관한 연구”는 너무 심플해서 적합하지 못하다면 “어머니의 성격유형과 자녀양육태도와의 관계에서

그 어떤 유형이 자녀의 사회성발달에 미치는 영향” 등으로 바꾸어 하는 것을 고려하는 것입니다.

✣ 어쨌든 우리가 갖고 있는 아이디어가 있다면 너무나 일반적인 것을 논문주제로 해서는 안 되고, 검색을 해보고 일반적이지 않으면서 연구할 필요가 있는 것으로 정하는 것이 중요합니다.

✣ 서론에서는 연구의 의미가 드러나는 내용이 있어야 합니다. 내용상 너무 단순하고 뻔한 내용은 적합하지 못하고 아무리 글의 논리구조가 맞더라도 내용이 연구의 의미를 갖추지 못했다면, 초안을 잡았을 때의 제목이 바뀐다든지 또는 연구방향이 바뀌는 상황이 있을 수 있습니다.

✣ 긴 제목을 만들어 놓고 다듬어갈 수도 있습니다. 보다 더 구체화된 내용으로 논리가 구성되고 형식적 논리구조에 질적인 논리구조를 갖는 것으로 서론의 내용이 구성될 수 있습니다. 그렇게 해야 서론을 읽었을 때 ‘아, 정말 이런 연구를 해야 하는구나’ 하고 납득할 수 있을 것입니다.

### 4) 연구질문의 적실성(Relevance of the Research Question)

**슬라이드 2-❽**

- 서론에서는 연구방법에 대해 어느 정도까지 서술하는 것이 적절한 지에 대해 어려움을 겪음
- 서론에서 강조할 방법론 이슈들
  - 통제집단의 특성
  - 선행연구와 달리 뺀 변수가 있다거나 특별히

- 세부내용은 연구방법에서 자세히 논의하지만, 서론에서는 연구의 당위성을 제공하는 정도로 언급

연습하기 Exercise

- 서론 부분에서 연구방법을 서술한 부분 검토

〈예시〉

⇨ 본 연구는 ○○연구방법을 사용하여 ….

⇨ …을 조사하기 위하여 초점집단을 사용하여 예비조사를 수행…

❖ 연구질문의 '적실성'에 대한 내용입니다. 주제에 대해 연구 질문이 적실하다고 말할 때는 연구질문의 내용과 변수의 선택 등에 대해서는 물론이고 연구목적과도 부합하고 그에 맞는 방법으로 되어야 합니다.

**예를 들면...**

[2.2] 프로그램 효과성 검증을 위해 프로그램 사전사후검사를 하는데, 회귀분석을 한다는 것은 잘못된 것입니다. 그러니까 연구에 맞는 방법이어야 하고 연구방법론 공부가 되어 있어야 합니다. 실제로 방법론 공부가 되어있지 않은 학생들이 많습니다. '회귀분석이 뭔데?'라고 질문하면 답을 못하는 것입니다. 물론 공부를 해서 아는 것도 있지만 선행연구를 보고 아는 것으로 답하는 경우가 더 많을 것입니다.

❖ 연구방법은 선행연구에서 참고하여 많이 쓰이는 분석방법으로 하는 것이 좋습니다. 주제가 뻔한 것을 하면 좋지 않다고 했습니다만 연구방법은 대세를 따라가는 것이 편합니다. 물론, 수준이 되면 특별한 방법을 활용해도 되지만 남들이 하는 분석방법을 따라하면 보통 이상은 합니다. 유사한 방법을 따라 한다고 해도 연구대상이 다르니 통계 데이터가 다르고, 상황이 각각 다르기 때문에 결과적으로 같지 않습니다.

## [실습 2] 연구계획 체크리스트

✤ 이제 연구수행을 위한 체크리스트를 점검하는 실습을 합니다. 모든 체크리스트 박스를 이해하고 준비가 되었다는 수준으로 체크할 수 있을 때 연구계획서를 쓰고 본격적인 연구를 시작할 때가 되었다고 볼 수 있습니다.

✤ 체크리스트를 보면 칸이 오른쪽에 2개 있습니다. 두 칸에 각각 점수를 매기는데 3점, 2점, 1점으로 합니다. 첫 번째 칸은 왼쪽의 주요 점검 항목에 적힌 내용을 읽고, 그 말이 무슨 말인지 잘 알면 3점, 모르면 1점, 알듯 말듯 하면 2점을 줍니다. 두 번째 가장 오른쪽에 있는 칸은 주요 점검 항목에 대해서 본인이 얼마나 준비되어 있는가에 대해 역시 점수로 평가해 봅니다. 해당 항목의 준비를 했거나 절차를 마쳤으면 3점, 그렇지 않으면 1점, 준비 중이거나 절차 중이면 2점을 적습니다.

✤ 오른쪽 칸이 점수가 더 적고 왼쪽 칸이 조금 더 점수가 높아야 일반적입니다. 거꾸로 되는 일은 없을 것입니다.

✤ 11)번에 연구승인에 대한 내용은 학교나 연구기관의 윤리위원회의 통과 절차를 말하는 것입니다. 우리나라는 아직 시범적으로 하고 있지만, 선진국의 경우에는 연구를 시작하기 전에 연구계획서를 제출할 때 설문조사를 하는 경우나 사람을 대상으로 연구하는 경우 연구윤리위원회에서 먼저 심의를 합니다. 심의를 해서 설문조사 대상이 특이하다거나, 주제가 조금 민감하다거나 하여 서류가 필요한 경우에는 연구자를 불러서 심사를 합니다. 그래서 연구윤리와 관련된 전반적인 검토를 하는데, 연구자가 연구참여자의 비밀을

충분히 보장하는 등에 대해 문제가 없는지를 확인합니다.

- 윤리적인 함의라는 것도 마찬가지입니다. 어떤 연구를 하든지 연구에 참여하는 사람들의 윤리적인 측면을 고려해야 합니다. 그 사람의 비밀을 보장한다든가 그 사람이 싫다고 하면 언제든지 중단한다든지 하는 사실을 알리는 일이 필요합니다. 설문조사도 하다가 원하지 않으면 중단해도 된다는 것 등을 인정해주는 것입니다.

- 또 13)번의 내용은 연구를 마친 다음에 논문을 발표하는 것입니다. 학술지에 내거나 학위논문으로 공개하거나 하는데 어떤 상황인지를 생각하는 것입니다.

- 오른쪽에 준비도가 높은 점수라면 연구에 대한 많은 것이 나름대로 준비가 되어있다고 할 수 있습니다. 그래서 연구에 착수할 수 있다는 것입니다. 이렇게 체크리스트를 점검합니다. 우리와 조금 다르지만 윤리문제들은 우리도 많이 강조하고 있습니다.

## 실습 예시(연습용)

Project planning checklist(**연구계획 체크리스트**)

| 주요 점검 항목 | 이해도 | 준비도 |
|---|---|---|
| 1) 당신의 연구에 대해 생각해보고 그 이론과 패러다임 전망을 이해하고 있는가? | | |
| 2) 당신은 수집 데이터의 성격과 데이터 수집방법에 대해 확신이 있는가? | | |
| 3) 당신은 연구의 성격을 정의하였는가? | | |
| 4) 당신은 연구의 실제적 사항들을 고려하였는가? (특히, 재원과 자금을 고려하였는가?) | | |
| 5) 당신은 선행연구에 대해 접근하고 평가해보았나? | | |
| 6) 당신은 연구 디자인을 결정하였나? (예를 들면, 사례연구, 실험연구, 민족지학적연구 등) | | |
| 7) 당신은 데이터 수집방법을 선택하였는가? | | |
| 8) 당신은 모집단과 표본에 대해서도 생각해보았는가? | | |
| 9) 당신은 연구 질문이나 가설을 가지고 있는가? | | |
| 10) 당신은 윤리적인 함의 등을 고려하였는가? | | |
| 11) 당신은 연구에 필요한 공식적인 승인을 얻었는가? | | |
| 12) 당신은 데이터를 어떻게 분석할 것인지에 대해 생각해 보았는가? | | |
| 13) 당신은 연구결과를 어떻게 발표하고 알릴 것인가를 생각해보았는가? | | |

출처: Matthews & Ross, 2010, p. 91.

# 제3강 문헌분석-이론적 배경

'문헌분석'이란 결국은 논문의 제2장에서 해야 되는 것이기도 합니다만, 기존에 어떤 선행연구들이 있는가를 보고 본인의 연구에 필요한 것과 각종 연구동향을 파악하여 잘 조직화해서 논문작성에 활용하는 것입니다.

## 1. 문헌분석이란?

### 1) 문헌분석의 목적

슬라이드 3-①

- 논문작성 초기의 핵심 부문 — 연구질문과 이슈에 대한 연결점을 제공
- 서론은 탐구하고자하는 문제에 대한 상황개발에 기여
- 연구질문에 대해 깊고 넓게 조사하도록 해줌 — 다른 연구자가 주제에 대해 말한 바와 방법에 대해 알려줌
- 정보에 대해 평가(assess), 조직화(organize), 종합화(synthesize)하는 과정

출처: Szuchman & Thomlison, 2000, pp. 41-45.

❖ 문헌분석은 '연구 질문과 이슈에 대한 연결점을 제공한다.'고 했습니다. 그래서 문헌분석인데 읽은 연구물을 모두 요약할 필요는 없지만, 일부 연구를 한 문단으로 활용하거나 문장을 인용할 수 있습니다. 이를 위해서 준비하는 것이 'template' 입니다. 그리고 'card', 즉 논의카드도 만듭니다.

## 2. 무엇을 연구하였나(What Written or Researched)

**슬라이드 3-❷**

- 전자 DB로 문헌수집 용이함.
- 문헌 분석을 위한 넓이와 깊이를 결정 — 선택적이며 초점을 확실히 함.
- 문헌분석 목적이 이슈를 이해하였다는 점을 밝히는 것이라면 경험적 문헌과 이론적 문헌을 분석함.
- 경험연구: 과거 연구를 요약하고 여러 연구의 결론 도출
- 이론연구: 이론 논의, 요약과 비평, 관심 주제와 관련된 concepts과 constructs에 대한 일반적 개관 제공
- 문제와 이슈에 대한 conceptual framework 이해시킴
- 문제에 대해 정의방법을 알려주고, 행위와 문제에 대한 이해 제공
- 전제와 문제의 역사적 발전, 중요한 관련연구를 포함

❖ 'construct'는 보통 '구성개념'이라는 말로 설명합니다. 예를 들면 자아존중감이라는 것은 하나의 'concept'이지만 구성개념은 그것의 하위개념으로 보면 됩니다. 그런데 추상적인 하위개념입니다. 그리고 'conceptual framework'이라는 용어가 있는데, 'framework'이 '분석틀'입니다.

❖ '개념적 분석틀(conceptual framework)'은 연구주제를 연구할 때 필자가 갖는 조망의 방식이라고 볼 수 있습니다. 이론, 관점, 원형, 모델 모두 성격이 다릅니다. 이것은 연구모형을 말하는 것이 아니며, 연구주제와 관련한 무슨 이론이 있거나, 누구누구의 모형이 있거나 누구누구의 학설이 있거나, 누구누구의 'perspective', 즉 '관점'을 갖는가 하는 것과도 다릅니다.

**예를 들면...**

[3.1] '임파워먼트'적인 관점이라면, 어떤 주제를 대할 때 내 입장은 그런 관점을 갖는다는 의미입니다. 여기서 '임파워먼트'는 클라이언트에게 잠재력을 강조하고 스스로가 당면 문제를 해결하게 하는 입장을 말하는 것으로 늘 이슈를 대할 때에는 그런 입장을 가지는 것으로 볼 수 있습니다. 그런데 그렇지 않은 반대 입장으로 '문제 관점'이라는 것이 있다면, 이 두 가지 관점에 따라 이루어지는 실천이나 개입은 서로 다른 면이 분명히 있을 것입니다. 즉 동일한 이슈라도 보는 시각이 다르게 됩니다. 그래서 그것이 매우 정형화되고, 합리적인 체계를 갖게 되면 이론이 되는 것이고, 이론을 언급하기 전에 그러한 시각적인 제시가 있으면 관점이 되는 것입니다.

❖ 이와 같은 종류의 시각으로 논리적으로 문장을 쓰게 되면 그것은 개념적 틀이 됩니다. 임파워먼트적으로 연구를 할 경우 만일 "conceptual framework이 뭐냐?"고 물으면 '임파워먼트 framework'이라고 할 수 있습니다.

❖ 예를 들면, '다문화'에 대해서 '온정적'인 입장, '시혜적'인 입장, '동등'하게 보

는 입장 등이 있다고 한다면, 우리 개인이 어떤 입장을 갖는가는 곧 어떤 관점인가 하는 것과 같습니다. 이것을 이론이나 모형을 이용해서 입장을 정리하여 하나의 틀로 제시하게 되면 분석틀이 됩니다.

**예를 들면...**

[3.2] '다문화주의'라는 말이 있고 '평등주의'라는 말이 있다고 합시다. 국가와 인종과 피부가 다르다고 해서 차별해서는 안 된다는 것을 '평등주의'와 연결시킨다면, '평등'이라는 개념에서 '다문화'를 보는 경우 '시혜적' 이거나 '온정적'인 것이 아니게 됩니다. 차별해서는 안 된다는 사회정의가 있어서 '똑같은데 다만 생긴 것이 다를 뿐'이라고 본다면 '다문화 이슈'를 볼 때의 입장은 평등적 입장이 될 것입니다. 만약 평등적 입장에 대한 다양한 논의들이 있어서 그것을 종합해서 '평등적 입장에서 본다'라는 것을 정립한 논리구조가 이론적으로 전개될 수 있다면 이를 'conceptual framework'이라고 할 수 있습니다. 그럼 평등적 framework로 접근한 사람과 온정적으로 접근한 사람은 주장하는 내용이 다르게 됩니다. 결론은 물론이거니와 전제하는 것도 다릅니다.

- 그 다음에 만일 conceptual framework이 없으면 어떤 이론을 전제할 수도 있습니다. 어떤 이론이나 모형에 관련된 논문을 보면 '무슨 모형의 검증을 중심으로', '무슨 모형의 검증을 적용하여'라는 말이 있는데 그것은 모형입니다. 그 자체가 하나의 분석틀입니다. 따라서 분석틀은 아주 엄밀한 의미의 이론을 가질 수 있고, 모형을 가질 수도 있으며 하나의 모델을 가지고 접근할 수 있다고 볼 수 있습니다.

- 그러면 이런 내용은 제2장에서 씁니다. 만일에 어떤 관점이나 이론을 적용해서 한다면 서론이나 연구방법 부분에서 그런 언급이 있을 수 있습니다. 즉 '임파워먼트적 관점으로 본 논문은 ~라고 쓴다.'라는 말이 나온다면 임파워먼트적 관점에 대한 내용을 제2장에서 설명해야 하는 것입니다.

✤ 따라서 논문을 볼 때 이론적 배경이라는 선행연구의 내용 중에 이념, 모형, 관점, 개념적 분석틀, 모델 등의 내용이 제시된 곳이 있으면 반드시 그 부분을 정리해 둘 필요가 있습니다.

## 3. 경험적 문헌의 분석

### 1) 경험적 연구물

슬라이드 3-❸

- 경험적 연구물을 분석하는 것은 주요 결과, 추세, 연구설계, 자료분석방법, 토론분야나 논쟁, 등한시해왔던 연구분야, 추가 연구를 위한 제언 등을 이해하는데 필요한 과정임
- 각 연구에서는 목적, 이론(현상 설명에 사용된), 표본의 특성, 표본확보방법, 이론적 개념의 정의, 변수의 조작적 정의, 자료 수집 절차, 주요 결과 요약 등에 관한 내용을 수집함
- 하나의 분석틀(a framework) 내에서의 결과를 구성해 보는 것은 차이점과 유사점을 이해하는데 도움을 줌
- 또한, 분류(classification), 비교(comparisons), 연결성(connections) 등을 촉진하며 그 후 개관(overview)할 수 있게 됨.

✤ 여기에서는 경험적 연구, 즉 데이터를 분석한 선행연구물을 분석하는 것의 의미를 말하는 것으로 이러한 문헌분석과정은 연구 추세, 연구설계, 토론분야나 논쟁, 추가 연구를 위한 제언 등을 이해하는데 필요합니다. 또한 표본의 특성, 표집방법, 변수의 조작적 정의, 자료수집 절차 등에 관한 내용을 정리하는 것이 유용할 것입니다.

## 2) 경험적 문헌 분석 연습

**슬라이드 3-④**

- 연습하기 Exercise
  - 한 연구물에서 다음의 정보를 제공하세요. 저자, 발간일자, 제목, 인용정보, 연구목적, 사용된 이론들, 표본의 특성과 확보방법, 연구의 주요개념(각 개념을 대신하도록 선택된 변수들과 구체적 측정방법), 자료 수집을 위해 사용된 행정적 절차, 주요결과

- 위에 제시된 주제를 사용하는 template를 만들거나, 자신의 문헌분석 특징에 적합한 template를 응용함. 분석에서는 연구물들에 대해 동일 template를 사용함

- 중요한 팁들
  - 형광펜을, 연필을 깍고, 노트하라. 만일 인용하면, 인용부호, 페이지를 적어라, 그래야 집필시 표절을 방지할 수 있다.

✣ 경험적 문헌은 분석 작업을 할 때, 통계적인 내용을 정리하는 것도 중요하지만 사용된 이론이나 연구의 주요개념 등 이론적인 내용을 고찰하는 것도 필요한 과정입니다. template는 석사학위 준비일 경우 30~50개 정도, 박사학위 준비일 경우 약 100개 정도의 문헌에 대해 만들어 두는 것이 좋습니다. A급이나 B급 정도의 문헌만으로 그 정도 숫자의 문헌을 분석해야 하는 것입니다. 또한 연필을 사용하고, 페이지도 적고 인용부호도 표시할 것을 중요한 팁(Tip)으로 제시합니다.

# 4. 문헌고찰의 종합

## 1) Synthesis

슬라이드 3-⑤

- 경험적 문헌들이 나타내는 것을 고찰하는 것은 선행연구와 본 연구의 유사성과 차이점을 이해하도록 함 - 이것을 문헌고찰의 종합(a synthesis)이라고 함
- 이는 결국 연구자의 비판적 사고(critical thinking) 능력을 반영하고 여러 연구물을 통해 알게된 패턴을 강조하는 것임
- 사회복지사가 클라이언트를 대상으로 사용하여 배운 비평적 사고능력도 문헌분석집필에 사용할 수 있음. (유사점과 차이점을 알아보고, 모순성과 비일관성을 인식하고 이슈, 결론, 전제 등을 명료화하고, 논쟁과 해석법을 평가하고, 다양한 정보원천의 정확성 정도를 지지하는 증거를 찾아낸다)
- Peer-reviewed 논문을 분석해야하며, 결점이 있어 보이지 않지만, 보완할 점을 찾는 것이 좋음

출처: Szuchman & Thomlison, 2000, pp. 45-49.

✣ 논문 전체 중에서도 표절의 위험이 가장 많은 부분이 제2장일 수 있습니다. 평소에 문헌분석을 하고 제대로 인용하는 방법을 배우고 익히는 일을 철저하게 배우는 것이 필요합니다. 선행문헌들을 분석할 때부터 각종 인용과 출처표시 등을 체계적으로 하지 않으면, 계속되는 보완 작업에서 누락 되거나 잘못 인용한 채로 서술될 가능성이 높게 됩니다.

✣ 여기에서는 'critical thinking'에 대한 부분을 강조합니다. 또한 선행논문을 선

택할 때는 반드시 'peer review'한 문헌여부를 확인할 필요가 있습니다. 동료평가라는 의미입니다만, 문헌은 보통 그 내용에 대해 다른 사람이 심사하는 과정을 거친 것이 좋습니다.

### 2) 문헌고찰의 종합방법

슬라이드 3-⑥

- 분석한 내용들을 종합하기 위해서는 유사한 목적, 연구 목적, 결과, 유사한 방법론적 이슈별로 구분함
- 구분한 내용에서 Concept과 연구의 아웃라인을 잡음
- 자료들의 유사성과 차이점을 가설이 되는 식(후속 논의의 근거로 제공하는 서술문)으로 바꾸면 문헌분석 흐름을 잡는데 도움이 됨
- 문헌분석에서 실수하는 것 중에 자신의 입장을 지지하는 연구물들만 포함하는 것이 있음
- 그러나 좋은 분석은 균형을 갖고 복수의 관점을 포함해야하며, 반대되는 결과와 자신의 문헌 분석의 한계에 관해 커멘트함

- 여기에서는 선행연구물의 유사점과 차이점에 대한 비교의 필요성을 강조하고 있습니다. 선행연구물을 비교하면서 유사점과 차이점으로 만들 수 있는 내용이 있는가 보고, 잘 정리하는데, 비교표를 만들 수 있으면 더욱 좋습니다.

- 대조적이거나 비교할 수 있는 내용이 있거나 유사점과 차이점을 이야기할 수 있는 부분을 표로 만들면 됩니다. '~의 비교' 또는 '~의 유사점과 차이점' 등이 표의 제목 형태가 될 것입니다.

❖ 그 다음은 보통 양적연구 하시는 분들은 '본인의 연구결과에 지지적인 선행연구물을 포함하려고' 하는 경우가 많습니다. 그러나 지지적이지 않거나 반대되는 결과를 가진 선행연구문헌의 내용도 포함하는 것이 좋습니다. 물론 지지적인 것 보다 그렇지 않은 문헌이 더 많게 나타나는 것은 유의할 필요가 있을 것입니다.

**예를 들면...**

[3.3] 어떤 논문을 보니 여성의 평균이 높게 나왔어요. 그런데 자신의 논문에서는 남자의 평균이 더 높게 나왔단 말이에요? 그러면 남자의 평균이 많이 나온 선행논문을 많이 인용해주는 것0 일반적입니다. 그러나, 여자도 높게 나온다는 연구결과의 선행연구문헌도 몇 개는 써주라는 말입니다. 그 다음에는 그 이유에 대해 간단히 언급합니다. '이러한 결과는 ~ 하기 때문이다'라는 것으로 됩니다. 즉 남자가 높게 나왔을 때는 그 논문이 남자가 높게 나오는 어떤 상황이 있을 것인데, 설문샘플에 남자가 더 많이 포함되어 있다든지 뭔가 해석의 내용을 설명하는 서술이 추가되어야 합니다. 그렇게 하면 본인의 결론을 더 강하게 지지할 수 있는데 이것은 기본적인 것이기도 합니다.

❖ 왜냐하면 우리가 자신의 논지를 주장하는 것이 원래 논문이지만, 지지적인 주장만하기 보다는 오히려 자신의 논지에 반대의 주장도 써주고 그 이유가 어떻게 된 것인지를 밝힘으로써 하고자 하는 주장을 강화할 수 있다는 이야기입니다.

## [실습 3] 표 만들기

❖ 그러면 준비해 온 논문 3편을 보고 이론적 분석틀이라든가 이런 내용을 담고 있는 부분이 있는지 찾아봅니다. 정확하게 분석틀이라는 용어를 사용하거나 그림으로 나온 경우가 있는지 확인합니다. 제2장에서 해당 주제와 관련한 이론이나 학설, 모형, 모델, 또는 관점 등을 말한 부분이 있는 지를 찾아봅니다.

❖ 정신분석이론의 관점이 있다면 그 논문에 정신분석이론에 속하는 여러 이론과 학자들의 주장을 포함하고 있습니다. 시스템이론, 역할이론, 긴장이론, 사회기반이론 등 여러 가지가 있을 수 있습니다. 이런 것이 나오면 유의하고, 그 내용을 정리해 두었다가 논문을 쓸 때 활용하는 것이 필요합니다.

❖ 이제, 논문 중에 이론, 모델, 모형 등이 포함되어 있는 것을 찾아보세요. 논문 3편 중에 1편은 이런 내용을 포함하고 있을 것으로 보면, 그 중에 한 2~3페이지 되는 적당한 내용 설명이 있는 것을 찾아 표로 만들어 봅니다.

❖ 어떤 내용이 있는가를 보면 A이론, B이론 등으로 설명하거나, A학자, B학자 등으로 해당 학자의 이론을 열거적으로 제시하는 경우가 많습니다. 1~2페이지 나열한 것을 보고, 그 내용을 요목화하여 비교하면서 표로 만들어봅니다.

❖ '강점이론에 관한 학자들'이라는 제목의 표를 만든다면, 강점이론적 모델 등을 구분하여 제시하고 학자 이름을 쓴다든가 각 모델별 내용설명과 한계점 등을 제시하는 형태가 될 수 있습니다. 제2장을 작성할 때는 열거적으로 서

술한 부분이 있을 경우 가급적 표를 만들어서 제시하도록 할 필요가 있습니다. 어떤 내용에 대해 한 페이지가 되거나 그 이상의 분량으로 제시되는 경우면 더욱 표가 필요합니다.

**APA 표 만들기**

표를 만드는 것도 지켜야 하는 논문양식이 있습니다. 물론 통계표는 당연히 양식을 지켜야 하지만, 다른 표도 마찬가지입니다. 맨 위 칸의 내용 구분을 해주는 부분의 위쪽 가로 선은 진하게(굵은 선), 그 다음에 나오는 아래 쪽 가로선도 진하게 하고 표의 맨 마지막 줄도 진하게 합니다. 표 중간에 있는 가로 선들은 가는 것으로 하고 표의 좌우 세로선은 막지 않습니다. 즉 따로 선을 두지 않습니다. 표의 종류에 따라 다양한 규칙들이 있으니 여기에서는 하나의 예를 제시한 것으로 보면 됩니다.

- 오늘 실습은 정답이 있는 것이 아니므로 실습하는 목적에 충실하면 됩니다. 그리고 다른 사람이 만든 표를 인용하는 경우에는 반드시 표의 맨 아래 부분에 출처를 밝히면서 저자명, 연도명, 그리고 해당 페이지를 적습니다.

- 다시 설명하면 개념적인 분석틀과는 별도로 여러 가지를 열거할 때에는 반드시 표를 만들어 제시하는 것이 필요합니다. 학자별로 개념정의를 하거나 학설을 말하거나 모델 종류나 유형을 말하거나 형태를 구분하거나 하는 등의 내용에는 표를 제시하는 것이 적합할 때가 많습니다.

- 또한 표는 최소한 3칸은 나와야 표로서의 의미가 있습니다. 칸을 주어야할 내용이 없으면, 연도라도 넣든가 해서 최소한 가로 3칸, 세로 3칸 이상은 되어야 합니다. 칸을 채울 수 없어 빈 칸으로 둘 경우가 있다면, 보통은 '비고'라고 해서 추가적인 정보를 제시하거나 합니다.

읽을거리

# 1. 연구를 위한 준비

## 1) 문헌 연구

1. 주제에 관한 이론적 배경 : 개념들을 찾고 이미 도출된 것들을 보고 당신의 프로젝트에 필요한 정보를 사용한다.
2. 정보의 출처에 대한 세심한 조사를 하고 정보의 복잡한 기록을 수집한다.
3. 당신이 찾은 것들을 읽고 평가한다.
4. 검토된 것들을 구조화하고 산출한다.

## 2) 왜 문헌검토가 준비의 일부분인가?

- 자신의 연구 분야에 대한 비판적인 분석
    - 당신은 아마 찾을 수 있을 것이다. 당신이 시작하기 전에 어떤 연구가 알려졌는지, 일반적으로 벌써 발표가 된 연구를 반복하는 사람은 없을 것이다. (단 같은 연구라 할지라도 다른 시각에서 보는 것은 제외됨)
    - 과거에 사용된 이론적이고 방법론적인 성취를 배울 수 있고 그들이 어떻게 성공했는지 그리고 왜 실패를 했는지 등을 알 수 있다.
    - 어떤 프레임 분석과 전략이 다른 사람들의 연구를 판단했는지 알 수 있다.
- 전문가의 비교와 대조적인 다른 자료들을 알 수 있다.
- 자신의 연구를 컨텍스트에 넣어라.
- 자신의 연구에 관한 언어와 단어를 익혀라.
- 자신의 연구에 연관이 있으며 변동이 심하고 중요한 이슈를 찾아라. 문헌검토를 함으로써 빠진 부분과 첨부할 내용을 알 수 있을 것이다
- 연구 질문에 대한 정의와 앞으로 생길 수 있는 질문이나 이슈를 찾아낼 수 있다.
- 연구 방법을 알려주고 과거에 한 연구와 연결이 될 수 있다.
- 연구와 이론을 식별하는데 도움을 줄 것이다.(연구에 따라서 다름)

출처: Matthews & Ross, 2010, pp. 93-94에서 발췌 요약.

# 제4강 연구방법의 구성과 절차

## 1. 방법론 챕터의 목적

슬라이드 4-❶

※ 샘플과 절차에 대해 자세히 제공
- 다른 연구자의 유사연구 수행을 가능하도록 함
- make explicit how they are deviating from your procedure

※ 연구 타당도와 신뢰도에 대한 판단을 가능하도록 함

※ 이러한 목적을 이해하면 어느 정도까지 자세히 서술해야하는 지에 관한 결정가능

출처: Szuchman, 2011, p. 47.

✣ 연구방법에 대해 서술하는 제3장 작성법과 관련한 내용입니다. 먼저 제3장의 목적은 연구대상의 샘플과 절차에 대해 자세한 정보를 전달함으로써 다른 연구자의 유사연구 수행을 가능하도록 하는 것이 있고, 연구의 타당도와 신뢰도에 대해 판단할 수 있게 도우는 것입니다.

# 2. 챕터의 조직(organization)

## 1) 챕터의 구성

슬라이드 4-❷

※ 보통 하위 섹션으로 구분함:
- 참가자 섹션(기존 데이터파일을 사용한 경우에는 샘플 subsection)
- 연구 절차: 연구수행 또는 관리에 사용된 과정 또는 연구의 행정적 측면
- 조사도구 등 (필요시): 특별한 문헌이나 도구를 개발하거나 사용한 경우, 연구개입(처치) 등에 대한 서술, 측정 등에 대한 서술

※ 하위 섹션의 제목은 적절히 정함

✣ 제3장 연구방법 챕터를 쓸 때 통계수치를 제시해야 하는데, 결과 분석에서 제시하는 통계방법이 있을 것입니다. '어떤 식으로 한다'하는 방법이 있을 것이고, 절차가 있고 또 연구 참여에 대한 부분이 있습니다.

## 2) 챕터구성 연습

슬라이드 4-❸

※ 연습하기 Exercise
- 준비한 논문의 방법론 챕터의 각 절들의 구성 검토

- Participants
  Materials
  Design & Procedures

- Subjects
  Procedure
  Measures

❖ 양적 연구는 연구대상을 정하고 샘플을 활용하여 조사를 하는 경우가 많습니다. 샘플을 몇 명이나 해야 하는지 또 무슨 기준으로 그 수를 정하는지에 대해 알아볼 필요가 있습니다.

❖ 샘플을 몇 개 할 것인가는 연구방법에 따라 또한 분석방법에 따라 달라질 수 있습니다. 회귀분석방법으로 하느냐 t테스트로 하느냐에 따라서 샘플 사례 수를 정하는 것입니다. SPSS 회사에 'Samplepower'라는 프로그램이 있습니다. 대부분의 대학에서는 SPSS와 같이 프로그램을 설치해 놓습니다.

❖ 그 다음 주제에 따라서 많은 대상을 조사할 수 없는 경우도 있습니다. 특별한 주제를 한다든가 장애인 등의 특정 대상 여부에 따라 샘플을 구하기 어려울 수도 있고 실제 연구를 수행하기도 쉽지 않을 때가 있습니다. 보통은 연구주제와 샘플 대상의 특성과 여러 상황에 따라서 샘플의 사이즈가 적당하게 정해집니다. 물론 약간 여유있게 하는 것이 좋습니다.

❖ 다음으로 연구타당도와 신뢰도의 문제가 있습니다. 우리는 보통 신뢰도만 말하는데 신뢰도를 확보하기 위해서는 일단 설문지를 만들고 분석을 할 때 알파값을 계산합니다. 한 가지 주의할 점은 이전에 연구했던 설문지의 알파값을 반드시 제시해야 한다는 것입니다. 알파값의 수준을 밝혀두고 그래서 이 설문지가 매우 타당하다거나 신뢰도가 있다라는 것을 인정하고 조사했다고 말할 수 있어야 한다는 것입니다.

## 3. 연구절차

### 1) Procedures (1)

슬라이드 4-④

※ 여기에 두 가지 측면의 관점이 필요함 - 연구자가 무엇을 어떻게 했는지를 밝힘
- 연구자의 관점 : 실험이 어떻게 조직되었나를 서술
- 참여자의 관점 : 과업에 대해 서술하여 무엇을 했는지를 밝힘

※ 조직부터 서술함. 조건상황은 어떠했는지? 모두가 모든 조건(집단내 설계)에 참가했는지, 또는 참여자들을 집단으로 구성했는지(집단간 설계)? 무작위인지, 특징별로 집단 구성했는지? (사람들이 조건에 따라 부여되지 조건이 사람에게 부여되는 것은 아님)

출처: Szuchman, 2011, pp. 65-68.

❖ 연구 절차는 연구자의 관점과 참여자의 관점에서 무엇을 어떻게 했는지를 밝히는 것이 좋습니다.

### 2) Procedures (2)

슬라이드 4-⑤

※ 집단이나 조건에 따라 이름을 붙임 - 핵심적 특징을 기억할 수 있도록 함
- A집단 B집단이라기 보다 알콜정보집단(alcohol information)과 비(no)정보집단으로 하는 것이 더 좋음
- 집단을 서술한 후에는 축약하거나 약자를 따서(AI집단, NI집단 등) 이름 붙여주는 것이 좋음

※ 집단의 이름을 정했으면 논문 전반을 통해 일관되게 사용하라. (영어의 경우, 집단과 조건의 이름은 알파벳 한 개나 숫자로 된 것이 아니면, 대문자를 사용해서는 안된다. Group A; the alcohol information group)

❖ 연구 대상이 된 집단을 구분하여 이름붙이거나 조건에 따라 핵심적 특징이 드러날 수 있도록 이름을 붙입니다.

## 3) Procedures (3)

슬라이드 4-⑥

※ 연습하기 Exercise
- 조건이나 집단에 관한 정보를 담고 있는 문장 찾기

〈예시〉

⇨ 참여자의 반은 면대면 집단(face-to-face groups: FTF)에 무작위로 할당되었고, 나머지 반은 videotapes을 시청하였다(VT)

⇨ 각 참여자들은 세 가지의 녹화된 스포츠 게임 중의 하나를 보았다.

❖ 준비한 논문을 활용하여 위와 같이 조건이나 집단에 관해 이름을 붙인 정보를 담고 있는 부분을 찾아봅니다.

## 4) Procedures (4)

슬라이드 4-❼

- 집단이나 조건이라는 용어를 사용하는데 신중하라. 두 용어가 상호관련되고, 연구자의 마음에는 상응하는 것으로 받아들여지지만, 언어적으로 상응적인 것은 아니다. 집단은 과업을 수행하지만, 조건은 그럴 수 없다. 문장에서는 연구대상으로 참여자라는 단어를 사용하는 것이 가장 좋다. "조건에 따라, 참여자들은 A를 듣거나 B를 보도록 지시받았다".
- 연구가 어떻게 조직되었는 지를 설명하였다면, 참여자들이 수행한 과업에 대해 설명하라. 과업의 일반적 성격을 먼저 말하고 전체집단에 적용되는 세부사항을 말하라. 그 후 집단이 어떻게 다른 지를 설명한다.

- 집단이나 조건이라는 용어를 신중하게 사용하고 연구가 어떻게 조직되었는지에 대해 설명하고 참여자들이 한 일의 내용에 대해 서술하는 것이 좋다.

- 연구절차와 관련하여 점수를 매기는 방법이 분명하지 않으면 척도값 등에 대해 서술합니다.

- 연구를 할 때 조사원을 활용할 경우는 반드시 조사원교육을 시켜야 합니다. 응답자에게 답례를 하는 경우에는 그 내용도 '학용품을 줬다.'는 식으로 간단하게라도 써야 합니다. 또한 우편조사가 나오는데 우편조사는 회수율이 낮은 문제가 있으므로 효율성이 떨어지는 단점이 있습니다. 반송우표까지 넣어 보내도 응답을 받기가 쉽지 않습니다.

- 실험연구를 할 때 특히 프로그램을 연구하는 경우, 회기가 진전될 때마다 불참자 또는 탈락자가 생길 수 있습니다. 따라서 참석상황을 회기별로 제대로

파악하도록 유의해야 합니다. 연구결과는 전체 대상자가 전체 회기를 모두 참석한 것이 아닌 경우는 그 사실을 밝혀야 하기 때문입니다.

- 만일에 소집단을 구성했다면 a유형, b유형, c유형 이렇게 일관적으로 구분하기 보다는 여가형, 흡연형, 음주형 등으로 소집단별로 이름을 지어주고 그 다음부터 계속 '여가형은 어떻고~'라고 설명하는 것이 좋습니다. 계속해서 그 집단에 대해 설명해야할 경우가 있으면 그때마다 '여가 점수가 높게 나온 사람'이라고 하기 보다는 일단은 naming을 하고 그 다음부터는 그 이름을 계속 쓰는 것입니다.

- 실험을 할 경우가 있습니다. 의학, 간호학 등은 실험을 하거나, 시료를 사용하거나 하는 연구가 많은데 이 경우에는 정확하게 실험설계 내용을 잘 정리해 줄 필요가 있습니다. 예를 들어 노란색, 빨간색은 각기 무엇인지 등 어떻게 실험관계가 구성되고 상황이 진행되는지에 대해서 서술을 해주는 것이 좋습니다.

- 명목변수, 연속변스 등 변수의 성질에 따라 다르기도 하고, 점수로 치환을 해도 큰 문제없이 넘어갈 수 있는 변수가 있는가 하면 더미변수로 처리해서 계산해야하는 경우도 있습니다. 명목변수의 응답지의 숫자를 의미있게 만들어 주는 과정에서 더미변수로 바꾸는 것이 필요합니다. 예를 들어 초졸, 중졸, 고졸, 대졸 등의 학력의 경우 더미변수는 3개가 만들어질 수 있습니다. 인구사회학적 배경문항을 구성할 때는 가급적 연속변수를 많이 사용하는 것이 좋습니다. 청소년을 대상으로 하는 경우는 학년보다는 연령을 묻는 것이 한 방법일 것입니다.

❖ 그 다음 총합점수에 대한 내용입니다. 총합점수는 여러 문항에 대한 응답의 누진점수의 총계를 말합니다. 해당 척도의 평균값을 비교할 때 유용합니다. 총합점수를 활용했다면 변수 하나하나를 보지 않고 전체 점수를 가지고 종합적으로 볼 수 있습니다. 예를 들면, '건강성'에 대한 척도를 10문항으로 구성하여 조사한 결과가 있다면, 문항별로 각기 통계처리하여 점수를 낼 수가 있고, 전체 문항을 동시에 통계처리하여 총합점수를 제시할 수가 있는데, 어떤 방식으로 한 것인가에 따라 결과의 의미가 다를 수 있습니다. 따라서 총합점수를 사용한 결과인지를 분명히 밝히는 것이 중요합니다.

❖ 척도에 대해 서술하는 경우 5점 척도라면, '전혀 그렇지 않다' 1점, '그렇지 않다' 2점, '보통이다' 3점, '그렇다' 4점, '매우 그렇다' 5점 등으로 측간을 표시해줍니다. 전체를 다 써주는 것이 가장 좋습니다만, 경우에 따라서는 최고와 최저만 밝힐 수도 있습니다. 예를 들면, "5점 리커트 척도로 1점은 전혀 그렇지 않다. 5점은 매우 그렇다."로 제시합니다. 필요한 경우, 강조하는 말에 밑줄을 긋는 경우도 있습니다. '전적으로 그렇다'고 하면서 '전적'에 밑줄 긋거나 '항상 그렇다', '가끔 그렇다'에서 처럼 '항상' 또는 '가끔'에 밑줄을 긋는 것입니다.

❖ 그 다음 1점은 '절대 아니다.', 5점은 '항상 사실이다.' 등으로 무엇인가 명확하게 해줄 필요가 있습니다. 그렇지 않으면 "응답은 '전혀 사실이 아니다'를 1점으로 처리했다', '모두 사실이다'를 5점으로 처리했다"는 식으로 표시하든가 해서 척도에 대한 설명을 일관성 있게 제시하는 것이 필요합니다. 사실 일관성의 문제는 논문 전반을 통해 중요합니다. 앞 페이지는 이런 방식으로 썼다가 뒷 페이지는 다르게 쓰는 식으로 다양하게 해야 된다고 생각하면 잘못된 것입니다. 일관된 서술 패턴이 중요합니다.

# 4. 연구대상-참가자

## 1) Participants (1)

슬라이드 4-⑧

- 연구참여자의 수, 참여자 기준정보, 기타 관련 정보
- 연령과 성별의 제시는 기본(연령 범위, 평균연령)
    - 평균을 말할 때는 표준편차가 따라붙지만, 연령은 예외
- 측정단위(unit) - 연 years, 월 months 등 - 제시
- 한 집단 이상일 경우 각 집단의 연령을 따로 보고할 필요는 없음 (집단이 두드리지게)
- 참여자의 연령 범위와 평균연령, 측정수준 말하기
- 남 Men(Boys)과 여 Women(Girls) 사용 - 남자 males와 여자 females 사용 대신(단, 연령범위 소년+성인 경우, males 가능)

출처: Szuchman, 2011, pp. 53-60.

✤ 논문의 3장을 보면 연구참여자에 대한 내용이 있습니다. 통계연구에서는 보통 연구대상이라고 합니다. 그 다음에 연구절차, 즉 '어떻게 했다.'는 것을 밝혀야 합니다. 이 조사가 어떻게 제대로 이루어졌으며, 샘플은 어떻다는 것 등에 대해 밝혀주는 것입니다.

✤ 표집은 체계적으로는 층화표집을 해야 합니다. 그러나 학위논문을 쓰는 데

그렇게 하는 것은 실제로 어렵습니다. 보통은 편의적으로 합니다. 따라서 샘플링 하는 방법을 모두 서술해야 하고 샘플링이 잘못되었다면 아주 심각해 집니다.

## 2) Participants (2)

**슬라이드 4-❾**

※ 연습하기 Exercise
- 참여자의 수, 연령, 성별 등을 서술한 부분을 찾으시오.

〈예시〉

⇨ 35세에서 55세(평균연령 = 40.1세) 100명의 여성

⇨ 참여자는 A 대학교에 재학 중인 사회복지학과 32명이었다.(여성 23명 남성 9명 평균연령 = 23.7)

⇨ Sample은 부모가 이혼한 남아 17명과 여아 18명으로 구성되었다. 아동의 연령은 5세-7세까지 (M = 6.3), 부모의 연령은 23세- 45세까지(M=37.1)의 범위를 갖고 있다.

✤ 준비한 논문을 활용하여 위와 같이 참여자의 수, 연령, 성별 등을 서술한 부분을 찾아봅니다.

## 3) Participants (3)

**슬라이드 4-❿**

※ 참여자가 속한 대상 집단 또는 모집단에 대한 일반적 정보를 서술함
- 사회복지기관의 클라이언트 중에서…
- 수도권 대학교의 사회복지학과 재학 중인 학생들…

※ 선정방법 서술:
- 자원참여자들인데 무작위로 추출되었다로 해서는 안 된다.
(진짜 무작위 추출이 아니라면)
- 자원참여자들인 경우, 광고를 보고 참가했는지, 길에서 모집했는지 등을 서술함

✤ 연구대상을 서술할 때 참여자가 속한 집단 또는 모집단에 대한 일반적 정보를 제시합니다.

## 4) Participants (4)

슬라이드 4-⑪

※ 연습하기 Exercise
- 참여자의 일반적 정보를 말한 문장이나 문단은?

〈예시〉

⇨ 수도권 중서부 농촌 지역에 거주하는 35세 이상의 여성 100명이 연구참여에 동의하였다.

⇨ 참여자는 도시 고등학교 두 곳의 1학년 435명이었으며, 무기명 설문지를 응답하였으며, 10,000원 지급을 하였다.

⇨ 모든 아동은 중 또는 중상의 사회경제적 지위를 가졌다.

✤ 준비한 논문을 활용하여 위와 같이 참여자의 일반적 정보를 제시한 문장이나 문단을 찾아봅니다.

## 5) Participants (5)

**슬라이드 4-⑫**

⊠ 연구참여자에 대한 보상을 하는 경우가 있음
- 학부생의 경우, 추가 점수? 또는 수업의 일부?
- 참가비를 주는 경우는 무엇을 주었는지를 밝힘
- 그렇지 않은 경우는 자원 봉사한 것으로 명시함

⊠ 참여자의 인종, 민족, 성향 등 특이사항 서술
- 다문화연구의 경우, 인종 또는 민족을 명시
- 특별한 학년, 문제집단, 이혼한 부모를 가진 아동, 특정 성적 범주의 아동, 특정 사회경제적 지위, 특정 교육수준 이상 등

❖ 설문조사를 할 때 등 연구에 따라서는 참여자의 응답협조에 대해 적절한 사례를 할 수도 있습니다.

## 6) Participants (6)

**슬라이드 4-⑬**

⊠ 연습하기 Exercise
- 참여자의 특이한 내용을 서술한 부분이나, 참여대상의 특별한 기준, 또는 집단을 구분한 특징을 서술한 부분
- 연구자가 이러한 특징을 기술한 이유는 무엇인가?

〈예시〉

⇨ 학급에서 문제행동을 보인 28명의 참여자와 ADHD 진단을 받은 13명의 참여자가 포함

⇨ 표본은 학교폭력예방을 목적으로 하는 비영리단체 100개로 연수를 필한 전문인인력을 가진 기관(n=50), 연수를 필한 프로그램 운영 교수 (n=50)로 구성되었다.

✤ 준비한 논문을 활용하여 위와 같이 참여자의 특이한 내용을 서술한 부분이나 참여대상의 특별한 기준 등을 서술한 부분을 찾아봅니다.

## 5. 연구도구와 측정

### 1) Materials & Measures (1)

슬라이드 4-⑭

- Materials은 인쇄물을 말하는데, audiotapes, videos, vignettes, curriculum content, manuals, computer programs 등이 포함될 수 있다.
- 이런 Materials에 대해 말할 때도 규칙은 앞에서와 같다. 즉 독자들이 참여자의 관점에서 과업을 이해하도록 하고, 반복연구를 할 수 있게 충분한 정보를 제공하라.
- Materials은 구입하거나 대여할 수 있다.(적절한 인용제공) 또한 직접 만들 수도 있다.

출처: Szuchman & Thomlison,, 2000, pp. 61-68.

✤ 조사도구는 실험 같은 것을 할 경우에는 규격에 맞거나, 정상적으로 사용했다는 것을 모두 밝혀야 합니다.

## 2) Materials & Measures (2)

슬라이드 4-⑮

- 이미 발행된 테스트나 질문지를 사용할 때에는 이를 열거하는 것은 쉽다. 원작자와 연도를 제시하라.
- 이 테스트가 무엇을 측정하는지를 적시하라. 용어는 서론 부분에서 사용한 용어와 엮어야 한다. 서론에서 연구자가 종속변수를 측정한 방법을 조작화하였는지를 노트했다.(예: 가족사정 점검 도구는 가족 내의 문제를 측정하는데 사용된다.)
- 연구대상에 관한 신뢰도와 타당도 정보가 있다면, 그 내용도 포함하여라. 과업이나 샘플 항목에 대한 간략한 설명을 제공하는 것도 잊어서는 안 된다. 점수의 경우에는 그 의미도 말해야한다.(예: 15-45점에서 점수가 높으면 동정수준도 높다.)

- 연구도구로는 보통 설문지를 많이 사용하는데, 그것에 대한 설명을 할 필요가 있습니다. 설문지에 사용된 척도가 외국에서 개발한 것을 국내에서 보완하거나 수정한 것이라면, 해당 척도의 외국어로 된 원본을 구하는 것이 중요합니다.

## 3) Materials & Measures (3)

슬라이드 4-⑯

- 참여자가 행한 것을 서술할 때는 과거시제를 사용하고 해당 테스트가 수행되는 특징을 서술할 때는 현재시제를 사용하라.(예: 테스트는 특정 영역의 가족기능을 측정한다.)
- 직접 고안한 질문지는 보다 충분하게 설명해야 한다. 발간된 테스트에 제시된 정보를 제공하는 것에 더하여, 본문에 질문의 샘플을 제시하는 것이 좋으며, 전체 질문지는 부록에 제시한다.

❖ 여기에 참고를 위해 설문지 척도를 서술한 예를 제시합니다. 연구방법과 첫 번째 1번에 대해서 보면 참여자 섹션인데, 대상자에 관한 이야기를 합니다. 그리고 1200명 중에서 응답자료만 분석에 사용했다는 것입니다.

## 4) Materials & Measures (4)

슬라이드 4-⑰

연습하기 Exercise

- 부록에 materials이 제시된 논문을 찾아라. 본문에서 독자에게 부록에 있다고 언급한 문장을 찾아서 해당 논문의 본문에서 materials에 대해 어떤 정보를 말하고 있는지를 간략히 제시하라.

〈예시〉

⇨ 조직구조에 대한 다이어그램을 부록에 제시하였다.

⇨ 기존 materials에서 새로운 척도를 개발하였으며, 현재의 내용에 맞게 수정하였다. 부록에 제시되어있다.

❖ 측정도구를 많이 사용하는데, 여기에 예시로 제시한 것을 보면 종속변인 도구가 척도를 사용했다고 합니다. '앤드 스웨드 등이 2002년'에 개발한 측정척도라는 것이 있는데, 그것을 한국판으로 개정한 것을 연구에서 사용했다고 적고 있습니다.

## 5) Materials & Measures (5)

슬라이드 4-⑱

- 연구자들은 참여자들이 예를 들면, 1에서 5까지 중에 해당하는 번호를 선택하도록 하는 척도를 사용한다. 이를 Likert 척도 또는 Likert 형 척도라고 하는데, 여기서 높고 낮은 점수(여기서는 1과 5)를 anchor라고 부른다.

- 표기할 때는 숫자 hyphen이나, point라는 단어를 사용하고 (예 5-점 척도) anchors에 밑줄을 친다.(예: 절대 항상) 보통 anchors사이의 점수(예: 가끔)는 label되지 않는다. 그러나, 밝히게 되면 역시 밑줄을 쳐야한다.

- 그 다음에 설문지에 대해 더욱 자세히 설명하는 부분입니다. 척도의 점수간격에 대해서도 자세히 제시할 필요가 있다는 것을 알 수 있습니다.

- '청소년의 기질적 성향'을 확인하기 위한 척도는 부스와 클로민이라는 사람이 1984년도에 개발한 것을 사용했는데 이때 리커트 척도로 각 문항 4점 척도라고 밝히고 있습니다. 또한 왼쪽을 보면, 4점 리커트 척도라는 것을 밝히고 1점은 '전혀 그렇지 않다', 2점은 '그렇지 않다'는 등으로 해서 점수가 높아질수록 긍정적으로 나타나는 것을 알 수 있습니다.

- 앤드 스웨드 등은 영국에서 .88로 보고하였고, 한국판으로 사용한 연구에서도 .88로 나왔다고 적시하고 있습니다. 그리고 본인의 연구에서는 대인관계는 .85, 정서는 .81, 행동은 .76이라고 밝히고 있습니다.

## 6) Materials & Measures (6)

슬라이드 4-⑲

※ 연습하기 Exercise 9

- 척도를 설명한 부분을 찾으시오. 척도에서 점수 숫자를 지적한 문장과 문단을 찾으시오. 이름을 붙이거나 anchors를 적시한 부분도 찾으시오.

〈예시〉

⇨ Test A는 1 (절대 아니다) 에서 5 (항상 사실이다)까지 제시된 답지를 가진 5점 리커트 척도를 사용한다.

⇨ 응답은 전혀 사실이 아니다(1)에서 모두 사실이다(5)로 제시되어 있다.

✣ 여기에서도 척도에 대한 자세한 내용을 설명하고 있습니다. 예시를 보면 환경적 요인에 가족, 환경, 부모, 애착 등을 본 연구입니다. 이 연구는 척도만 3개를 모아 사용했습니다.

✣ 첫째, 아동기 외상척도는 번 스타인과 핑크라는 사람이 한 것을 수정, 보완해서 25개의 문항이 되었다고 합니다. 이것은 5점 척도입니다.

✣ 또한, 비행척도가 있는데 3점 척도입니다. 가족건강척도는 4점 척도입니다. 또래애착척도는 5점 척도로 되어 있습니다.

✣ 여기서 강조하는 것은 왜 척도의 점수를 말하는가 하는 것입니다. 설문지가 좋은 것은 척도의 측간이 모두 같은 것입니다. 4점이면 4점짜리를 구하는 것이 제일 좋습니다. 이와 같이 4점, 5점으로 척도 측간이 왔다 갔다 하는 것은 척도가 많이 필요하니까 어쩔 수 없는 측면이 있다고 하더라도 최대한

동일한 측간의 척도를 구하면 좋을 것입니다.

❖ 그런데 측간이 왜 중요한가를 보면, 결과 보고를 할 때 평균값을 보고하는데 5점척도의 평균 3.0과 4점척도의 3.0이 같이 보고되면 혼란이 있기도 하지만, 그 3.0의 수준이 같지 않습니다. 실제로 결과분석을 하다보면 5점 척도의 3.0점 수준과 4점 척도의 3.0점 수준이 다르기 때문에 일관되게 서술하는 것이 쉽지 않습니다.

## 7) Materials & Measures (7)

슬라이드 4-⑳

※ 일부 연구에서는 방법 부분에 중요한 변수를 정의하는 문단이 있다. 종속변수와 독립변수를 언급하고 어떻게 수행되는지를 밝힌다.

※ 연습하기 Exercise
- 변수 정의를 찾고, 변수가 종속인지 독립인지를 적시하시오.

〈예시〉
⇨ 본 연구의 목적상, 자기결정력이란 … 로 정의된다.
⇨ 유머감각은 Curly(1968)의 웃음척도로 측정되었다.

❖ 이 부분의 내용도 연구방법챕터에서 변수정의가 필요하다는 것을 강조하고 있습니다만, 일반적으로 양적연구에서 변수정의는 필수적으로 제시합니다.

❖ 위에서 제시한 내용 중에 수정하고 보완했다는 말에 함정이 있습니다. 어떻게 수정·보완했는지를 모르기 때문에 원본을 최대한 추적해야 하는 것입니다.

❖ 그래서 어떻게 왜곡되거나 번역이 되었는가를 모릅니다. 따라서, 가장 중요한 것은 원전을 찾는 것이고, 바뀌었을 경우는 그 경위를 최대한 확인하는 것입니다.

❖ 똑같은 스트레스를 측정하는데 어떤 스트레스 척도는 10문항이고, 다른 것은 30문항이라면, 연구내용과의 적합성과 실제적인 여러 상황을 고려하여 잘 판단할 필요가 있습니다. 그 한 가지 기준으로 전체 설문지의 문항 수를 고려할 필요가 있습니다.

❖ 설문지를 답변하는 사람은 80~100문항이 무난할 것입니다. 연구자의 입장에서 욕심을 부리면 곤란합니다. 연구주제를 설정할 때에도 이 점을 고려해야 합니다. 설문조사를 할 경우 연구자 마음대로 하는 것이 아니고 응답하는 상대를 생각할 필요가 있습니다.

❖ 그 다음 일반적으로 참여자라고 말하고 연구대상자라고 합니다. 연구대상자가 특별한 사람, 특별한 대상자일 경우에는 그 대상자의 특성도 정리해주어야 합니다. 그냥 어디서 몇 명... 이러면 안 됩니다. 예컨대 대안학교에 다니는 학생들인 경우 대안학교에 다니는 것과 관련한 특성이 있을 것입니다. 이렇게 부연설명이 필요한 경우에는 그렇게 해야 합니다.

❖ 또한, 단위의 문제가 있습니다. 특정단위가 몇 년이냐, 달이냐, 연령 등에 따라 자료분석이 달라질 수 있습니다. '당신의 연령은 몇 ____세 입니까?'라고 하는 경우 '~세'는 응답자마다 다른 기준으로 답을 할 수 있을 것입니다. 다음으로 요즘은 설문응답자의 부모의 직업, 소득수준 이런 것을 질문할 때 유의할 필요가 있습니다. 학교에서 환경조사 할 때도 이런 질문을 하지 않도록

하고 있습니다. 물론 설문조사를 할 때는 목적상 조사가 필요할 때가 있기도 합니다. 예를 들어 '당신은 학교에서 성적이 몇 등입니까?' 하고 묻는 것도 비슷한 측면에서 유의할 필요가 있습니다. 몇 명 중에 몇 등인 것에 따라 결과를 다르게 볼 수 있기 때문입니다. 보통은 '상/중/하'로 묻는데, 지극히 주관적인 답변이 될 수 있습니다.

✜ 성별을 물을 경우에도 '1.남자, 2.여자' 또는 '1. 남성, 2. 여성' 아니면 '1 남, 2. 여'라고 할 수 있습니다. 영어로는 각각 단어가 다르고 뉘앙스가 다르게 됩니다. 'male, female'과 'man, woman'이 다르게 전달될 수 있다는 것입니다. 아울러, 나이에 대해서는 평균연령은 반드시 '=' 를 써야합니다. 평균연령은 통계프로그램을 활용합니다. 참여자의 특성을 정리할 때 '나이는 ~세이며'라고 나옵니다. 최고점수, 최대값, 최소값, 평균값을 정확히 써주어야 합니다. 예를 들면 평균값은 n=6.3으로 제시되어야 하는 것입니다.

✜ 대상집단에 관한 문제입니다. 우리의 경우 보통 층화표집이 아니므로 어려운 결정을 하게 됩니다. 대학생을 대상으로 조사한다면 표본에 따라 결과가 다르게 나타나기 쉽습니다. '서울지역의 강북에 있는 남녀공학 대학 2개 학교를 중심으로~'라든가 제목에는 쓰지 않더라도 어떻게든 정리해주어야 합니다. 왜 그 학교를 했는가를 적절히 정리해 줄 필요가 있는 것입니다.

✜ 통계분석을 하는 연구에는 주의할 점이 많습니다만, '자세하게 보고하는 것이 원칙이다.'라는 말이 있습니다. 이렇게까지 하지 않아도 논문이 되지만, 최대한 제대로 연구하려는 노력은 아무리 강조해도 지나치지 않을 것입니다.

학술아카데미 총서 ❹ : 논문작성법 IV 논문작성 연구방법론: 실전노하우

PART

# 02

# 양적연구 논문완성 노하우

# 제5강 결과분석의 작성

결과분석은 자기 데이터를 통계처리한 결과로 나온 내용만을 바탕으로 서술해야합니다. 결과 내용을 중심으로 주로 표와 그림 그리고 숫자와 부호를 활용하면서 챕터를 구성해야 합니다. 결과분석 챕터에서 다른 연구를 언급하거나 본인의 연구결과와 관련한 유사한 연구 또는 그러한 결과에 대한 해석적 의견 등을 제시하지 않도록 유의해야 할 것입니다. 결과분석은 논의 챕터와 구분해야 하는 것을 기억하기 바랍니다.

## 1. 결과분석 작성

슬라이드 5-❶

- 통계분석 결과를 포함한 findings(결과)의 요약
- 예측할 수 있는 형태(predictable form)로 작성해야함
- 가설이 제시된 순서로 가설에 대한 통계결과를 보고
- 연구자가 가장 좋아하는 finding으로 시작하거나 연구자가 좋아하는 가설로 마치지 마라

- 가장 재미있는 순서가 아닌, 가장 논리적 순서로 분석결과를 제시하라

- 어떤 가설이 지지되었고 어떤 가설은 지지되지 않았다고 논하지마라

- 동일한 형태의 통계를 갖는 모든 결과(results)에 동일한 문장 포맷을 사용하는 것은 전혀 문제가 아니다.

출처: Szuchman, 2011, pp. 67-73.

- 논문의 제4장은 연구결과를 보고하는 챕터입니다. 주로 통계처리한 결과를 제시하는데, 제1절에서는 연구대상자의 특성, 즉 설문조사했던 사람들의 성별, 연령 등을 포함한 인구사회학적 배경 등에 대해 표로 제시하고 설명합니다. 제2절부터는 연구가설 또는 연구질문에 따라 주요 내용을 구성합니다.

- 결과분석을 할 때는 표가 한 페이지를 넘어갈 때가 있는데, 가급적 표는 끊어지지 않게 편집을 하는 것이 좋고, 부득이 페이지가 넘어갈 경우에는 표를 두 개로 나누어 결과를 보고할 필요가 있습니다. 특히, 연구대상자의 특성을 분석한 표를 제시하는 경우 표가 커지고 설명이 길어지기 쉽습니다.

- 통계결과를 보고할 때 주의할 점은 많은 표를 활용하게 되는데 그 표들이 모두 APA양식을 준수하도록 하는 것입니다. 예를 들면, 표의 맨 위의 가로줄과 맨 아래의 가로줄은 굵게 하고 통계부호를 제대로 포함하고, 세로줄의 경우는 좌우로 닫지 않도록 하는 것 등입니다. 표의 제목과 통계값의 제시 등에 따른 글씨형태와 크기 및 위치와 같은 여러가지 규칙을 지키도록 유의합니다.

❖ 그 다음 각종 통계보고입니다. 알파는 알파, 카이스퀘어는 카이스퀘어, P값은 P값 등을 분석된 수준 그대로 서술해 주어야 합니다. 등호와 부등호는 다릅니다. 또한 P=.001과 P〈.05 가 다릅니다. 이와 같이, 결과 분석할 때는 어떤 경우이든 간에 임의로 하지 않고 APA양식대로 해야 한다는 사실을 명심하기 바랍니다.

❖ 또한 결과분석은 철저하게 데이터를 분석했을 때 나오는 결과 값만을 보고하고 그에 대한 서술적 설명만을 제시해야 합니다. 특히, 남의 연구가 어떻다든가', '○○의 연구에 의하면'과 같은 논의적인 말이 나오지 않도록 유의해야 합니다.

## 2. 통계보고

### 1) 통계분석 결과의 보고 (1)

슬라이드 5-❷

※ 분석방법별 보고해야하는 것:

- t-tests, F tests, chi-square tests, df, p값 등 수치값
- F tests: 또한 mean square of the error term (MSE).
- 효과의 방향 적시: A집단이 B집단 보다 유의미하게 점수가 높았다(O) — 두 집단의 점수는 유의미하게 달랐다(X). 이 말 다음에 t-test 결과 정보
- 평균이 다르다는 보고를 할 경우에는 반드시 실제 평균과 표준편차를 제시하되 표의 형태로 제시한다.

※ 효과가 유의미하다면 효과의 방향을 보고하라.

❖ 다음은 분석값에 대한 보고방법입니다. 테스트 값은 테스트 값대로 필요한 수치와 용어를 정상적으로 써주어야 합니다. t테스트는 t테스트대로 말입니다. 보통 t테스트의 't'자는 소문자를 씁니다. 임의로 대문자 'T'로 하면 안 됩니다.

❖ F값은 F값 대로, 카이스퀘어는 카이스퀘어대로 제시해야 하는데 특히 카이스퀘어는 영문자의 'x'에 제곱을 하는 것이 아니라 카이스퀘어의 고유 부호가 있습니다. 이 부호를 찾아 써야 합니다. 즉 통계부호는 고유한 기호로 써주라는 뜻입니다.

### 2) 통계분석 결과의 보고 (2)

**슬라이드 5-❸**

- 연구자가 학술논문에 보고하는 것 보다 조금 더 많은 정보를 학위논문에 보고한다.
  - t-test 결과 후에는 양측 검정 여부를 적시한다.
  - 또한, 모든 results에 대한 통계값을 포함해야한다.(유의미하지 않은 것 까지도)
  - significant, insignificant(not a technical term)

- 유의미를 말할 경우 알파값을 말하는 것으로 시작함. 아니면, 각 result에 대해 알파값을 보고함.

- 대부분은 이렇게 하지 않고 .05를 전제하거나 특정 효과나 차이가 유의미한지에 대해 말하고 통계값이나 p값을 제시(표에는 부등호, 통계PG은 등호를 사용)

❖ 유의미한 수준이란 것을 영어로는 'significant' 또는 유의미하지않은 수준은 'nonsignificant'로 쓰는데, 우리말로도 '유의미하다' 또는 '유의미하지 않다'는 것으로 일관성있게 써야합니다. P값은 유의미성을 말하는 기준인데, 정확하

게 값이 나온 경우라도 그 수준을 말할 때는 .001보다 작다 혹은 크다는 식으로 보고합니다.

## 3) 통계분석 결과의 보고 (3)

**슬라이드 5-❹**

※ 최근에는 정확한 p값을 소수점 2, 3자리까지 보고한다.

- .001은 p 〈 .001로 보고함
- 표에서는 〈.05, 〈.01, 〈.001 값을 사용함
- 값이 표에서 오면 부등호를 사용하고, 통계프로그램 결과에서 오면, 등호(=)를 사용 (예: p = .023)
- 예외가 있는데, 통계결과가 .000으로 나오면, p〈.001로 쓴다. p값은 0이 될 수 없기 때문이다. 실제값은 .000071 일 수 있는데, 이는 p〈.001이다.

※ 연습하기 Exercise

- t-test 결과를 담고 있는 문장을 찾으시오. 모든 통계 symbol은 이태릭체로 쓴다.

〈예시〉

⇨ 매니저들은 스스로를 다른 피고용자들이 했던 것 보다 더 용감하다고 평가하는 경향이 있다, t(50) = 12.37, p〈.01

⇨ 자기존중감의 전체평균은 연령집단의 기능에 따라 다르지 않았다, t(49) = .03, ns (나이 든 집단은 M = 6.12, SD = 1.37, 젊은 집단은 M = 6.50, SD = 2.01)

✣ 통계프로그램을 통해 값이 나오면 부등호나 등호를 써주는 것에 유의하면서 보고해야 합니다. 표를 만들고 수치를 적다보면 P값의 수준을 말해주는데, 숫자 그대로를 보아 유의미한 것을 알 수 있게 하기 위해서는 부등호를 사용하여 서술하라는 뜻입니다.

- .000이 나온 경우에는 '=' 을 쓰지 않고 〈 또는 〉를 사용하여 P값의 수준을 밝히는 방식으로 제시해야 할 것입니다. 실제로 .000이란 값이 통계처리하면 많이 나오는데 다른 수치는 예를 들면 점수를 P=.007 이라는 식으로 제시할 수도 있지만 .000으로 나온 것은 부등호만 쓸 수 있으니 유의해야 합니다.

- 또한 SPSS프로그램에서 소수점 이하 넷째자리 부터는 보고를 하지 않습니다. 세 자리까지만 나오게 해놓았기 때문인데, 그러나 따지고 보면 계속 0으로 나가다가 뒤에 더 가다보면 .000002와 같이 어느 지점에서 0이 아닌 숫자가 나올 수가 있습니다. 그래도 소수점 넷째 자리까지만 제시되도록 프로그램이 되었으니 .000으로 나옵니다. 따라서 함부로 '='을 쓸 수 없다는 말입니다.

- 그 다음에 t값 같은 것을 보고 할 때도 반드시 t(50)과 같이 사례수를 써주는 이유가 있습니다. 따라서 항상 양식대로 써 주도록 연습해야합니다. SD, 즉 표준편차에 대한 것도 마찬가지입니다.

## 3. 표와 그림의 제시

### 1) 표의 제시

**슬라이드 5-⑤**

- 표를 사용한다면, 언급을 해야하며, 무엇을 알았는지를 적시해야한다.

- 연습하기 Exercise
  - 표를 언급하는 문장을 찾으시오.

〈예시〉
⇨ 표 3은 … 상관관계를 나타내고 있다.
⇨ 표 4는 회귀분석결과를 요약한다.
⇨ 평균값은 표4에 나타나고 있다.

✥ 본문에서 표를 제시하고 설명을 할 때 해당되는 표를 언급하고 그 표의 의미, 즉 표에서 보는 바와 같이 어떤 내용을 알게 되었다는 사실을 종합적으로 제시합니다.

✥ 통계분석을 하고 결과를 제시할 경우에는 표를 활용하게 되고 설명을 하면서 '분석결과는 〈표 5-1〉과 같다.'는 식으로 제시합니다. 그런데 중요한 것은 논문이 진행되는 과정에 표의 위치가 바뀌거나 삭제되는 등 많은 변화가 있게 되므로 최종 논문에서 그러한 변화 상태를 잘 확인하여 문제가 없도록 해야 합니다. 표 번호를 붙이는 것에도 유의해야합니다.

✥ 또한 결과분석 챕터에서 표의 위치는 그 표에 대한 설명이 있는 부분에 두는 것이 바람직합니다. 그런데 많은 경우 표와 설명의 위치가 편집상의 이유 등으로 해당 부분을 넘어가는 경우가 있습니다. 표와 표설명 부분이 서로 가까이 위치해야 합니다. 표가 아무리 멀어도 가급적 표설명이 있는 내용의 전후 페이지까지에 으도록 하여 너무 떨어지는 일이 없도록 합니다.

## 2) 그림의 제시

슬라이드 5-⑥

- 그래프는 연구결과의 패턴을 나타내기 위해 사용될 수 있다. 표 이외의 모든 예시된 것은 '그림'으로 불린다. 그래프는 정확한 수치를 나타내기 보다는 통계수치로 서로가 어떻게 관련되어 있는지를 나타낸다.

- 연습하기 Exercises
  - 그림을 언급하는 문장을 결과 챕터에서 찾으시오.

〈예시〉
⇨ 그림 3을 보면 ⋯..
⇨ 그림 2에서 보는 바와 같이 ⋯
⇨ 그림 4는 ⋯ 를 나타내고 있다.

- 통계분석을 중심으로 보고하는 제4장에서는 많은 표를 사용합니다. 이와 함께 연구결과의 패턴(pattern)을 나타내기 위해서 그래프나 그림을 사용할 수 있습니다. 표로 된 것 이외의 형태는 모두 그림으로 보고 일련번호를 붙일 때 표와 구별해야 합니다. 또한 표는 해당 표의 위에 제목을 붙이지만, 그림은 해당 그림의 아래에 그림 제목을 제시합니다.

- 준비한 논문의 제4장에 그림이 있는지를 확인합니다. 예를 들면 경로분석 같은 것을 할 때 각 경로별로 p값을 표시한 그림 같은 것이 나옵니다. 연구모형에 따른 분석결과를 그림으로 제시한 것입니다.

# 4. 결과분석의 주요규칙

## 1) 유용한 규칙들 (1)

슬라이드 5-⑦

- 글자로 된 심볼은 이태릭체를 사용 (N, p)
- 그리스 글자는 이태릭체나 밑줄을 긋지 않음
- 약자는 반드시 괄호 속에서만 사용하며 (M, SD) 문장에서는 평균은… 표준편차는… 등으로 풀어서 사용함
- %는 반드시 숫자 뒤에 사용 (3%)
- 심볼 사이나 방정식 속에서는 각각 한칸을 띄우고, 하나의 단어로 취급한다. (p = .05)
- Nonmetric이 익숙하지 않다면, metric을 사용하라. (3 @ 5 cards).

❖ 여기에서는 말 그대로 결과분석 챕터를 작성할 때 유의해야 하는 APA양식에 대한 설명입니다. 암기도 필요하지만, 연습을 통해 익히는 것이 중요합니다. 대표적인 예로 사례 수를 말하는 N 또는 의미수준을 말하는 p값 등은 숫자가 아니라 이태릭체의 글자로 된 심볼을 사용합니다.

## 2) 유용한 규칙들 (2)

슬라이드 5-❽

- 10이상은 숫자를 사용하고 9와 9 이하는 문자로 아홉, 여섯 등으로 사용한다.

- 예외
  - 숫자로 문장의 처음을 시작하지 마라(문장의 처음이 숫자인 경우는 문자로 바꾸어 쓰라)
  - 측정단위 앞에 바로 시작하는 숫자는 10이하 가능 (예: 5 ml)
  - 시간, 일자, 연령, 점수, 척도점수, 금액총계, 그래프의 숫자 등은 10이하의 경우 숫자 사용 (5-point scale, 5점 척도; 5-year-old child, 5세 아동)

✣ APA가 기본적으로 영문을 전제한 것이므로 이 부분도 영어로 된 논문에서 적합한 내용이 많습니다. 참고할 필요가 있습니다. 우리나라 논문에서는 필요한 것만 활용할 수 있을 것입니다. 10이상은 숫자를 사용하고 9와 9 이하는 문자로 '아홉', '여섯' 등으로 표기한다는 것을 영어논문에서 확인할 수 있습니다. 또한 10이하를 사용한 척도점수 등은 우리나라에도 그대로 적용하고 있는 것을 볼 수 있습니다.

## 3) 유용한 규칙들 (3)

슬라이드 5-❾

- 숫자 값이 1보다 작을 때에는 소수점 앞에 0을 사용 (유의수준, 상관계수 등)

- 문장에서 수학적 심볼을 동사처럼 사용하지 마라. (예: 소년=17이라는 수, 반드시 = 을 문장 중에 사용해야한다면, "동일하다"라는 말로 표현하라.)

⊠ 수학 용어가 괄호 속에 사용되어야 한다면, 수학용어 대신에 수학 심볼을 사용하라.

⊠ 측정과 관련된 약어가 필요하면, 매뉴얼을 참조하라. (대체로 약어들은 대문자로 되지 않고 약어 뒤에 마침표를 찍지도 않는다. 숫자와 약어 사이는 띄운다.)

✤ 여기에서는 결과분석 챕터의 서술과 수학적 심볼이나 숫자에 관련한 APA규칙을 소개하고 있습니다. 한 가지만 보면, 문장에서 수학적 심볼을 동사처럼 사용하지 말라는 부분이 있는데 '소년=17'이라고 제시하는 경우보다는 '소년은 17명이었다' 로 서술하는 것이 적절하다는 의미입니다.

# 제6강 논의 챕터의 작성

학술논문에 논의챕터가 없는 경우가 의외로 많습니다. 심지어 학위논문에도 없는 것이 많습니다. 어떤 경우에는 결과분석에서 갑자기 '~한 부분은 ~ 때문인 것 같다.'라는 등의 논의적 서술이 들어가는 경우가 있고 또 다른 경우에는 결론 부분에 부분적으로 논의적인 내용을 포함하여 작성하기도 합니다. 그 어떤 경우에도 논의 챕터가 별도로 있는 것이 가장 좋습니다. 여기에서는 논의챕터에 대한 이해와 논의카드 만들기, 논의작성 실습 등을 합니다.

제9강에서는 작업을 하나 하고 결론공식을 하나 공부하는 방식으로 진행합니다. 그리고 마무리하는 약간의 힌트를 드리는 것으로 끝을 맺도록 하겠습니다.

## 1. 논의 챕터의 작성

### 1) 논의챕터에 포함될 내용 (1)

슬라이드 6-❶

- 논의 챕터는 두 가지 유형의 내용을 포함함

- 첫째, 필수적 내용(inevitable material)
  - 결과(results)부분을 연구질문과 가설의 측면에서 평가한다.

- 각 통계분석은 연구질문에 답을 찾기 위해서나 검증하기 위해서 수행된다.
- 분석결과는 결과분석 챕터에서 제시되며, 논의부분에서는 어떤 분석이 어떤 답을 이끌어내는지를 적시하거나, 어떤 분석결과가 어떤 가설을 지지하거나 지지하지 않는지를 반드시 적시해야 함.
- 가설이 지지되면, 그 다음에는 반드시 이들 가설을 만든 이론들에 대해 언급함.
- 가설이 지지되지 않으면, 그 사실을 인정하고 다시 방법으로 되돌아가서 어떻게 되었는지를 고찰한다.
- 이러한 필수부분은 반드시 서론과 결과분석의 내용을 실제로 이해하는 연구자가 직접 작성해야하는 점을 분명히 할 필요가 있다.

출처: Szuchman, 2011, pp. 85-97.

❖ 논의부분은 2가지 성격의 내용을 포함합니다. 첫째는 필수적으로 반드시 있어야 하는 내용이고, 둘째는 연구자의 논문이 기여하는 창의적인 부분과 관련한 내용입니다.

❖ 논의 챕터에서 '제5장 제1절'이 있다면, 어떤 내용으로 구성을 하는지 생각해 봅니다. 무엇을 논의하는지, 연구내용과 관련하여 논의하는지, 연구결과에 따라 논의하는지 등이 혼란을 줍니다. 여기에서 우리는 연구질문과 제2장의 이론적 배경 또는 선행문헌고찰과 관련한 내용에 주목할 필요가 있습니다. 목차 제2장과 제4장이 비슷한 구조로 연결되는데, 논리 구성상 제4장의 결과분석이 대체로 연구주제의 하위개념 또는 연구질문의 순서로 제시됩니다. 제5장의 논의 또한 이러한 흐름을 같이 하도록 구성하는 것이 좋습니다. 연구질문에서 제시된 변수의 수준이나 변수와의 관계에서 생기는 영향 등에 대한 내용이 있다면 그에 따른 유의미성 여부에 대해서는 기본적으로 논의를 하는 것이 필요합니다.

✣ 논의는 많은 분량을 쓰기가 쉽지 않습니다. 따라서 내용이 없고 페이지가 짧으면 절을 구분하는 번호를 주지 않습니다. 또한, 전체적인 것에서 구체적인 것으로 제시하는 흐름이 좋습니다. 예를 들어, 변수의 수준에 대한 것으로 "자아존중감과 스트레스의 수준"에 대해서라면 '자아존중감의 수준을 보니 유의미하게 나타났다.' 그런데 '자아존중감의 하위요소에 대해서는 각기 어떠하다'는 식으로 제시하는 것입니다. 즉 전체적인 것을 먼저 설명하고, 그 다음에 하위요소별로 구체적인 통계값을 제시하면서 논의합니다.

## 2) 논의 챕터에 포함될 내용 (2)

슬라이드 6-❷

둘째, 창의적 내용(creative material) (1)

- 여기에서의 창의성은 시인의 창의성을 말하는 것이 아니라 연구자의 창의적 특성을 말한다.
- 연구결과(findings)로 부터 한발짝 물러나서, 그 결과에 관하여 또 달리 관심을 갖게하는 부분은 무엇인지에 대해 생각해 볼 필요가 있다.
- 만일 가설이 지지된다면, 자신의 가설이 단지 완전했다는 기쁜 생각을 갖게 되는 것 이상으로 창의적 사고자들이 설명할 수 있는 다른 것은 없는가?
- 가설이 지지되지 않는다면, 가능한 설명은 무엇이 있는가?

✣ 다음으로 창의적 부분에 대한 설명이 있는데, 전체 연구결과를 보고, 보다 종합적인 차원에서 그 결과가 갖는 의미에 대해 생각하고 정리하는 논의부분으로 볼 수 있습니다. 연구결과로부터 한발짝 물러나서 그 결과가 갖는 의미와 그 결과로 말미암아 달리 관심을 갖게 되는 것은 없는지 등에 대해 생각하고 그것을 서술하는 것입니다. 물론, 서술할 때에는 제2장의 이론적 배경이나 선행연구고찰에서 나타난 여러 가지 내용을 활용하는 것이 필요합니다.

### 3) 논의 챕터의 작성 내용

슬라이드 6-❸

※ 논의 챕터 작성 내용
- 주어진 결과(result)의 측면에서 가설을 약간 조정하는 것이 합리적인가? 아니면 방법상의 confounds가 있는가?
- 단순한 기술적 문제를 말하는 것이 아니라, 실제적인 방법론상의 이슈를 말한다.
- 만일 그 results가 전적으로 예상치 못한 것이라면 (예를 들면, 유의미한데 반대방향으로 그렇다거나), 서론에서는 언급하지 않았던 선행연구를 활용하여 새로운 상황에서 이러한 기대하지 않은 findings를 작성한다.

❖ 여기에 제시된 바와 같이 연구결과가 전혀 예상하지 못한 것이라면 그러한 내용에 대해서는 반드시 논의에서 제시할 필요가 있습니다. 내용상의 측면뿐만 아니라, 방법론적인 측면에 대해 논의하는 것도 중요합니다.

## 2. 논의 챕터의 시제

### 1) 논의 서술의 시제 (1)

슬라이드 6-❹

※ 논의 챕터의 시제 (1)
- 논의에서 필수 내용부분에서 언급하는 문헌의 대부분은 서론에서 언급되었어야 한다. 그러나 창의적 내용부분에는 예외가 있을 수 있다.

- 논의시에는 과거시제와 현재시제 간의 개념적 차이에 유의한다. 연구가 종료되었고, 결과가 분석되었다. 연구자와 참여자가 한 것을 언급하거나 발견한 내용을 말하는 것은 항상 과거의 것이다.
- 보통의 인간행동에 관한 진술은 현재로 작성된다.

✣ 논의에서 다루는 내용과 관련하여 선행연구를 활용하는 경우 논의에 필수적인 내용의 해당 문헌은 대부분 제1장의 서론이나 제2장 이론적 배경 등에서 인용된 것으로 하는 것이 좋으며, 창의적 내용과 관련한 부분은 새로운 문헌을 활용할 수도 있다는 것입니다.

✣ 아울러 논의를 서술할 때의 시제에 대한 부분인데, 연구한 결과를 언급하거나 선행연구의 결과를 제시할 때에는 과거시제로 하는 것에 유의할 필요가 있습니다.

## 2) 논의 서술의 시제 (2)

슬라이드 6-⑤

논의 챕터의 시제 (2)
- 연구의 함의 부분은 현재시제로 작성되어야 한다.
- 따라서, 논의는 기본적으로 현재시제로 한다.
  분석결과가 가설을 지지하고
  연구의 제한점이 무엇인지
  선행연구에 기여할 결과가 무엇이며
  분석결과에서 제언을 하고
  결과는 다른 연구자의 결과를 지지한다.

❖ 논의를 서술할 때 선행연구결과를 인용하는 경우 등은 과거시제를 사용하지만, 논의의 기본적 서술 또는 일반적 내용을 제시하는 것 등은 현재시제를 사용합니다.

## 3. 연구결과(Results)의 논의

### 1) 연구결과의 논의 (1)

슬라이드 6-❻

- 논의는 주 가설에 대한 결과를 평가하는 것으로 시작한다.
- 보통, 전체 가설이 지지되었는지, 그렇지 않은지에 관하여 한 문장으로 다시 서술한다.
- 이 시점에서 연구가 이론이 아니라, 하나의 가설을 검증하기 위해서 설계되었다는 점을 다시 생각하는 것이 적절하다.
- 가설은 하나의 이론에 바탕하여 제시되었으며, 많은 그러한 가설에 대한 지지는 그 이론을 지지한다.
- 그러나 논의에서는 그 가설에 대해 다루어야만 한다.
- 주 가설을 언급하면서 논의를 시작하고 어떤 통계결과가 그것을 지지하거나 지지하지 않는지를 적시하라.

❖ 논의 챕터를 작성하는 구체적인 내용입니다. 주요 가설에 대한 결과를 전체적으로 평가하는 것으로 논의를 시작하고 선행연구를 통해 볼 때 주요 가설

을 지지하는 결과와 지지하지 않는 결과를 구분하여 통계결과와 함께 제시합니다.

## 2) 연구결과의 논의(2)

슬라이드 6-⑦

- 기억할 것은 일부 연구는 효과의 방향을 함의하는 가설을 검증하지 않는 것으로 설계되면서 질문에 답하기 위해 설계되며, 특징을 서술하고, 관계성을 평가하는 것 등으로 설계된다.
- 이런 경우라면, 가설이란 단어는 논의의 첫 문장에서 언급되지 않는다.
- 그러나, 통계분석과 관련하여 연구 목적에 대해 언급하는 부분은 있다.
- 기억할 것은 연구가 가설을 증명, 확인하지 않는다.
- 통계적인 경우에는 지지한다(support) 또는 지지하지 않는다(fail to support)는 용어를 사용한다.

✤ 논의 챕터에서 가설에 대한 부분을 통계를 활용하여 서술할 때는 선행연구의 결과와 관련하여 '지지한다' 또는 '지지하지 않는다'는 용어를 사용합니다.

### 3) 연구결과의 논의연습 (1)

**슬라이드 6-❽**

연습하기 Exercise

- 몇가지 논의 부분을 선정하고 첫째나 둘째 문장을 본다. 주 가설이 지지 또는 지지되지 않는지를 말하는 시작 문단의 예를 찾으시오.
- 일부 가설이 검증되고 몇가지 통계가 보고되었다면, 저자가 어떤 구체적인 결과나 분석이 특정 가설과 연결되었다는 것을 명시하고 있음을 알 것이다.
- 그러나, 논의 부분은 결과를 다시 쓰는 곳이 아니며, 결과에 대해 설명하거나 해석하는 곳이다.

〈예시〉

⇨ 기대한 바와 같이, social assistance를 신청하기 전에 정보키트(kit)를 받은 참가자들은 응급처치키트(kit)만 제공받은 사람들 보다 더 성공적으로 신청과 인터뷰 과정을 끝마쳤다.

⇨ 여기에서 보고된 연구는 temper tantrums가 빈도와 기간을 증대시킨다는 일반적인 주장에 대해 강한 지지를 제공한다.

❖ 논의의 서술에서 유의할 점은 논의에서는 결과를 다시 쓰거나 결과에 대해 설명하거나 해석하는 것이 아니라는 점입니다. 가설이 지지되거나 지지되지 않은 이유에 대해 쓰는 것이 논의의 주요 내용이 되어야 합니다.

### 4) 연구결과의 논의연습 (2)

**슬라이드 6-❾**

연습하기 Exercise

- 이번 연구와 이전 연구자들의 연구 또는 동일 연구자의 다른 연구들 간의 유사점에 대해 진술한 부분을 찾아보세요.

〈예시〉

⇨ 우리의 결과는 자존감과 우울은 부적으로 상관관계에 있다는 Hudson's(1997)의 Findings를 지지한다.

✣ 논의를 위해 선행연구를 활용할 때에 연구주제의 측면에서 다른 선행연구들과 유사한 측면이 있는지를 고찰하고 그 내용을 서술합니다.

## 5) 연구결과의 논의연습 (3)

슬라이드 6-⑩

※ 이번 연구와 이전 연구자들의 연구 간의 차이점에 대해 진술한 부분을 찾아보세요.

〈예시〉

⇨ 우리 연구에서 사용된 데이터를 볼 때, 폭력 재발의 문제는 Harris(1993)가 제안한 바와 같이 분노관리과정을 수료한다고 해결되는 것은 아니라는 점을 분명히 말해준다.

※ Results 챕터에서 보고된 각각의 분석의 결과들에 대해 꼭 논의해야 하는 것을 잊지 마시오.

✣ 선행연구의 결과 중에서 논의하고자 하는 연구결과와 차이가 있는 경우 그 내용을 서술하는 것은 중요합니다.

# 제7강 결론의 작성

## 1. 결론의 역할

**슬라이드 7-①**

- 결론에는 주장한 것을 요약한 것과 말하고자 한 이야기, 그리고 각 챕터를 통해 이야기를 어떻게 narrate했는지가 포함된다.
- 결론에는 또한 향후 연구에 대한 제언을 포함하며 실천적 함의를 포함한다. 본인의 연구와 이러한 함의 간의 연결이 있어야 한다.
- 결론은 동시에 연구자가 자신의 연구에 대해 보다 expansive mode로 쓸 수 있는 공간이기도 하다.
- 학위논문일 경우는 연구자의 연구수행 능력을 나타내보이는 장소이기 때문에 모든 챕터에서 더 많은 내용을 담고 싶은 압력을 받기 쉽다.

❖ 논문의 결론 부분을 보면 보통은 연구결과의 요약으로부터 시작하여, 연구의 함의, 연구의 제한점 등을 제시하는 것으로 정리합니다. 학위논문의 경우는 보통 요약을 포함하여 7-8페이지 정도의 분량이며 서론과 마찬가지로 대

부분 자세히 읽는 부분이기 때문에 특히 서술의 논리성과 수준, 구성요건 등에 유의해야 합니다.

❖ 논문의 결론과 관련하여 강조할 점은 결론 전체 챕터의 마무리는 연구의 의의에 대한 내용으로 맺는 것이 좋다는 것입니다. 이것은 논문의 제1장 서론에서 연구의 기여성 또는 의의에 대해 언급하는 경우가 있는데, 이와 별도로 결론의 마지막 문단은 연구가 갖는 제한점에도 불구하고 이런 연구를 함으로써 어떠한 의의를 갖는다는 내용을 명료하게 제시하는 것으로 끝을 맺는 것입니다. 연구의 제한점을 쓰고 '그럼에도 불구하고 본 연구는 ~을 의미있게 하는 연구로 앞으로 ~하는 것에 기여할 것이 기대된다.' 또는 '~에 의의가 있다.'는 식으로 정리하는 것입니다.

## 2. 연구의 함의

### 1) 함의의 작성(1)

슬라이드 7-❷

※ 함의는 논리적 결과이며 성과에 대한 보다 큰 유의미성을 말하는 것이다. 만일 가설이 지지되었다면, 함의는 불가피하며 잘 정리된 서론과 직접적으로 연결된다.

※ 하나의 가설의 논리적 결과가 이론을 지지한다.

※ 서론은 이것은 왜 가치로운 정보인 것인가에 대해 알려줄 것이다. 이러한 이유들의 일부를 재서술하라.

- 만일 가설이 지지되지 않으면, 창의적으로 생각하고, 실제적이며 이론적인 함의에 대해 고찰해야한다.
- 여기에서는 지식형성을 위한 이론과 실천을 위한 이론에의 적실성에 초점을 두어야 한다.

- 결론을 서술한 다음에는 이 결론에 따라서 사회복지적으로 어떤 함의(implication)가 있는지 또는 각자의 학문분야와 관련한 여러 가지 상황과 이슈들에 관해 어떠한 시사점을 갖는지 등에 대해 서술하는 부분이 필요합니다.

- 함의는 제언과 구별해야 합니다. 함의는 사회복지적인 실천과 관계되는 시사점, 또는 '이렇게 하는 것이 좋으니 관련 법에 대한 검토가 필요하다'는 것과 함의적 내용이 들어가는 것인데, 제언은 여기에서 더 나아가 '어떠어떠한 법을 어떻게 제정하거나 개정해야 하는지'에 대한 내용까지를 포함하여 구체성 있게 제시하는 것입니다. 따라서 함의에 제언적인 언급이 있다하더라도 맥락적으로 그러한 언급이 필요한 정도에 한정되는 것이 좋습니다. 제언적인 내용은 제언부분에서 별도로 제시할 수 있기 때문입니다.

## 2) 함의의 작성(2)

**슬라이드 7-❸**

- 사회복지사로서, 연구결과에 대해 개입과 함의를 찾아 제시하는 것은 매우 중요하다.
- 사회복지연구는 대부분이 실천-지향적이다.

- 사회복지사들은 희망하는 결과를 성취하고 바라지 않는 결과는 피하기 위해 서비스 계획과 전달을 개선하는 방법을 알고자 한다.

- 예를 들면, 사회복지사들은 당신의 결과(results)가 그들이 사용할 수 있는 보다 엄격한 평가 프로토콜을 말하는지 아닌지, 어떻게 그들이 나타나는 문제를 재해석하는지, 또는 어떤 특별한 서비스들이 특정 대상을 위해 개발될 필요가 있는지 등을 알고 싶어 한다.

✤ 실천적 함의에 대한 부분은 학생들이 가장 선호하는 것이기도 하고 또 비교적 많이 결론에서 함의로 포함하는 내용이기도 합니다. 실천적 함의는 보통 현장의 상황과 활동내용에 관한 실천(practice)의 사례, 기법, 이슈 등에 대한 시사점을 서술합니다.

### 3) 함의의 작성(3)

슬라이드 7-❹

- 이렇게하여, 특정한 유형의 함의는 실제적 적용을 말할 수 있는 것이다. 예를 들면, 연구의 중요성은 호스피스 세팅에서 행정가와 정책결정가들이 어떻게 일선의 caregivers들에 대해 정책변화를 소통할 수 있는지에 대한 분명한 가이드라인을 제공한다는 점이다.

- 그러나, 모든 연구가 바로 실제적 적용이 가능한 것은 아니다. 그래서 어떤 실제적인 것이 떠오르지 않으면, 억지로 이 점을 말하려고 하지는 말아라.

- 결론 부분에서 상대적으로 쉽고 분명한 것이 finding에 대한 실천적 응용이다. 그것이 수행중인 연구유형에 합리적인 것으로 보인다면 이것을 하라.

✤ 실천적 함의와의 관련에서 정책적 함의를 보면, 상대적으로 실천과 관련한 법과 제도, 기구, 행정 등과 같은 정책적인 영역과 관계되는 상황을 모두 포

함합니다. 따라서 주제의 내용과 관련하여 법을 바꾸거나, 제정하거나 어떤 기구나 센터를 만들 필요성 또는 관련 제도를 개선하는 방향 등에 대해 언급하는 수준이면 함의로서 의미를 갖습니다.

**예를 들면...**

[7.1] '임파워먼트적인 사회복지사가 많아야 된다. 학교수업에서 그런 것을 강조해야 된다.'라고 하면 어떠한 함의입니까? 여기서 말하는 학교수업은 교육과 관련된다고 보면, 교육은 실천과 정책 중 어느 쪽에 가까운가, 아니면 이론적인 연구에 가까워서 이론적 함의에 더 적합한 지에 대해 생각해 봅니다. 교육이 정책인지, 실천현장인지, 이론과 연구에 가까운지 혼동할 수 있기 때문입니다. 함의를 이론적, 정책적, 실천적인 세 부분으로 구분하고 각각에 대해서 두 세가지 항목을 제시하되 함의의 내용영역이 가급적 명료하도록 서술하는 것이 좋습니다.

## 3. 연구의 제한점과 제언

### 1) 연구의 제한점(1)

**슬라이드 7-⑤**

- 결론 부분에는 연구의 약점에 대해 서술해야한다. 그러나 이것이 큰 부분이 되어서는 아니된다. 만일, 연구가 진짜로 약점이 많다면, 그에 관해 서술하려고 하지 않을 것이다.
- 약점(weaknesses)보다는 제한점(limitations)으로 서술하는 것이 보다 적절하다.
- 필자는 자신의 약점을 적시함으로써 자신의 연구에 대한 잠재적 비평을 outfox하려고 시도하는 생각을 하게 된다.

※ 이러한 concession은 독자가 필자가 언급하지 전에 무언가 중요한 것을 알았다고 느끼도록 하는 효과를 가진다.

❖ 결론은 또한 연구의 제한점을 포함합니다. 제한점을 밝히되 3-4가지 정도만 제시하는 것이 좋습니다. 4가지 이상은 연구 제한점이 많은 연구로 보일 수 있습니다.

## 2) 연구의 제한점(2)

슬라이드 7-❻

※ 연구결과는 이러한 가설이 적용될 것으로 생각하는 일부 사람들에게만 일반화될 수 있을 것인가?

※ 물론이다. 일반화의 한계점이 무엇인지에 대해 그대로 지적하라. 연구결과가 그 상황 밖에 일반화되는 정도에 대해 의문을 갖는 것은 항상 가능하다. 그러나, 그 방향을 특히 강하게 지적하는 필자에 관한 어떤 것은 있는가?

※ 인과성의 가능성을 지적하기 위해 상관관계의 결론을 사용하였는가? 지금이 바로 독자에게 이러한 유형의 결론이 조심스럽게 내려져야한다는 점을 상기할 때이다.

※ 다른 누군가 한 것과는 다르게 구성개념을 조작적으로 정의하는 것이 가능한가? 그렇다면 받아들여라. 그러나, 동일한 문단에서는 필자의 주장을 자유롭게 방어하라.

※ 연구의 한계점은 반드시 서술해야한다. 그러나, 사소한 것과 다른 연구들에서도 적용되는 것들은 포함하지 않아야 한다.

❖ 양적연구에서 가장 일반적인 제한점은 일반화의 문제입니다. 결국 샘플문제나 분석방법에서의 문제로 인해 일반화가 어렵다는 말을 먼저 합니다.

## 3) 연구의 제한점 연습 (1)

슬라이드 7-⑦

※ 결론에서 연구의 한계를 말한 부분을 보고, 제한점의 유형을 열거하라.

〈예시〉

⇨ findings은 …에 일반화를 할 수 없다.

⇨ self-report method는 사람들이 그런 상황에서 실제로 어떻게 처신하는 가에 대하여 단지 하나의 표시를 제공하는 것이다.

⇨ cross-sectional design은 이익변수의 변화에 대한 직접적인 증거를 제공하는 것은 아니다.

✤ 제한점을 쓰되 너무 길게 하거나 4가지를 넘지 않도록 유의합니다. 첫째로 샘플링의 제한점을 말했으면, 둘째는 이 연구를 다른 분석방법으로 했으면 어떻게 될 수 있다는 등으로 제한점을 밝히는 것입니다.

## 4) 연구의 제한점 연습 (2)

슬라이드 7-⑧

※ 제한점을 나타내는데 사용된 특정 단어와 문단을 열거하라.

〈예시〉

⇨ 이 연구의 제한점의 하나는 기관운영자들은 사회적으로 바람직한 방법으로 답변할 수도 있다는 점이다.

⇨ 본 연구의 결과가 다른 상황과 대상에게도 일반화될 수 있는 정도에 영향을 끼치는 한 요인은 변수의 specificity이다.

⇨ 우리는 아이들의 각기 다른 문제점과 성숙도를 통제하지 않았다.

✤ 준비해 온 논문들을 활용하여 연구의 제한점에 대한 의미를 이해하고 서술 방법을 확인합니다.

## 5) 후속 연구를 위한 제언 (1)

슬라이드 7-❾

- 결론 챕터의 마지막 부분은 미래연구의 방향을 제안하는 것이 많다. 이러한 제안들은 앞서 서술된 논의로부터, 직접 관련된 내용으로부터 나와야 한다는 것을 기억하라.
- 보통은 연구의 제한점 자체가 미래에는 보다 나은 연구들이 더 유용할 것이란 점을 제안한다.
- 때로, 필자들은 어떤 미래 연구를 제언할 필요를 느끼고, 완전히 arbitrary한 무엇을 제안한다. 이 점은 조심해야한다.
- 관련성이 없는 미래의 연구에 대해 제시하는 함정에 빠지고 있다는 대표적인 표시는 "만일 …을 본다면 흥미로울 것이다"로 시작하는 하나의 문장이다.

✤ 결론에 포함되는 요소 중에 제언에 관한 부분이 있습니다. 중요한 것은 일반적 제언을 말하는 것이 아니라 후속 연구를 위한 제언이 되도록 하는 것입니다.

## 6) 후속 연구를 위한 제언 (2)

슬라이드 7-❿

- 새로운 연구를 제안하는 것은 적절할 수 있다. 그러나, 필자는 반드시 그렇게 해야하는 것은 아니다.
- 단지 만일에 필자가 논리적으로 보아 다음의 연구질문은 무엇이 될 수 있을 것인가를 제

시할 수 있다면 그렇게 하라.

☒ 그리고, 앞서 배운 동사의 교훈을 잊지마라: 즉, 만일 "후속연구"가 문장의 문법적 주제에 관한 것이 된다면, 당신의 동사의 선택은 제한된다.

✤ 보통은 후속 연구를 위한 제언을 하는 경우에도 3가지를 넘지 않는 것이 좋습니다. 연구방법에 대한 변화, 연구 샘플링에 관한 제언 등이 일반적인데, 연구의 제한점과 관련하여 대안적인 내용을 제언합니다.

## 7) 후속 연구를 위한 제언 (3)

슬라이드 7-⑪

☒ 제안점들이 결론의 다른 부분과 엮어져 있는 지를 나타내는 후속연구를 위한 제안들로부터 문단을 선택하라.

〈예시〉

⇨ 본 연구에서 제시된 바와 같이, 후속연구는 학대받은 여성들의 구체적인 욕구를 파악하는 데에 초점을 맞추어야 한다.

⇨ 남성 폭행자의 자기 존중감이 증가하는 것을 추적하는 연구가 필요하다.

✤ 그런데 제언을 하는 경우에도 후속 연구에 대한 것이 아니라, 주제와 관련한 정책이나 실천 등과 관련한 일반적 제언을 많이 하는 경우를 봅니다. 더구나 자신의 연구와 직접적인 관계가 없거나 너무 멀리있는 내용을 언급하는 경우는 적실성이 없고 전체적인 논문의 질을 떨어뜨립니다. 무슨 센터를 만들어야 하고, 각 시도 별로 무엇을 해야 한다는 등으로 제시하는 제언은 삼가는 것이 좋습니다. 꼭 일반적인 제언을 해야 한다면 매우 절제된 용어로 핵심적인 것만 간략하게 몇 가지를 제시합니다.

# III. 질적연구

제1부 질적논문 특성 이해 노하우

제2부 질적논문 챕터별 노하우

학술아카데미 총서 ❹ : 논문작성법 IV 논문작성 연구방법론: 실전노하우

PART

# 01

# 질적논문 특성 이해 노하우

# 제1강 질적 논문작성법 개요

## 1. 질적학술논문의 기본적 구성

※ **질적논문은 다음과 같은 7가지 챕터로 구성된다.**

- Introduction
- Literature review
- Methods and procedure
- Date chapters(1–3 Chapters)
- Discussion
- Conclusion

처음에 나오는 것은 introduction 즉 서론

두 번째 장이 논문의 이론적 배경, 또는 문헌분석

세 번째 연구방법

네 번째 결과분석

다섯 번째 논의

여섯 번째 결론

(논의가 제4장 결과분석 다음에 별도 챕터로 들어가는 것이 바람직한 논문임)

✤ 그런데 논의쓰기가 쉽지 않기 때문에 많은 사람들이 논의를 결론과 묶어서 쓰기도 한다. 그러나 학위논문은 독립적인 논의 챕터가 있는 것이 격을 갖춘 것이다. 논의 챕터는 질적방법을 택하든 양적방법을 택하든 학위논문 또는 학술논문의 꽃이라고 말할 수 있다.

✤ 학술지에 게재된 논문이라고 해서 그것이 모두 좋은 논문은 아닐 수 있다. 그러니 우수한 논문도 있고, '이것도 논문이야' 하는 논문도 있다. 논문이란 논문의 체제를 학술적으로 제대로 정리해서 제시하는 능력을 보여주어야 한다. 주제가 결정되어 있지만, 정작 그것을 글로 쓰기는 쉽지 않다.

**논문의 공개**

본인의 논문이 "이것도 논문이야" 하는 논문은 되지 않아야 하지 않겠습니까?
논문은 인터넷에 오르고 모두 등록되며 다른 사람들이 내려받을 수 있음을 기억합시다!

✤ 저자는 대학에서 가르치고 연구하였으며 특히 한국에서 정치학 박사학위와 미국에서 사회복지학 박사학위를 받는 과정에서 한국적인 것과 미국적인 것, 선진적인 것과 가장 전통적인 것을 다루었다. 무엇보다 다양한 연구방법론을 익히고 논문쓰기에 관한 수많은 경험을 바탕으로 중요하고 본질적이며 앞선 상황의 내용들을 강의하였다.

**정통 학습 지향**

대체로 일반적인 많은 생각들을 무조건 맞다고 여기지 말고 그러한 생각이 정통인지 살피세요. 제 강의 내용은 방법론이든 논문쓰기든 정통을 따르는 것을 지향합니다. 지도교수님의 말씀은 절대적입니다. 그래서 지도교수가 이건 저렇게 하라 하면 따질 상황이 아니며, "네"하고 해야 하지요. 터무니없는 것은 없으니까. 다만 성향의 문제라든가 나름대로의 갖고 있는 학문적인 배경, 공부한 과정들이 다르기 때문에 교수마다 각기 다른 상황들이 있습니다. 따라서, 현실에 돌아가서는 각자 처한 상황을 절충해야 하고, 다만, 지금의 배움을 기본으로 알고 배우는 것이 중요하지요.

✤ 학위논문에서 제일 많이 봐야 하는 부분이 제1장 서론, 제2장 이론적 배경 또는 문헌분석, 제3장 연구방법 및 절차, 제5장 논의 및 결론 등의 부분이다.

✤ 제4장은 조사를 하고 난 다음에 연구방법에 따라 자료를 분석한 결과를 서술하는 것이다. 보통 제4장은 논문의 전체분량의 거의 반 중에서 2/3정도를 차지한다. 제4장의 결과분석을 보면 1~3 chapter(s) 라고 되어 있는데 결과분석은 한 개 챕터 또는 세 개 정도의 챕터로 구성될 수 있다는 의미이다.

✤ 논문작성을 연습하는 단계에서는 해당 장을 모두 다 출력하지 말고 샘플용으로 기본적인 몇 페이지만 출력해도 문제가 없다.

**논문연구방법 3종**

질적연구나 양적연구 즉, 설문조사를 하거나, 인터뷰를 하거나, 참여관찰을 하거나 그렇게 해야만 논문을 쓰는 것이 아니고, 순전히 문헌고찰을 중심으로 서술하는 총설논문도 많습니다. 학회발표를 보면 그런 발표가 많은데, 사실, 문헌분석을 중심으로 논문을 쓰는 것이 어려울 수도 있습니다.

# 2. 질적연구논문이란?

슬라이드 1-①

- 질적논문은 an open-ended question(개방형 질문)을 사용한다.
- 질적논문의 목적은 특정 참여자에 대해 그들의 경험에 관한 관점들을 탐구하는 것이다.
- 연구참여자는 어떤 프로젝트의 일부가 될 수도 있고, 개인 또는 집단이 될 수 있으며, 연구질문은 그러한 개인, 또는 일련의 개인, 또는 특정집단이 자신의 삶에 대해 어떻게 이해하는가를 탐구하는 것이다.
- 질문예시
    - 사회문제에 대해 토의하는 집단에 참여하는 고등학생들의 관점은 무엇인가?
    - 여대생의 feminine이 된다는 것의 의미가 무엇인지를 어떻게 이해하는가?
    - 10대 임신소녀는 성교육을 어떻게 경험하는가?

✤ open-ended 라고 하는 말은 열려 있고 나중에 마무리 한다는 뜻이다. 그러므로 답이 정해져 있지 않다.

✤ 양적연구는 본인이 가설을 세우고, 그것을 전제로 하여 그 가설이 맞는지를 설문조사를 통해 통계적으로 검정한다. 결과에 대해 '맞다/안 맞다, 인과관계가 있다/없다, 영향을 준다/안 준다, 효과적이다/아니다' 식으로 표현한다. 많은 통계기법들을 동원하여 분석한 후 유의미하다(significant)거나 유의미하지 않다(non-significant)는 결론을 맺는다.

❖ 질적연구는 그러한 전제가 없고 있는 그대로의 현상을 보는 것이다. 연구자가 가설설정을 하지 않는다. 예를 들어 사람은 왜 분노하는가에 관한 질적연구를 한다면, 분노 때문에 병원에 입원해 있는 몇 사람을 선정하고 어떤 때 분노하는가?, 화가 나면 어떤 행동을 하는가?, 화가 난 다음 어떤 생각을 하고 후회를 하는가? 등을 물어보고 그 내용들을 글로 정리할 것이다.

❖ 따라서, 여기에서 open-ended는 '분노한 사람이 이럴 것이다'라고 전제하는 것이 아니다. 질적 연구는 보통 선행연구가 거의 되어있지 않은 분야일 경우, 어떤 의미있는 사건이나 상황을 잘 모르는 경우, 삶의 의미와 같은 주제, 독특한 현상 등에 대해 주로 연구한다.

**방법론 교육과정**

상당히 질적연구가 강한 학교였기 때문에 그 학교의 특징이 질적연구, 강점관점, 영성 이렇게 세 가지가 학교에 대해 주로 알려진 것입니다. 그것으로 아주 유명합니다. 그런데 어떻게 되냐면 모든 대학원생은 들어오면 반드시 방법론 과목으로 세 과목을 들어야 합니다. 세 과목을 듣는데 첫 학기가 질적연구 방법, 둘째가 '양적연구 1'을 듣는 것입니다. 제 아카데미가 그대로인데요. '양적연구 1'은 회귀분석까지 공부를 합니다. 그 다음에 반드시 질적연구는 강요하지 않습니다. 그런데 양적연구로 논문을 쓸 사람은 '양적연구 2'를 듣게 합니다. 그것이 3차 학기에 개설되면 3차 학기에 하겠죠? 반드시 이것을 차례차례 들어야지만 졸업이 가능해요.

❖ 질적논문의 목적은 특정 참여자들의 경험에 관한 관점을 탐구하는 것이다. 연구되지 않은 영역이라든가 사람들이 어떤 이슈를 어떻게 생각하는가 하는 것이 관점이 될 수 있고 연구주제가 질적연구의 고유한 특성에 맞을 때 질적연구를 할 수 있다.

❖ 질적연구는 주제가 어떠한가가 중요하다. 만일 어떤 효과를 알아보겠다든지 인과관계를 알아보겠다는 것은 질적연구가 아니다. 즉 의미, 이해, 관점, 어떻게 생각하는가, 과정은 어떠한가, 이런 open-ended의 상황에 대한 질문을 해야 한다.

❖ 사람은 왜 살지?, 인생은 무엇이지?, 사는 의미가 무엇이지? 이런 깊이있는 물음, 탐색과 관련이 있다. 그렇다고 도를 닦고 수양하는 것이 아니라 그것은 별개의 문제이고 본질적이고 심층적인 물음을 던지고 그것을 밝혀가는 과정을 통해 논문을 쓰는 것이 질적 연구이다.

❖ 반면 양적연구는 사람의 학력에 따라 행복감이 증가하는가?, 또는 소득과 학력은 비례하는가?, 학력이 소득에 영향을 미치는가? 등과 같은 방식으로 연구문제를 설정하고 두 변인 간의 인과관계를 규명하여 결과를 도출한다.

❖ 양적연구와 질적연구는 근본적으로 다르다. 질적연구방법론을 처음 배우면 "패러다임(paradigm)"이라는 것을 학습하는데 이는 양적연구와 질적연구의 패러다임 자체가 완전히 다르기 때문이다.

**논문작성법의 전제**

논문작성법은 연구방법론을 이미 안다고 전제한 상태에서 과정이 진행되는 과목이라고 설명 드렸죠? 수강하는 분들을 보면 사실 잘 모르고 오시는 분이 많아요. 그래서 조금씩 방법론 내용을 포함하여 설명을 합니다. 지금도 질적연구 방법론에 대해 자세히 아는 분이 별로 없어요. 그런데 안다고 전제하고 설명합니다.

❖ "연구 참여자"는 어떤 프로젝트의 일부가 될 수도 있고, 개인 또는 집단이 될 수도 있다는 말의 의미를 생각해 보자.

- 양적연구에서는 설문지 응답자들을 연구대상이라고 한다. 이와 달리 질적연구는 대상으로 객체화하지 않고 참여자, 즉 동등하게 같이 하는 사람으로 본다는 것이 다르다.

- 질적연구는 연구자와 연구 참여자가 공유하는 것이 많으며 연구자의 역할이 매우 중요하다. 또한 연구자가 연구주제와 관련하여 어떤 경험을 가졌는지를 중요하게 여긴다. 예컨데 만약 청소년 연구를 질적연구로 한다면 청소년과 관련한 연구주제를 연구하는 어떤 당위성, 즉 청소년 분야에 몇 년을 근무했다든가, 주제에 특별한 관심을 갖게 된 여러 가지 고민들이 질적 연구를 하게 한 자연스러운 필연성과 연결되어야 한다.

- 질적연구의 방법은 다양하다. 사람의 생애를 다루는 생애사 장르는 꼭 한 사람뿐 만 아니라 다섯 명, 열 명을 연구할 수도 있다. 주제 면에서도 원폭 피해자들에 관한 생애 연구를 할 수도 있고, 교육에 대한 남다른 열정과 철학으로 많은 기여를 한 다섯 명의 대학 총장이 될 수도 있으며, 어떤 의미있는 한 사람의 삶을 연구할 수도 있다.

- 질적연구는 보통 인터뷰기법을 사용하며 10명 내외가 적당하다. 실제로 사례연구, 근거이론, 내러티브, 현상학 등 대표적인 질적연구의 장르들이 10명 내외로 연구를 진행한다. 몇 명을 하는가보다 중요한 것은 질적수준(quality)이다.

- 질적수준 quality는 연구 참여자의 quality이다. 질적연구는 인터뷰하는 참여자 interviewee, 즉 인터뷰하는 사람을 잘 선정해야 한다.

- 연구자는 전후 내용을 충분히 알 수 있는 배경(background), 즉 나름대로 관심영역에 대해 사전지식을 가지고 있어야 하며 글쓰기에 능숙할수록 좋다.

- 단, 여기에서 "글쓰기"는 글을 논리적으로 잘 쓴다는 능력이라기 보다는 문장력이 있어야 함을 의미한다. 예컨대 시, 수필 등을 쓰는 필력이 있는 것이 질적연구를 할 때 장점이 될 수 있다. 질적연구는 건조한 연구가 아니며 글을 읽었을 때 '감칠맛이 있다'는 느낌의 표현이 가능하다. 반면 양적연구의 글은 건조하다. 질적 연구를 모르는 사람들은 이게 무슨 연구인가라고 비판하기도 하는데 그것이 질적연구의 강점이고 또 단점이기도 한 것은 사실이다.

- 글쓰기 연습을 위해 일기쓰기를 권유한다. 질적 연구자들은 일기나 노트에 쓰는 것을 습관화하고 이미 그렇게 해왔다면 질적연구에 매우 유익할 수 있다.

- 어쨌든 개인이나 한 명 또는 여러 사람들, 집단들이 자신의 삶에 대해서 경험한 내용과 관련한 어떤 주제에 대해 인터뷰하면 해당 주제에 대해서 어떤 생각과 경험을 하였는가를 알아 볼 수 있다.

- 질적연구는 어떤 사람의 경험 속으로 들어가서 그 안에 있는 것들을 끄집어내는 것이다.

**마음의 내용**

양적연구의 설문지에 응답하는 것과 연구참여자가 자기 속에 있는 마음의 내용을 끌어내는 것 하고 어느 것이 깊이가 있습니까?

**양적연구의 허전함**

정부 연구기관에서 서베이를 많이 했습니다. 어느 날 따분해졌습니다. 국가 연구기관은 일 년에 몇 편씩의 연구보고서를 씁니다. 주제는 바뀌지만, 대체로 하는 방법은 유사합니다. 예전에는 설문조사를 직접했습니다. 지금은 설문조사를 전문으로 하는 기관들이 많잖아요. 우리는 천 명, 이천 명하기 위해 학교 섭외하고 그랬습니다. 그것을 계속 해보십시오. 그리고 어느 날 갑자기 그런 생각이 들었습니다. 15%가 어떻고, 50%가 어떻고... 요즘 청소년들의 30%가 비행을 일으키고 작년보다 10% 오르고. 이게 어떤 추세를 알거나 하는 것은 의미가 있는데 뭔가 좀 허전함을 느낀다는 생각을 했습니다.

✤ 질적연구는 설문조사에 응답을 한 결과를 가지고 통계 값에 따라 이러쿵저러쿵 말하는 것이 아니고, 어떤 사람의 숨겨진 마음 속의 얘기, 그 사람의 과거의 어떤 경험, 어떤 주제에 대한 생각 이런 것을 끄집어낼 수 있다.

**전공별 질적연구**

처음에는 그 기법이 재밌었고 나중에는 내용을 정리하다 보니까 아주 빠져들었습니다. 세 가지 코스를 듣습니다. 첫 학기가 질적연구방법론이고, 그 다음 양적연구방법론을 필수로 듣는다고 했죠? 괜 마지막 또 하나의 필수가 있는데 자신이 선택하게 합니다. 선택하는데 반드시 다른 전공에서 들어야 합니다. 즉 다른 과에 가서 양적연구방법론이든 질적연구방법론이든 한 과목을 들어야 합니다. 저는 그때 교육학과 박사과정에 가서 질적연구방법론을 들었습니다. 그런데 또 달라요. 사회복지학과의 질적연구의 분위기하고 교육학과의 질적연구의 분위기가 달라요. 같은 용어를 쓰고 해도 전공에 따른 분위기가 있는 겁니다. 우리나라도 보면 간호학, 사회복지학, 교육학, 사회학, 문화인류학 등 아마 이렇게 4, 5개 학과가 질적연구방법이 강한 전공으로 보입니다. 간호학은 많이 하고 있고, 사회복지전공에서도 인기가 점차 높아져가고 있습니다. 주로 질적연구방법을 공부한 교수가 있는 학교에서는 수업을 하는데, 요즘은 그렇지 않은 학교에서도 질적연구방법론을 교육과정에 넣기도 합니다.

## 3. 질적논문의 초점

슬라이드 1-❷

※ 질적논문의 또 다른 초점은 그 과정에 관한 것이다. 그래서 이러한 종류의 질문은 생각들이 시간이 지남에 따라 어떻게 변하는 지를 조사한다.
- 학생들은 어떻게 3년간의 고등학교 생활을 해내는가?
- 백인들이 지배하는 대학 캠퍼스에서 흑인 여대생들이 성공적으로 대학을 졸업하는 전략은 무엇인가?

※ 질적논문의 또 다른 초점은 사회적관계 — 즉, 각기 다른 사회집단 간의 권력차이 — 에 관한 것이 될 수 있다.
- 이 경우의 질문은 장애인 권리집단과 대학 행정부서 간의 권력 다툼에 대해 탐구하는 것이 될 수 있다.

※ 질적논문은 또한 9/11, 사스 전염병 등과 같은 하나의 사건(event)을 고찰할 수 있다.
- 쿠웨이트, 요르단 등에서 온 대학원생들은 9/11 이후 어떻게 대학생활을 경험 하는가?
- 대학 행정가들은 "위협"이라는 것을 어떻게 이해하는가?

※ 이러한 질문들은 관점에 관한 생각과 의미를 만드는 과정에 초점을 두기 위해서 질문을 제시해 보았지만, 실제 논문제목은 이와 같지는 않을 수 있다.

※ 논문에 따라서는 단일한 세팅에서의 특정 집단의 관점을 탐구하는 것도 있고, 여러 세팅에 걸쳐 하나의 특정 집단의 관점을 연구하기도 한다.

✣ 어떤 사건과 상황, 그 현상 자체를 들여다보는 과정으로 진행되는 것이 질적연구이다. 만약 3년간의 고등학교 생활을 연구한다면 양적연구의 설문조사는 성적을 조사한다든지, 1학년, 2학년의 어느 시기 삶의 만족도를 설문문항을 통해 측정하여 평균을 구하고 그 값에 영향을 미치는 요인을 찾아 인과관계를 규명하는 방식으로 진행할 것이다.

✤ 질적연구에서는 몇 명의 연구 참여자를 선정해서 이들의 고등학교 3년 동안의 경험을 인터뷰할 것이다. 즉 양적연구는 데이터가 숫자로 되어있지만 질적연구는 마음속에 있는 것이 말로 표현되고 그것이 다시 글로 표현되어 데이터가 된다.

**질적연구 패러다임**

양적연구의 패러다임이 지배적이기 때문에 우리들의 삶도 그렇습니다. 우리들의 삶 자체도 양적연구의 패러다임입니다. 숫자에 친숙하지 않습니까? 모든 것을 숫자로 평가하죠? 그런 상황이기 때문에 다른 사람의 생각을 깊이 들여다본다거나 생각해 본다거나 이런 것에 대해서는 무덤덤합니다. 그런 시대에 살고 있기 때문에 질적 연구적인 생각을 한다는 것이 쉽지 않습니다.

## 4. 질적 논문의 다양한 접근법

**슬라이드 1-❸**

- 사례연구로 수행되는 것도 있고, 이론을 만들기 위해 수행되는 것도 있다.
- 질적논문은 연구설계를 하지 않고 수행되기도 한다.
- 논문은 보다 서술적이거나 보다 분석적일 수 있다.
- 스팩트럼상 어디에 있더라도 논점을 주장한다. 데이터에서 사례와 함께 예시하는 것이다.
- 그래서 질적논문은 이야기형식으로 제시되는 것이 지배적이다. 물론 도표 같은 것을 활용하기도 한다.

✤ 질적연구에는 여러 가지 장르와 방법이 있다. 예를 들면 간단히 말해 개념을 묶어서 이론을 만드는 근거이론이 있다. 근거이론은 그 자체가 이론이 아니라 근거이론에서 말하는 방법 그대로 체계적으로 연구할 때 결과를 발견하게 되고 그 결과가 이론이 된다는 것을 주장하는 질적연구의 한 장르이다.

✤ 질적연구의 장르들은 저마다의 장점과 단점이 있다. 장르를 결정할 때는 자신에게 적합한 것, 관심있는 연구주제, 연구참여자의 상황에 적합한 것을 신중하게 선택해야 한다.

✤ 질적연구는 일반적으로 글쓰기에 능해야 하지만, 질적 연구도 숫자를 사용한다. 통계적인 것에 의존하지는 않지만 숫자를 사용한다. 숫자를 사용한다고 해서 질적 연구가 아닌 것은 아니며 통계적인 기법을 사용하지 않는다 해서 분석적이지 않은 것도 아니다.

✤ 연구논문을 쓸 때 데이터 분석을 하게 되는데, 질적연구는 서술적이기만 한 것이 아니라 표나 그림도 많이 활용한다. 각자 알고 있는 질적 연구의 어떤 전형적인 모습이나 고정관념을 갖지 말아야 한다.

**슬라이드 1-❹**

- 질적논문의 종류를 보면 해석적이다.
- 이는 소위 Chicago School접근법으로 불리는 것에 기원을 두고 있다. 당시 전직 언론인이었던 Robert Park의 지도아래 일단의 사회학자들이 1920년대와 30년대 동안 University of Chicago에서 사회학과를 만들었으며, 지역사회생활의 다양한 측면을 연구하였다.

- 이들은 부동산업자의 일과 노숙인 들에 대해 연구했으며 각계각층의 사람들의 관점을 연구했다.

- 질적연구에 대한 이러한 접근법에서 유사한 여러 가지 질적접근법들이 개발되었다.

- 많은 접근법들이 일대기와 사회적 구조의 관계에 입각하여 형성되었다.

- 제도적인 민속지학(institutional ethnography)을 통해 특정이슈를 둘러싼 권력관계를 고찰할 수 있고, 여성주의 방법을 사용할 수도 있으며, critical race theory를 사용할 수도 있다.

- 이러한 모든 사례들은 해석적 프로젝트를 말해준다.

- 질적 접근법 중에는 보다 구조화된 형태를 갖기도 한다. 개방적 설문조사를 통해 narrative한 대답을 요구하기도 하며 관찰을 하기도 한다.

- 오늘날에는 질적 내용분석(qualitative content analysis)을 사용하기도 한다.

- 질적연구의 방법으로 현상학적 접근이 있다. 현상학적 접근에도 몇 가지 분파가 있으며 여러 사람들이 각자 자기류의 학자들이 얘기한 것을 따라하게 되면 하나의 분파가 형성된다. 어느 것을 따라 하더라도 철저히 그 룰을 따라야 하며 어떤 "류(類)"를 따라하면 모든 것이 그 류(類)에서 말하는 구조를 지켜주어야 한다.

- 내러티브 방법의 경우 논문 자체가 내러티브적이어야 되는 분위기가 나와야 한다. 그냥 이야기만 쓴다고 해서 내러티브가 아니다. 연구자는 자신이 선택한 방법에 대해서 확실히 알고 있어야 한다.

❖ 질적연구에서 내용분석은 신문의 기사나 잡지의 내용, 또는 자기가 원하는 주제와 관련한 내용을 분석하는 것이다. 연구자가 직접 인터뷰하는 것이 아니라, 이미 발표되고 공표된 자료를 모으고, 일정기간과 일정 범주를 정하여 그 텍스트에서 발견한 용어들과 주제들을 분석한다. 어떤 주제가 많이 나왔나? 어떤 말을 많이 썼나? 이렇게 정향을 잡아가는 것이 내용분석의 기본적인 기법이다.

❖ 담론분석이라고 할 때 담론은 사람들이 무엇에 관해서 어떻게 얘기를 하는가를 말하는 것이다. 예를 들면, 남녀평등에 대한 신문기사를 보면 어떤 신문사는 남녀평등 이슈만 나오면 늘 지지적이고, 남녀는 평등해야 된다는 논조가 있는가 하면, 어떤 신문은 그와 반대로 별로 그렇지 않은 분위기라고 한다면 어떻게 그것을 증명할 것인지를 생각해 볼 수 있다.

❖ 논문을 쓸 때 활용할 질적연구의 장르를 택할 때는 기법의 특색과 자기 자신의 성향과 주제와의 상관성 등을 고려하여 가장 부합하는 것을 선택할 필요가 있다. 담론분석을 한다면 담론이 뭔가를 알고 주제와의 부합성을 신중히 고려하여야 한다.

❖ 인터뷰를 사용하는 기법을 권유한다. 근거이론, 질적사례연구, 현상학, 내러티브 등은 모두 인터뷰를 사용한다. 대상자 또는 참여자에게 인터뷰를 한 후 그 데이터를 어떤 방식으로 분석하는가에 따라서 근거이론이 될 수도 있고 질적사례연구가 될 수도 있다. 현상학적 연구라고 해놓고 방법은 내러티브를 쓰는 식이 되어서는 안된다.

## [실습 1] 실습준비하기

- 본인이 관심있는 주제의 박사학위 논문 및 참고논문을 3편 이상 준비하여 실습에 대비합니다. 실습용으로 준비한 논문들의 제1장과 제2장, 주로 제2장을 많이 보는데 이것을 많이 참고해야 합니다.

- 그리고 제3장은 거의 공식이 있습니다. 질적연구의 경우에는 근거이론이면 근거이론, 생애사면 생애사, 내러티브면 내러티브. 그 각각의 장르에 맞는 양식대로 기본적인 것을 지키면서 경우에 맞게 작성하면 됩니다.

- 이제 결과분석이 한 챕터로 끝나지 않고 왜 세 개(three)의 챕터까지 나갈 수 있는가라는 부분인데, 우리나라에서는 대부분 결과분석의 분량이 많더라도 한 개 챕터로 구성하지만, 서구에서의 경험에 의하면 아예 제4장, 제5장, 제6장 등 세 개 챕터를 모두 결과분석 내용으로 구성하는 경우도 많이 있습니다.

- 영어로 된 Template에도 마찬가지로 주요 항목들이 구분되어 있습니다. Template for analysis of research라고 되어 있으니 연구기관의 문헌분석을 위한 Template입니다.

**결과분석챕터**

서양논문을 보면 박사학위논문 질적연구는 거의 결과분석 챕터를 두 개에서 네 개까지 구성하는 경우가 많습니다. 이것도 우리의 통념을 깨죠? 그런데 지도교수님에게 "교수님, 어디 가서 이야기 들었더니 결과분석 장(chapter)은 세 개 정도는 되어야 한다는데...그렇게 할까요?", 그렇게 말한다면 "그게 무슨 말인가? 결과 분석이 4장 한 개면 되는 것이지..!?" 경우에 따라 이런 상황이 생길 수도 있겠지요. 그러나 다 그렇게 반응하는 것은 아닙니다. 저와 함께 여러분도 이제 통념에 젖은 반응을 하지 않는 한 사람이 되었습니다.

## Template 예시

### Template for Analysis of Research-Based Literature

| Study details:<br>Author, Date of Study, Publication | Methodological Approach/<br>Research Design: |
|---|---|
| | Theoretical/ Conceptual Framework: |
| | Research Sample: |
| | Research Site: |
| | Research Problem: |
| | Research Purpose: |
| | Research Question: |
| | Subquestions: |
| | Key Findings: |
| | Conclusions: |
| | Recommendations: |

출처: Bloomberg & Volpe, 2012, p. 83.

## 예시 풀이

- 첫째, 방법론적인 접근 곧 research design이 있고, 이론적인 틀, 즉 conceptual framework이란 부분이 있습니다. 다음에 연구 샘플이 몇 명이고 어떤 사람을 했다는 내용을 적는 부분이 있고 질적연구 같은 경우에는 연구 사이트, 즉 조사가 수행된 연구의 현장이 나옵니다. 양적연구는 어디에서 조사했다는 것을 밝힙니다.

- research question 이라고 제시되어 있습니다. 연구질문은 꼭 들어가야 합니다. 연구목적, 연구질문, 연구가설은 반드시 포함합니다. 질적연구는 연구가설이 없으니 칸을 만들어 두면 됩니다.

- 50개 논문을 다운 받았다면 50개의 템플레이트 자료가 나와야 합니다. 결코 시간을 낭비하는 작업이 아닙니다. 이 과정이 있어야 자신의 연구수행을 위해 필요한 여러 가지 사항에 대해 윤곽을 잡을 수 있습니다. 그리고 템플레이트 자체는 추후에 집필할 때 그대로 활용할 수도 있습니다.

- Research question이 나왔으면 그에 따른 Subquestion이 있을 수 있는데, Subquestion이란 연구질문에 대한 하위 질문을 말합니다. 양적연구에는 들어 있습니다.

- 다음에 Key finding은 연구결과의 주요 결론, 즉 주요 결과를 말하는 부분입니다. 보통 논문의 마지막 챕터인 결론에 보면 연구결과를 요약하는 부분이 있습니다.

✤ Conclude는 결론입니다. 논문에는 결론적인 문장이 필요합니다만, 실제로 보면, 결론은 요약을 제시하는 것으로 대신하는 경우가 많고, 결론다운 결론이 없는 논문이 많습니다. Recommendation은 제언을 말합니다. 가급적 한 페이지나 두 페이지가 좋은데 한 페이지로 할 수 있으면 더욱 편리할 것입니다.

✤ 실습을 해보는 것이므로 한 페이지 정도의 틀을 만들고 이름을 쓰고, 가져온 논문을 보면서 자료를 만들어 봅니다. 이렇게 선행연구를 볼 때마다 Template에 정리해 놓을 필요가 있습니다. 물론 전부를 옮길 필요는 없습니다.

# 제2강 좋은 질적논문의 요건

## 1. 좋은 논문이란?

※ 좋은 논문에 관한 공식은 없지만, 좋은 논문의 질적수준은 있을 수 있다.

※ 다음과 같은 경우에 논문심사위원들은 좋은 논문이라고 말하기도 한다.

- 새로운 정보를 추가함
- 주제에 대한 흥미로운 관점을 제공함
- 이슈에 대한 세련된 분석을 제공함
- 연구되지 않은 집단에 대해 풍부한 서술을 제시함
- 매우 잘 집필됨
- 연구분야를 확장함

✣ 좋은 논문에 관한 공식은 없지만 좋은 논문의 질적 수준은 있다!

✣ 어떤 주제에 대해서 새로운 내용을 말할 수 있을 때 새로운 정보를 추가하는 것이다.

- 석사학위논문이 석사학위논문다운 수준이 있듯이 박사학위논문은 박사학위논문이라 불릴 수 있는 정도의 수준을 갖추어야 한다. 최소한이나마 새로운 것을 보여줄 수 있다면 좋은 것이다.

- 주제에 대해서 흥미 있는 관점을 제공할 필요가 있다. 정물화를 그릴 때 똑같은 사과지만 이렇게 볼 수도 있고 저렇게 볼 수도 있다. 달리 보는 것만 제시할 수 있어도 좋은 논문이다.

- 분석이 아주 잘 되어있는 논문, 잘 집필된 논문은 좋은 논문이다.

**논문예비심사**

논문 예비심사라고 해서 예비 심사가 통과 되면 논문을 쓰게 하는 절차가 있습니다. 맨 처음에 하는 절차가 있는데 심사위원이 정해집니다. 그리고 심사위원 세 사람이 1장, 2장을 가지고 먼저 review를 합니다. 그런데 1장, 2장이 주로 자신의 연구주제와 연구 방법에 관해 정리해서 문헌을 얼마나 많이 봤는가를 나타냅니다. 그런데 그것을 보면 그 사람의 필력이 나와요. 논리성, 기본적인 글 솜씨가 나옵니다. 반면 어떤 사람은 베껴 쓰되 마구 베껴서 뭐가 뭔지도 모르고, 흐름이 잡히지 않습니다. 서론은 서론대로의 전개 흐름이 있고 각 장마다 순서가 다 있죠? 2장은 2장의 순서가 있고, 3장은 3장의 순서가 있고 흐름이 있습니다.

- 연구 대상, 연구 참여자가 특별한 사람인 경우 좋은 논문이 될 수 있다. 입양 경험, 조난 경험, 성직자의 삶 등 평범하지 않은 대상을 연구 참여자로 선택할 수 있다. 독특한 만큼 구하기 힘들고 인터뷰가 쉽지 않을 가능성이 있다.

- 논문쓰기의 방법 중 replication 즉 따라하기가 있다. 선행논문을 살짝 바꿔서 따라하는 것이다. 주제와 데이터, 쓰는 사람은 다르지만 잘 쓴 논문을 모

델로 따라해 보는 것이다. 선행연구자의 모범적인 논문을 기준으로 하여 글의 구성과 흐름을 흉내내기도 하고 분석방법을 그대로 따라해 보는 것이다. 따라하기의 과정 속에서 자신의 주제에 맞는 보다 적합한 전개방식과 분석방법을 발견할 수도 있다.

## 2. 좋은 질적논문의 요건

- a Braod question
- Rich data
- Knowledge of informants
- Good writing
- Analysis of the data
- Social location
- Theorize about meaning

출처: Biklen & Casella, 2007, pp. 12-15.

❖ 질적논문에서 좋은 논문은 어떤 것일까? 하나하나 구체적으로 정리해 보자. 첫째, broad question, 둘째, rich data, 셋째, Knowledge of informants, 넷째, good writing, 다섯째, Analysis of the Data, 여섯째, social location, 일곱째, 의미에 관한 이론화이다. 이 이론화는 근거이론에 관한 것이 아니라 자신의

결론을 잘 뽑아낸다는 의미이다.

✤ 이러한 일곱 가지는 선택의 여지가 없이 좋은 질적논문의 필수적인 요소들이다. 최대한 한두 개를 제외하고는 질적연구를 하고자 하는 누구나 할 수 있는 요소들임을 기억하면서 적극적으로 시도해 보자.

### 1) A Broad Question

**슬라이드 2-①**

- 좋은 논문은 연구자가 매우 관심을 갖는 주제에 관하여 넓은 질문으로 시작한다.
- 넓은 질문은 연구자와 주제 간에 일종의 대화가 이루어지도록 해준다.
- 넓은 주제는 또한 역설적이게도 연구자로 하여금 일찍이 내용이 충실한 상황을 맞도록 해준다.
- 많은 연구자들이 너무 많은 관련성이 없는 아이디어에 시간을 허비하지 않도록 해준다고 생각하지만, 실제로는 좁은 질문들이 연구를 진행하기 더 어렵게 한다.
- 왜냐하면 연구참여자는 연구자가 하는 것보다 주제를 개념화하지 못할 경우가 많기 때문에 연구자들이 연구를 진행하는 것을 더욱 어렵게 한다.

✤ 통계적으로 연구하는 양적연구자는 모든 것을 정해 놓고 연구를 진행한다. 먼저 가설을 세우고 연구를 진행하는 것에서도 그러한 특성은 잘 드러난다. 질적연구자는 그렇지 않다. 매우 포괄적이고 넓은 질문으로 시작한다고 할 수 있는데 사람은 왜 살지? 사람은 왜 분노하지? 요즘 청소년들은 왜 이렇게 자살을 많이 하지?... 질적연구자의 질문은 결론을 가정하지 않으며 백지와

같은 마음으로 문제를 대한다.

- 그런데 사람을 불러놓고 왜 자살을 시도했지? 이렇게 묻는다면 뭐라고 말할까? 그런 질문이 어디 있는가? 뭐라도 조금 정리가 되어야 한다. 너무나 막연한 질문, 너무나 큰 질문에 대해서 연구 참여자는 답할 수 없다.

- 그렇지만 너무 하나하나를 준비하여 토막토막 자른 무처럼 질문해서도 안된다. 너무 구체적인 질문이 되지 않도록 포괄적인 질문으로 접근해야 한다. 또한 한 가지 주제에 대해서 큰 질문 하나를 직접 인터뷰로 물을 때는 열 개 정도의 나열된 순서대로 논리적인 질문이 준비되어야 한다.

- 너무 많은 관련성이 없는 아이디어에 시간을 허비하지 않기 위해 좁은 질문을 할 수도 있으나 이는 연구 진행을 어렵게 할 수 있다. 질적연구에서는 질문의 순서도 중요하고 포괄적으로 질문을 하되 질문의 흐름을 염두에 두어야 한다.

- 한 가지를 물으면 추가 질문이 나올 수도 있다. 자, 10개 정도의 질문을 만들어 보자. 너무 구체적이지 않게, 하나의 주제에 대해 그 주제를 파악할 수 있는 관련된 중요한 질문을 10개 정도 나열해 본다. 10개를 가지고 대화하기 시작하면 맞장구 칠 수도 있고 깊은 내용으로 들어가기도 한다. 이렇게 인터뷰하다 보면 한 시간 반에서 두 시간 정도의 시간이 걸린다.

- 질문을 너무 구체적으로 세분할 필요는 없지만 적당한 범위가 나오도록 방법론에 따라 연습을 해야 한다.

## 2) Rich Data

**슬라이드 2-❷**

- Rich data를 위해 연구자가 관찰한 내용을 자세히 정리하고(detailed observation) 연구참여자에 대해 인터뷰 전사를 철저히 하는 것이 중요하다.
- 데이터가 증거가 되는데 연구참여자가 어떤 상황을 어떻게 이해했는지에 대해 구체적인 예시를 제공하는 Rich data는 사례를 제시하고 심층적인 내용을 말하는데 결정적으로 중요하다.
- Rich data가 없다면 연구자가 자신의 결론이 비약한 것과 같은 것으로 보이게 한다.
- 연구자가 내용에 대해 자세한 설명을 할 수 있는 정도로 데이터를 수집하면 자신의 주장을 많은 예를 통해 지지할 수 있게 된다.

- 둘째로 rich data인데 영어 rich는 '부유한' 이라는 의미로 해석할 수 있다. 이것은 데이터가 풍부해야 한다는 것을 말한다. 즉 풍부한 데이터라는 말이다.

- 예를 들어 질적연구의 방법 중 하나인 참여관찰의 자료수집은 아카데미 수업을 듣는 학생들의 반응이라는 주제로 학생들의 줄긋고 필기하는 모습을 카메라로 찍는다든지 연구자가 곁에 앉아서 수업을 직접 보는 경우를 생각해 볼 수 있다. 연구자가 참여관찰을 통해 얻는 자료는 매우 풍부하다.

- 문서 document, 즉 문서 분석의 방법, 선정한 사람들에게 질문을 묻는 인터뷰 방법 등 풍부한 자료수집을 위한 다양한 방법들이 있다. 질적연구의 데이터는 질문을 묻고 답변한 것을 글로 찍은 상태가 곧 데이터이다.

✤ 양적연구는 설문지의 답변을 숫자의 형태로 코딩한 것이 데이터이며 질적연구는 녹음한 내용을 풀어놓은 문자 또는 글이 데이터가 된다. 인터뷰에서 참여자가 한 말, 연구자와 오고간 모든 내용이 데이터이다. 그 데이터가 풍부해야 된다는 것이 rich data이다.

✤ 그렇다면 인터뷰에서 말할 사람을 잘 골라야 한다는 것을 알 수 있다. 그리고 연구자는 제대로 잘 질문하고 잘 정리해야 한다. 연구 참여자에게 의미있고 중요한 질문을 해야 하며 연구 참여자의 말 속에 들어있는 중요한 부분을 놓치지 않고 정리할 수 있는 능력, 즉 숨어있는 의미들을 보는 눈을 가져야 한다.

✤ rich data를 마련하기 위해 많은 준비를 해야 하고 철저하게 노력하고 훈련할 것을 당부한다. 초보자의 인터뷰일 경우 '예/아니오'로 답한다든지 아예 답을 하지 않는 상황을 상상해보라. 그리고 그런 상황에 대처하지 못하는 연구자의 모습은 어떤가? 텔레비전의 시청자 인터뷰에서 질문에 술술 답하는 시청자처럼 계속 말하는 사람, 그 말의 내용이 의미가 있는 것이라면 잘된 인터뷰이다. 특히 인상적인 특별한 용어를 연구 참여자로부터 듣게 된다면 그것은 행운이다. 그런 용어는 학식있는 말이 아니라 연구의 주제를 적절하게 드러내는 핵심적인 역할을 한다.

### 3) Knowledge of Informants

슬라이드 2-❸

- 연구자들은 연구참여자에 대해 잘 아는 것이 중요하다. 많은 시간을 함께 보내거나 참여자가 하는 말의 의미를 상황적 맥락 속에서 이해하기 쉽게 해주기 때문이다.
- 연구참여자들이 인터뷰를 통해서나 집단 미팅, 초점 집단 또는 수업을 통해 말할 때 그 상황의 구체적인 본질을 아는 것이 매우 중요하다.
- 연구자가 참여자에 대해 잘 알거나 참여자의 상황에 대한 이해가 있는 경우에는 데이터의 정보에 대해 사회적 또는 실제적 상황까지 고려하여 이해할 수 있는 이점을 갖는 것이다.

- informants라는 것은 정보를 주는 사람을 말한다. 바로 연구 참여자이다. 그 사람이 얼마나 좋은 내용을 이야기해 주느냐가 중요하다. 그러므로 연구 참여자를 잘 선택해야 한다.

- 연구 참여자를 고를 때 그 사람에 대해서 제대로 알고 선정하는 것이 중요하다. 자, 예를 들어 다문화에 관한 연구를 한다고 가정해 보자. 열 몇 명의 사람을 구하고 초등학생 자녀를 가진 다문화 여성의 주부로서의 어려움, 주부로서의 삶 자체를 들여다 보는 논문을 쓰려고 한다. 그렇다면 다문화 자녀가 있는 사람을 골라야 하고 초등학생 자녀를 둔 다문화 여성을 연구 참여자로 선정해야 할 것이다. 초등학교도 몇 년 이상 다닌 경험이 있을 때 이런 저런 인터뷰 내용을 얻을 수 있다. 10명을 골랐다고 해서 10명 모두를 참여시킬 수는 없고 만나서 내용이 있거나 소통이 가능한 참여자를 선정해야 한다. 따라서 최종적으로 압축할 때까지는 30명 정도를 만나야 할 수도 있다. 30명 정도를 만나보다가 최종적으로 연구에 필요한 사람을 정하는 것이다.

✤ 그러면 30명은 어떻게 구할 것인가를 생각해 보자. 30명을 아는 사람도 있겠지만 다문화센터든 처음에 누군가의 추천을 받아야 할 수도 있다. 추천한 사람과는 달리 연구자는 연구 참여자에 대해 아는 바가 없다고 한다면 서로를 알기 위한 시간이 필요하게 된다. 서로를 안다고 해서 인터뷰가 저절로 되는 것은 아니다. 알 시간 뿐만 아니라 연구 참여자가 자신의 얘기를 해 줄 만큼 마음을 열 수 있는 공감과 유대가 형성되어야 한다. 만약 자살을 시도한 사람을 인터뷰 한다고 할 때 경찰 앞에서 조사받을 때 말하지 않던 것을 연구한다고 해서 갑자기 말할 리가 없지 않겠는가?

✤ 만일에 숨겨진 이야기나 은밀한 이야기를 해야 되는 주제의 경우 연구자와 연구 참여자의 관계는 속마음을 털어놓을 정도로 매우 밀착되어야 한다. 이러한 과정들은 간단치 않다. 처음부터 연구 참여자라 생각하고 '당신은 내 연구 참여자이고 이러저러한 논문을 써야 하는데...' 라고 자신의 입장에서 섣불리 접근한다면 아마도 상대방은 도망가고 말 것이다.

✤ 자연스러운 관계 형성, rapport 형성은 중요하다.

**라뽀 형성**

저는 논문을 쓸 때 미국 사람들을 대상으로 쓰는데 한국식당에 많이 더리고 갔어요. 정말 한 삼십 몇 명을 계속 주기적으로 만납니다. 그래서 자꾸 돈도 많이 들고 하니까. 이제 30여 명을 1차로 만나고 15명을 골랐어요. 2차로 또 만나 한국식당 가서 또 비빔밥도 사주고, 메뉴가 있잖아요? 그렇게 자꾸 접촉을 하면서 사람하고 관계를 한 다음에 내가 나중에 최종적으로 12명을 정했어요. 그 다음에 내가 만나서 이야기를 했어요. 그런데 그게 한 달 사이에 이루어지는 것이 아닙니다. 2년, 3년, 4년이 갑니다. 저는 한국에서 박사학위를 했기 때문에 그런걸 알기 때문에 처음부터 나름대로 생각을 가지고 있었지만 절대 처음부터 그렇게 말하는게 아니겠죠? 자연스러운 관계 형성을 하는거죠. 그러면서 그 사람은 좀 내용이 있어. 이렇게 살았구나. 이런 일을 했구나. 내 연구에 적합해. 그 사람 성향도 괜찮아. 나에게 호의적이네. 한국에 호의적이네. 인종차별 하지 않네. 여러 가지를 고려하지 않겠습니까? 연구 참여에 적합한 사람을 내가 선정하겠죠? 그러고 난 다음에 논문을 쓸 때가 돼서야 그 사람한테 가서 정식으로 이야기를 합니다. 사실은 내가 논문을 쓸 때가 됐는데. 그러고 나서 이런 질문을 할 거라고. 알려주고...

- 참여하는 사람에 대해 연구자는 많은 파악을 해야 한다. 파악이 정확하면 할수록 좋은 논문이 될 가능성이 높다.

- 연구자가 준비 되어 있다는 quality를 보여주는 것이 중요하다. 누구에게? 바로 지도교수에게 보여주어야 한다. 연구할 준비가 되어 있다는 것, 논문을 쓸 준비가 되어 있다는 것을 보여주는 것이다. 좋은 논문을 쓰기 위한 준비 과정을 철저하게 갖추어 가는 것이 수준을 보여주는 길이다. 연구 참여자 선정도 그러한 준비과정의 일부이며 질적연구로 논문을 쓰려면 미리! 계획을 세워 최소한 2년 전부터 관계 형성을 예비할 필요가 있다.

### 4) Good Writing

슬라이드 2-❹

- 좋은 논문은 잘 쓰여져야 한다.
- 좋은 논문을 쓴 연구자들은 글의 구조는 물론 문체까지 관심을 기울이며 독자들을 끌어들인다.
- 필자인 연구자가 독자들을 잘 아는 것이다.
- 좋은 글쓰기는 여러 가지 형태를 띨 수 있다.
- 어떤 경우는 형용사나 metaphors를 많이 사용하지 않는 문장을 사용하는데, 이는 메타포

는 종종 너무 많이 사용되어 오히려 의미를 떨어뜨리기도 하기 때문이다.

☒ 또 다른 경우는 dense description을 통해서 데이터의 richness를 나타낸다.

☒ 위의 두가지가 모두 좋은 방법이다.

- 논문은 물론 잘 써야 한다. 잘 쓰는 글에는 여러 가지 형태가 있다.

- 글을 잘 쓰는 방법 중 대표적인 것이 수사이다. 좋은 은유법을 사용하는 것이다. 앞서 말한 것처럼 연구 참여자들 중에서 특별한 용어를 쓰거나, 깊이 있는 말을 쓰거나, 생각지도 않은 단어를 쓰는 사람들이 있으면 좋다. 우리가 가진 어휘는 한계가 있다. 각자 살아온 경험이 다른 연구 참여자들 중에서 누구든지 생각지도 않은 어떤 내용을 풀이한 특별한 말을 한다면 그것이 수사적이든, 은유적인 것이든 좋은 글쓰기의 재료가 된다.

- 좋은 글은 논리적이어야 하며, 문장을 적재적소에 배치하거나, 동일한 표현이 자주 나오지 않아야 한다. 그런 좋은 사람을 만나야 한다.

- 좋은 글을 쓰기 위해 무엇보다 중요한 것은 좋은 연구 참여자를 선정해야 한다. 데이터의 원천은 사람, 즉 연구 참여자이기 때문이다.

## 5) Analysis of the Data

**슬라이드 2-⑤**

- 데이터를 단순히 제시하는 것이 아니라 연구자가 해석하는 것이 중요하다.
- 좋은 논문을 쓰는 연구자는 데이터가 의미하는 바를 나름대로 해석한다.
- 연구자는 데이터를 통해 가이드와 같은 역할을 하고 왜 그것을 그렇게 해석하는 지를 설명한다.
- 연구자는 자신의 해석을 연구의 결론에 연결시키고 다른 문헌이나 어떤 이론과 관련되도록 논의한다.

- 자! 이제 데이터 분석에 대해 알아보자. 데이터 분석은 말했다시피 연구자가 선택한 장르에 따라 여러 가지 방법이 있으며 각 방법에서 말하는 룰을 철저히 따르는 것이다.

- 데이터를 분석하고 나면 결과 분석을 하게 된다. 결과 분석은 본인이 얻은 데이터 내용을 가지고 연구자가 생각하는 대로 그 내용을 풀이한다. 질적연구 역시 코딩을 하는데 연구 참여자가 말한 내용 중에서 의미단위, 의미가 유사한 것끼리 묶어서 하나의 새로운 의미를 부여하는 것이다. 잘 정리한 형태가 되면 연구자는 그것을 소화하여 종합한다.

## 6) Social Location

슬라이드 2-❻

- 좋은 논문은 또한 연구자가 그 데이터와 아이디어에 관련성을 갖고 있음을 서술한다.
- 이러한 것을 때로 연구자의 social location이라고 한다.
- 사람의 socioal location은 특별한 identity marker(인종, 계급, 성별 등)를 의미하고 개인적 상황이 처한 환경을 말해주며, 연구참여자와 관련한 다른 사실도 알려준다.
- 데이터와 아이디어와 관련한 연구자의 상황을 설명해주면, 독자는 연구자가 연구에서 나타난 사람이나, 이벤트, 이슈 등을 어떻게 보는가를 여과해 주는 렌즈를 갖고 있음을 알게된다.

- social location이란 말은 연구자의 위치이다. 연구자의 사회적인 location을 말한다.

- 질적 연구를 할 때에는 질적 연구를 하는 그 사람이 그 연구 주제와 어떤 관계가 있느냐 하는 것이 매우 중요하다. 연구자 자신이 그 주제와 어떠한 특별한 인연이 있어야 한다.

### 7) Theorize about Meaning

슬라이드 2-⑦

- 좋은 논문은 의미에 관하여 이론화한다.
- 이는 연구참여자가 제기한 이슈와 연구자가 서술한 내용에 내포된 사회적 가치를 본다는 점을 의미한다.
- 이는 또한 연구참여자가 특정 언어나 어휘를 사용하였을 때 알게되는 공유된 아이디어에 대해 글을 쓴다는 점을 의미한다.

- 최종적으로 데이터를 가지고 연구자가 정리해서 해석하는 마지막 마무리 부분이 결국 그 의미를 찾아 내는 단계이다. 앞서 보았던 예 '상생과 행복의 감인대' 의 경우 이 연구자는 불교 신자로 불교용어에서 의미를 집약한 용어를 찾았다. 데이터를 통해 발견해낸 결과를 이 한 마디로 표현한 것이다. 이 용어는 오로지 연구자 자신의 용어가 되며 누구든지 이 말을 인용하려면 따옴표를 해주어야 한다. 이는 학술연구의 규칙이다.

- 연구자는 그 하나의 발견을 위해서 연구를 한 셈이다. 초등학생 자녀를 양육하는 다문화 어머니의 삶은 상생과 행복을 위한 감인대의 삶이라는 결론을 내렸고 그 의미를 이론화하였다. 그 의미를 찾는 과정은 근거이론의 방식이었다.

학술아카데미 총서 ❹ : 논문작성법 IV 논문작성 연구방법론: 실전노하우

PART

# 02

# 질적논문 챕터별 노하우

# 제3강 서론(제1장) 작성

## 1. 서론 집필의 가이드라인

### 가이드라인 3-1

※ 논문제목이나 초록에 “질적”이란 용어를 사용하라.

- 대부분의 연구가 양적연구이므로, 논문제목이나 초록에 “질적(qualitative)”이란 용어를 사용하는 것은 관심있는 독자를 끌 수 있다.

**〈예시〉**

⇨ Turing points in the lives of young inner-city men forgoing destructive behaviors: A qualitative study

⇨ Attraction toward clients, use of supervision: A qualitative study of predoctoral interns.

※ 예시에서 “질적”이란 용어가 제목의 끝에 사용된 점에 유의하라. 이는 대부분의 독자들은 연구방법보다는 연구변수에 더 많은 관심을 갖기 때문이다.

- 본 가이드라인은 해당 질적연구가 전통적으로 양적방법을 통해 수행되어 온 주제에 관해 수행된 경우라면 더욱 중요하다. 그러한 주제에 질적방법을 사용한 것 자체가 그 연구의 차별적 특징이기도 하기 때문이다.

- “심층인터뷰”나 “촛점집단” 또는 “참여관찰” 등과 같이 전통적으로 질적연구와 관련된 용어를 사용하는 것은 독자들로 하여금 해당 연구가 질적연구라는 것을 알게 해 준다는 점에서 중요하다.

출처: Pryczak & Bruce, 2000, pp. 93-94.

- 이미 개관한 바와 같이, 서론에서는 제목에 ‘질적연구’란 용어를 사용할 필요가 있다. 대부분의 논문이 양적연구라는 점에서 양적연구는 ‘양적’이란 말을 안 써도 알 수 있지만, 질적연구는 반드시 ‘질적’이란 단어를 사용해야한다.

- 그리고 강조하고 싶거나 질적연구방법 중에서도 구체적 접근법이나 장르가 근거이론, 질적사례연구, 생애사 등을 사용하여 이를 밝히고 싶다면, 논문제목에 이어 “질적사례연구” 등을 부기하거나 “누구의 근거이론방법을 중심으로”와 같이 제시한다. 그러나 논문에 “질적연구”라는 말을 제목에 붙였는데 추가로 하위 장르나 접근법까지 쓰는 것은 중복적으로 보일 수 있다. 따라서 제목에는 “~에 관한 질적연구”라고 하고, 다만, 제목에 “~의 효과에 관한 질적연구”라고 하거나 해서 말이 앞 뒤가 맞지 않은 것이 없는지 유의할 필요가 있다. 왜냐하면, 질적연구는 기본적으로 경험이나 의미에 관한 성격을 갖기 때문이다. 효과에 대한 연구는 양적연구의 성격과 관련된다.

✤ 논문제목은 정말 중요하다. 사람에게 이름이 중요하듯이 논문의 제목은 마지막까지 고민해야 한다.

✤ 앞에서 제시한 예시를 보면, 가끔 우리나라도 논문이 이렇게 나오는 경우가 있는데, 질적논문에서 논문제목 시작을 "질적연구를 통해 본~"으로 하는 것은 바람직하지 않다. 이렇게 하는 것 보다는 논문 제목 끝부분에 "~에 관한 질적연구" 와 같이 하는 것이 좋다.

✤ 외국 논문의 경우도 보면, 논문제목 다음에 ":" 한 뒤에 ": qualitative study(질적연구)"라고 하는 것이 많다. 따라서 제목을 쓰고 "초등학교 자녀의 양육경험에 관한 질적연구"로 하는 것은 적절하다.

**제목의 상징성**

이 사람은 자세한 거죠? 이 사람은 연구 대상자를 밝혔네? 인턴 과정의 박사 학생에 관한... 이것이죠? 그래서 약간 자세하게 하는 겁니다. 아까 그랬죠? 자기 장르를 밝힙니다. 대상자가 특이합니다. '자살 경험을 한 사람을 중심으로.' 이렇게 쓸 수 있잖아요. 뭔가 제목이 그 모든 것을 상징성을 다 내세울 수 있는 아주 강한 것을 제시해 줄 필요가 있습니다. 그래서 제목을 보면 다 나오는 거에요. 제목을 얼마나 attractive하게 매력적으로 하느냐가 중요하다는 것을 꼭 명심하세요.

✤ 가이드라인은 보통 연구 주제가 일반적으로 양적으로 많이 해 온 주제인 경우는 더욱 더 자세히 질적연구라는 점을 밝힐 것을 강조하고 있다. 해당 주제를 연구한 사람이 있는데 그 주제가 주로 양적연구를 많이 해왔다면, 본인의 논문은 질적 연구로 했다는 사실을 밝히는 것이 더 의미가 있다는 이야기를 한다.

❖ 다음으로 앞서 본 바와 같이, 초점집단 대상으로 했다든가 참여관찰을 했다든가 해서 무엇인가 전통적으로 질적연구와 관련된 용어를 사용하는 것은 연구의 성격을 보다 분명하게 해준다는 점에서 중요할 수 있다. 그러나 물론 중복 사용은 좋지 않다. 왜냐하면 보통 논문제목은 두 줄 정도 되는데 그 속에 모든 것을 다 나타내고 싶기 때문이다. 논문의 주제도 나와야 되고, 구체적인 연구방법도 제시되고, 대상도 밝히고 싶고 하기 쉬운데, 이렇게 욕심이 많으면, 제목이 너무 길어지고 그렇게 되면 멋있게 하기가 어려워진다.

❖ 물론 뭔가 특이하면 그렇게 할 수도 있다. 그러나, 당연히 질적연구는 심층인터뷰를 하거나, 초점 집단을 사용한다. 그리고 어떤 경우에는 양적방법과 질적방법을 모두 사용하면서 두 가지를 모두 쓴다는 것을 밝히고자 한다.

❖ 실제로 연구방법론 중에 혼합방법론이라는 말이 있다. 혼합 방법은 mixed methods 라고 하는데, 양적방법론과 질적방법론의 접근법이나 장르 또는 분석방법을 각기 한 개 이상씩 활용하는 것이다. 다만 혼합방법론은 어느 한 방법론을 주로 하는 방법론에 보완하여 끼워 넣듯이 사용하는 것이 아니라는 점이다. 두 가지 방법론을 동시에 충분히 활용하는 것이 아니라면, 양적 또는 질적인 방법론의 어느 한 가지를 선택하는 것이 좋다.

**혼합방법론?**

그런데 우리는 아까 통계를 했단 말이에요? 통계 조사를 하고 난 다음에 초점집단을 했어. 두 가지 다했다고 혼합방법으로 했다라고 말하는 것은 안 맞다 이 말이에요. 정통으로 제대로 된 두 가지 제대로 섞어서 사용할 만한 뭐가 있어야 되겠지요. 오히려 어중간한 것보다는 내가 양적연구면 양적연구, 질적 연구면 질적연구를 선택하는 거지요. 질적연구자들은 질적 연구자로 승부합니다.

✤ 질적연구자도 보면 진짜하고 가짜가 있다. 질적 연구자들은 나름의 프라이드가 있는데, 질적연구를 하는 사람은 질적연구가 가진 특성으로 인해 양적연구에 대해 비판적인 관점을 갖기도 한다.

## 가이드라인 3-2

▩ 서론에서는 양적방법이 아닌 질적방법을 택한 점을 논의하다.

- 이 가이드라인은 양적방법에 정향화된 독자들에게 질적연구를 발표하는 경우에 특별히 추천할 사안이다.
- 다음 예시는 이러한 가이드라인을 보여주는데, 연구자는 해당 주제에 대해 알려진 것이 거의 없으며, 해당 주제가 양적방법으로 연구한다면 필수적으로 요구되는 높은 수준의 구조를 (구체적 가설과 구조화된 설문지 등과 같이) 부과하는 것이 부적절하다는 점을 말하고 있다.

### 〈예시〉

⇨ 우리가 여성의 직업개발에서 기회가 되는 이벤트의 역할에 관해서는 알려진 것이 거의 없기 떠문에 이 주제를 탐구하는 것에는 질적접근법을 사용하는 것이 적절한 것으로 보인다. 질적연구방법은 최근 많은 관심을 받고 있는데...

⇨ 본 연구의 목적이 홈리스와 쉼터 생활이 자녀와의 관계에 주는 영향에 대한 어머니의 인식을 탐색하는 것이기 때문에, 질적연구 파라다임이 가장 적절한 방법으로 선택되었다. 질적연구방법은 특히 의미, 해석, 상호작용, 가족 구성원의 주관적 경험에 대한 강조 때문에 가족을 연구하는데 유용하다

(Daly, 1992). 가족 연구에서의 질적연구 파라다임의 이론적 토대는 현상학과 상징적 상호주의이다. 현상학은 "이벤트와 상호작용의 의미나 ... 사람들의 행동의 주관적 측면을 이해하려고" 시도한다. 상징적 상호작용은 "사람의 경험은 해석 ... 에 의해 매개된다"는 점을 강조한다.

출처: Pryczak & Bruce, 2000, pp. 94-95.

- 논문의 1장과 2장을 주로 보는데, 사실은 초록과 참고문헌까지 모두 철저히 구성되어야 제대로된 논문이다. 여기에는 중요한 내용이 있는데, 반드시 서론에 들어가야 할 것은 제목에서 제시된 연구주제가 일반적으로 양적연구를 많이 한다면, 본인의 연구에서는 왜 질적방법을 사용하였는가에 대한 이유를 분명히 밝히는 것이 좋다.

- 이 연구가 왜 질적방법을 사용하는가를 반드시 밝혀주어야 한다는 것이다. 양적방법으로 하면 되는데, 질적방법으로 하는 것에는 그렇게 해야 하는 의미가 있기 때문이다. 즉 질적연구가 더 적합하다는 당위적인 이야기를 해야 한다. 그런 내용이 들어가는 문장이 반드시 문단으로 구성 되어야 한다.

- 우선 일반적인 것은 방법론 책을 보면 질적연구가 유용하다. 그 유용성 중에 대표적인 것은 어떤 주제에 대해서 별로 알려진 것이 없을 경우이다. 어떤 주제가 있는데 연구가 별로 이루어지지 않았다거나, 새로운 주제를 연구할 때 질적연구방법이 유용하다는 것이다. 이와 관련하여 질적방법론이 유용하다고 보는 여러 가지 명분 있는 이야기들이 많이 있다.

✤ 그런 연구 중에 선행연구를 보니 '별로 하지 않았기 때문에' 또는 '이런 주제를 연구한 것을 찾아보기 어려워서' 질적연구를 한다는 경우가 많다.

✤ 양적연구자는 반드시 설문지 특히 척도는 임의적으로 만들어 쓰면 되지 않는다. 양적연구의 설문지는 일종의 조사도구이며, 검사 도구의 경우는 검증이 된 설문지 또는 도구를 써야한다. 그래서 신뢰도가 확보된 설문지가 중요하며, 그런 것을 사용했을 때도 조사과정에까지 문제가 없도록 해야 되는 것이 설문조사이다.

✤ 그런데 본인이 연구하고자 하는 주제에 검사도구가 없거나, 기존에 연구하지 않은 주제를 선택했을 때 등과 같이 활용할 선행연구 자료가 별로 없을 때 질적연구가 중요한 의미를 갖는다. 따라서 연구자들은 질적연구방법이 본인이 선택한 주제와 부합하는지, 또 왜 질적방법으로 연구를 해야 된다고 생각하는 지에 대한 확실한 의미를 알아야 한다. 보다 구체적으로는 왜 질적연구의 다양한 접근법 들 중에서 본인은 "내러티브"방법을 사용해야 하는지 등에 대한 당위적인 서술이 제시되어야 한다는 것이다.

✤ 다음 예시는 수업 중에 공부했던 자료를 해석한 것이다. 서론을 쓸 때는 깔때기 유형으로 큰 주제에서 세부 내용으로 내려오는 방식으로 서술하는 것을 기억할 필요가 있다. 서론에서 본인의 연구주제의 큰 흐름을 잘 정리해 주어야 한다는 것이다.

**예를 들면...**

[3.1] 청소년 자살에 대해서 연구를 한다고 했을 때 그럼 청소년 자살이 요즘 많이 증가 되고 있다는 말을 해야되겠죠? 뭔가 써야 될 기본적인 큰 거. 그런데 청소년 자살 중에 특별한 원인을 보니까 어린아이가 더 많이 죽는 거예요. 그것이 관심이 가요. 이 사고를 진행해 보면 청소년 자살이 많다 → 그런데 어린애가 더 많이 죽어. → 그것도 대부분 학교의 문제, 가정의 문제가 있는데 특히 가정문제는 부모의 양육태도가 중요해 → 어린 시기 학대나 방임의 양육태도는... 그럼 이게 범위가 갈수록 좁아지죠? 이런 깔대기 식으로 가라는 말입니다.

- 서론은 기본 구조가 중요하다. 특히, 서술의 흐름이 논리적 구조를 갖되, 큰 것에서 그 속에 점차 세부적인 것을 포함하는 의미로 서술되도록 할 필요가 있다. 세부적인 서술없이 바로 '요즈음에는 초등학생 자살이 많다'는 식으로 쓰면 제대로 된 서론 구조를 갖추기 어렵게 된다.

- 그 다음 이런 흐름에 따라 내용에 대해서 써주고 나서 반드시 중요한 것이 이러한 내용을 기존에 어떻게 연구해 왔다는 점을 밝히는 것이 필요하다. 본인이 이 연구를 왜 하는지에 대한 논리가 제시되어야 한다.

- 서론에서는 연구의 필요성을 말해야 되는 것이다. 본인이 연구하고자 하는 주제 또는 주제와 관련한 어떤 현상이 매우 심각하기 때문에 이를 학문적으로 연구할 필요가 있다고 해야하고, 이러한 현상에 관하여 그 원인이나 상황 등이 일부 알려져 있지만, 구체적인 내용은 알기 어려운 경우이므로 정확하게 그 원인이 무엇인지 알 필요가 있다고 하면서 연구의 필요성을 제기하는 것이 중요하다. 연구를 왜 해야 되는지에 대한 근본적인 내용까지는 쓸 필요가 없겠지만, 적어도 해당 주제를 왜 연구해야 되는지에 대한 필요성은 제대로 제시해야 한다.

- 보통은 그 이슈가 매우 심각하고 갈수록 더 어려워지는데도 불구하고 별로 그 문제를 해결하려고 노력하지 않고 있다는 사실을 밝혀주면 된다. 그런데 여기에서 말하는 "문제해결을 위한 노력"은 무엇인가? 연구를 하는 것이므로 공부하는 '연구자의 입장에서 연구 분석하려는 노력이 별로 없다'라고 밝히는 것이다.

**서론의 논리적 흐름**

그렇게 말하려면 이런 연구가 기존에 있었다고 말해줘야겠죠? 그러니까 자살에 관한 연구는 기존에 많았어요. 그런데 보니까 초등학생은 없어. 그런데 나는 초등학생을 연구하려고 해요. 이렇게 서론은 전체흐름이 논리적 구조가 설득력이 있어야 돼요. 따라서 자살에 대한 이러저러한 연구들이 진행되었고 그러나 어린 나이인 초등학생 자살에 대한 연구는 진행된 것이 드물다는 식으로 서술하는 것이죠.

- 그 다음에 또 중요한 것은 연구 주제에 대한 방법론적인 이야기를 하는 것이다. 이는 연구방법을 질적연구로 하고, 그 중에서도 특히 본인이 원하는 어떠한 질적 접근법 또는 장르로 하는 것에 대한 당위성을 끌어내는 부분이 필요하다.

**예를 들면...**

[3.2] 청소년 자살에 대한 연구를 많이 해왔지만 초등학생에 관한 연구가 별로 없네, 그런데 최근에 초등학생의 자살이 문제가 크게 대두되고 있으니, 초등학생을 대상으로 하는 연구가 필요하다. 그래서 나는 초등학생에 대한 연구를 한다. 그런데 또 연구의 대부분은 다 설문조사를 바탕으로 한 양적연구였어. 그 속의 경험을 들여다보고, 자살을 시도했던 경험을 들여다보고, 그 사람들의 자살을 시도했던 후에 다시 회복했다면 그 의미를 이해허보고 하는 질적인 부분과 관련된 것이 별로 없다면 그래서 질적연구라는 것이 의미가 있다는 말을 해줘야 합니다. 이런 부분을 반드시 써줘야 합니다. 그 다음에 또 하나가 빠트리는 것이, 질적 연구를 했는데 그 많은 방법 중에 왜 내가 내러티브를 해야 했는지, 근거이론으로 할 수도 있고, 사례연구도 할 수 있는데. 그런데 남의 것은 말할 필요가 없어. 내가 하는 방법이 더 의미 있다라는 것을 밝혀주면 돼요. 왜 질적연구를 해야 되는지에 대해서 말이지요.

## 가이드라인 3-3

- 문제영역에 대해서 서술하는 것으로 서론을 시작하라, 점차 초점을 구체적인 연구목적과 연구질문으로 옮겨가라.

- 다음 예시는 큰 주제로 시작하여 보다 구체적으로 되면서 연구목적으로 끝나는 하나의 단순한 개요(a simple outline)이다.

### 〈예시〉

⇨ Importance of question-asking by children

a. As a skill used in learning in school

b. As a functional skill in the home and other nonschool settings

출처: Pryczak & Bruce, 2000, pp. 33-34.

- 본인이 선택한 주제가 왜 중요한지, 또 그 주제를 왜 연구해야 되는지를 밝혔으면, 그 다음에 이 주제를 왜 질적연구로 해야 되는지 또 질적방법 중에서는 왜 내가 택한 접근법이나 장르로 해야 되는지에 대한 내용이 반드시 서론에 들어가야 한다.

- 서론의 마지막 부분에 연구 질문이 나오는 것이 좋다. 연구목적과 연구의 필요성이 논리적으로 제시된 후에 연구질문을 제시하는 것이다. 서론을 구성하는 방법도 나름의 구조틀이 있으며, 훈련을 통해 서술 능력을 향상할 수 있다.

## 가이드라인 3-4

- 주제의 중요성은 논문의 서론에서 명백하게 서술되어야 한다.

- 연구 주제의 중요성에 대해 길고 자세한 진술을 하는 것은 일반적이지 않다. 논문저자들은 독자들이 이미 그 주제의 중요성을 이해하는 전문가라는 점을 전제한다.

- 따라서 지나치게 자세한 설명을 제공하지는 않는다.

- 그러나 연구목적이 왜 중요한 지에 대해서는 간략하게라도 적시하는 것이 좋다.

- 또한 주제의 중요성에 대한 진술문은 연구주제에 대해 구체적이어야 한다.

출처: Pryczak & Bruce, 2000, pp. 35-36.

- 서론은 심사위원들이 대부분 읽는 부분이며, 서론을 보면 연구자의 역량과 준비 정도, 주제에 대한 이해 등을 알 수 있게 된다. 따라서 서론이 요구하는 논리구조를 알고 서술하는 훈련을 하는 것이 중요하다.
- 또한, 서론은 응집적인 글쓰기가 필요하고 그만큼 압축적인 문장력이 요청된다. 분량을 많이 쓰기도 어렵고 그만큼 중요한 부분이다.

- 다음에 연구 목적이 나오지만, 서론의 끝부분에는 연구문제 또는 연구질문을 제시한다. 예시를 통해서도 본 연구의 연구문제는 "다문화 여성의 초등학생 자녀 양육 경험은 어떠한가?"로 나타나고 있다. 질적연구의 연구질문은

양적연구와 다름을 알 수 있다. 양적연구에 익숙해져 있는 경우 보통 연구문제는 3~5개 정도가 되지만 질적연구는 그렇지 않다.

❖ 질적연구는 어떤 현상을 들여다본다는 점에서 "~는 어떠한가?"라는 넓은 질문으로 제시되는 것이 보통이다. 이 질문에 대한 답을 찾기 위해 그 기법과 방법을 활용하는 많은 공부를 해야 한다. 서론은 모든 필수 사항을 압축적으로 포함하는 구조가 되어야하며, 여기에는 연구 필요성, 연구 목적, 연구질문 등에 대한 서술이 따른다.

❖ 서론은 또한 너무 길면 좋지 않다. 심사위원들이 해당 연구 주제에 대해 잘 알지 못하는 경우에도 서론을 보면 연구의 방향과 내용을 알 수 있는 것이 일반적이다. 주제의 중요성이 잘 설득되도록 써야 하는데 연구자의 필력이 요구되는 부분이다. 무엇보다 논문의 서론과 논의 부분은 필력이 중요하고 잘 쓰기 위해 필력 공부가 되어 있어야 한다. 연구자의 참된 연구능력은 서론과 논의 챕터를 쓸 때 나온다고 해도 과언이 아니다. 이런 부분들을 통해 연구자가 얼마나 주제내용을 파악하고 장악하고 있는지 알 수 있다. 글을 제대로 쓸 수 있는 능력은 서론과 논의에서 드러난다.

❖ 보통 2장은 선행연구의 내용을 인용하는 일이 많다. 많이 인용하되 논리 구조가 되어야 한다. 또한 인용법에 맞게 인용한 것은 문제되지 않는다.

❖ 서론에서 연구의 중요성을 설명하라. 그리고 중요성을 말하는 것은 구체적이고 영어로 아주 specific, 즉 정확해야 하고 자세하게 해야 한다. '자세하다'라는 말의 의미는 길게 쓰라는 것이 아니라 핵심적인 내용만을 딱 찝어 내는 것, 필요성을 느슨하게 쓰는 것 보다는 포인트 있게 하는 것이다.

## 2. 서론 시작의 5가지 방법

### 1) 5가지의 시작방법

- Direct approach(직접적 접근)
- Historical opening(역사적 접근)
- It's in the news(뉴스의 인용)
- It goes against common sense(상식을 넘어서기)
- The Vignette(비네트 즉, 삽화적 인용)

출처: Biklen & Casella, 2007, pp. 73-76.

- 서론을 어떻게 시작할 것인가? 서론의 스타트에 대한 내용이다. 논문 준비자들이 기억할 필요가 있는 서론을 시작하는 방법 5가지를 정리하면 다음과 같다.

- 예시 논문의 서론을 보면 조금 작은 글씨로 써졌지만 "달라이 라마"가 나온다. 용어가 의미 있게 보이며 그 내용이 논문과 뭔가 관계가 있을 것임을 알 수 있다.

**예시논문 3.1**

# Ⅰ. 서론

## 1. 연구의 필요성

> 우리의 삶은 근본적으로 행복을 향해 나아가고 있습니다. 그 행복은 각자의 마음 안에 있다는 것이 나의 변함없는 믿음입니다 (달라이라마, 2001).
>
> 사람들은 불행에서 벗어나기를 바라면서도 불행의 원인들을 향해 달려가고, 행복을 바라면서도 무지하기 때문에 행복의 원인들을 원수처럼 물리칩니다. 이 세상의 모든 행복은 남들의 행복을 바라는 데서 오고, 이 세상의 모든 불행은 자기 자신의 행복을 바라는 데서 옵니다 (샨티데바, 2007).

최근 우리나라는 다문화가정의 증가라는 커다란 변화를 경험하고 있다. 1990년 이전까지는 국제결혼의 주체가 주로 여성들이었으나 1990년대로 들어오면서 남성이 국제결혼의 주체가 되고 있다.

출처: 이승민, 2013, p. 1.

**예시 풀이**

- 우리의 삶은 근본적으로 행복을 향해 나아가고 있다. 그 행복은 각자의 마음 안에 있다는 것이 나의 변함없는 믿음이다. 논문의 제목이 상생과 행복을 위

한 감인대의 삶이라고 적혀있으니 삶을 들여다 본 것이다. 그런데 거기에 행복이 나오고 마음이 나온다. 그러니까 그러한 내용과 무엇인가 의미 있는 “달라이 라마”의 말씀을 찾아서 쓴 것이다.

**서론 쓰기의 고민**

선생님들은 글을 쓸 때 서론과 결론 중에 무엇을 고민하십니까? 저는 서론을 설명해서가 아니라 서론을 고민합니다. 서론 쓰기 어려워요. 그런데 그 주제에 관한 도입부. 왜냐하면 서론에서 읽는 사람의 관심을 잡아야 되거든요. 결론은 상대적으로 쉬워요. 앞에 있는 것을 쭉 정리하다 보면 말이 나옵니다. 마무리 하는 말은... 그러니까 어렵지 않습니다. 앞에 서론에서 뭔가 주제에 따라서 사람을 끌어야 되니까 서론 쓰기에 더 신경을 써야해요. 그래서 서론이 중요하다는 거에요.

- 특히 질적연구는 서론 준비법이라고 할 수 있는 5가지가 있다. 하나는 직접적인 접근, 둘째는 역사적인 접근, 셋째는 뉴스의 인용, 넷쩌는 상식을 넘어서는 인용이고, 다섯째는 삽화적 인용이다. 앞에서 본 것은 이 중에서 “뉴스의 인용”에 해당하는 것으로 보면 된다. 그 다음에 사람이 직접하는 말 같은 것을 쓴다면 삽화적 인용이다. “몸이 천근 만근 무겁고...” 이런 부분을 활용하는 것이다.

- 논문에 관계 되면서 독자로 하여금 강한 느낌을 주는 서론, 독자를 끌어들여 읽게 만드는 그 어떤 요소가 있는 서론이 되어야 한다.

## 2) 서론 시작의 선택문제

- 이러한 다섯가지 접근법 중에 어떤 것을 택하든지 많은 다양한 방법 중의 일부에 지나지 않는다.
- 서론 앞부분에서 논문의 목적이 무엇인지에 대해 명료하게 서술할 필요가 있다.
- 그 다음에 이것이 왜 중요한 문제인지, 접근법이 다른 것과 왜 다른지, 선행연구와 어떻게 연결되는지 등에 대해 말하면, 독자들은 무엇이 비교되고 대조되며 또 상황화되는지에 대해 알게될 것이다.
- 분명한 것은 서론의 첫 3페이지 이내로 연구가 무엇에 대한 것인지를 정확히 말하는 것이며, 빠를수록 좋다.

- 선택의 문제라는 것은 서론의 시작을 어떤 방식으로 하는가 하는 결정을 말한다. 이러한 5가지 방법 중에 어떤 것을 택하든 간에 연구주제에 따라 여러 가지 방법 중에서 상대적으로 보다 적합한 것이 있을 수 있다. 실제로는 일반적인 5가지 외에 더 많은 방식이 있을 것이다.

- 우리는 서론의 앞부분에서 연구의 목적이 무엇인지를 쓰고 그러한 목적과 관계되도록 글을 풀어서 서술할 필요가 있다. 만약 청소년 자살에 대한 내용일 경우 몇 가지의 연속적인 자살의 사례들을 열거적으로 제시해주면서 이와 같이 자살을 많이 하고 있다는 것을 강조하는 것은 좋은 도입부분이 될 것이다. 그렇게 도입을 끌어주면서 연구의 필요성을 써주는 것이 훨씬 힘이 있을 수 있기 때문이다.

## [실습 2] 질적연구자의 준비

❖ 질적연구는 연구주제가 연구자와 특별한 관련이 있다는 사실과, 연구자가 질적연구를 할 수 있는 준비와 훈련이 되어있다는 점을 밝혀야 합니다.

❖ 여기에서는 연구자의 준비와 주제와의 관련성 그리고 질적연구를 위한 공부 과정 등에 대한 내용을 잘 서술하고 있는 논문을 사례로 고찰하기로 합니다. 연구자와 방법론이 연결되는 것을 이렇게 학술적인 글로 쓸 수 있어야 합니다.

**예시논문 3.2**

### 연구자의 준비

자료의 미묘한 의미를 지각할 수 있는 능력인 이론적 민감성은 통찰력과 연관되며, 연구자가 그 분야에서 쌓은 전문적 경험(professional experience)은 민감성을 얻게 될 자료가 된다. 한 분야에서 오랜 동안 경험을 축적하게 되면 그 분야의 일이 어떻게 돌아가는지, 무슨 일이 어떤 이유 때문에 발생되는지를 알게 된다(Strauss & Corbin, 1996).

연구자는 30여 년간 초등학교 교사로서 초등학생들을 지도해 오고 있다. 다문화 자녀의 담임을 맡기도 하고 다문화 교육 시범학교에 근무하기도 했으며, 다문화 관련 세미나에도 여러 차례 참여해왔다. 또한 다문화 교육 업무를 맡아 수행하면서 다문화 자녀와 다문화 여성들을 접할 일이 많았으며, 그러한 일련의 과정들을 통해 연구자는 본 연구의 필요성을 인식하게 되었다. 우리나라에서 여성결혼이민자의 자녀들이 성장하면서 초등학생이 되기 시작한 초기부터 현재까지 다문화 자녀와 그들의 어머니인 다문화 여성을 직접 접해오면서 가지게 된 이론적 민감성을 바탕으로 하여 다문화 여성의 초등학생 자녀 양육 경험에 관한 연구를 하고자 하였다.

질적 연구에서 글쓰기 스타일은 매우 중요하며 자신에게 가장 잘 맞는 글쓰기 스타일을 찾는 것은 많은 시간과 노력을 필요로 하는 작업이다. 글을 잘 쓰는 것이 성공적인 연구보고서를 쓰기 위한 가장 필수적인 요건이다(Padgett, 2008). 연구자는 어린 시절부터 책 읽기와 글쓰기를 좋아했으며 각종 백일장이나 글쓰기 대회에서 입상한 경험이 많다. 성인이 되어서는 문단에 등단하고 두 권의 시집을 출판하기도 했다. 사회복지학을 공부하기 이전에는 ○○교육대학교 학부와 대학원에서 국어교육을 전공하면서 글쓰기 이론과 실제에 대해 관심을 갖고 공부하였다. 교육 현장에서는 학생들의 글쓰기 지도를 꾸준히...

출처: 이승민, 2013, p. 78-79.

### 예시 풀이

✣ 자! 다음 페이지에 연구자의 준비라는 말이 나오죠. 끝에 마지막 문단에서 연구자는 30여 년간 초등학교 교사로서 초등학생을 지도해오고 있다. '다문화 가정 자녀의 담임을~' 나오지요? 이게 뭡니까? 연구자가 그 주제에 대해서 어떤 관계가 있나 하고 말하는 것입니다. 이것이 연구자의 social location입니다. 무슨 말인지 아시겠죠? 교사인 연구자가 다문화이주여성의 자녀양육에 관심을 갖게 된 것에 대해 말하고 있어요. 이 연구를 하게 된 '나'라는 연구자가 어떤 존재라는 것을 말합니다.

✤ 이게 무슨 의미입니까? 그 연구 참여자들의 데이터를 해석하고, 논의하는 것을 '나'라는 연구자가 할 만한 자격이 있다는 것을 말해주는 것이지요. 맞잖아요. 초등학교 교사 해 본 적이 없고 다문화 아이들을 접하지 못한 저보다 자격이 되지 않습니까? 이 연구를 할 만한 사람이 연구를 했다는 것이 증명된 것이지요, 그렇게 중요하다는 말입니다.

✤ 그러니까 만약 질적 논문을 쓰신다면 자기와 아무 관계없는 것 하면 안 된다는 것입니다. 질적논문은 자기의 직업이든, 신분이든, 어떤 경험이든, 무엇인가가 연구주제와 관계성이 있어야 하고, 그리고 그 관계성이 있음을 밝혀주어야 합니다. 밝혀주는 범위 한도 내에서. 그게 social location 이라는 부분입니다.

✤ 예시논문의 80페이지를 보면 이런 과정을 통해서 연구자(첫 줄에 본 연구의 필요성을 인식하게 되었다.) 자신이 '이런 것에 대한 생각이 있다. 그래서 내가 이런 과정으로 연구를 했노라' 하는 식으로 표현하였습니다.

✤ 그 다음에 보세요. 질적연구에서 글쓰기 스타일은 매우 중요하며 자신에게 가장 잘 맞는 글쓰기 스타일을 찾는 것은 많은 노력과 시간이 필요해요. 글쓰기 지도교사를 한 경험, 어린 시절 글쓰기대회에서 상을 탇았다는 이야기 등은 연구자의 글쓰기 경험을 보여주고 있어요. 질적 연구에 대한 배경지식을 서술하여 질적연구에 대한 관심도 표현했습니다.

# 제4강 연구방법(제3장) 작성

## 1. 연구방법 챕터의 가이드라인

### 가이드라인 4-1

- 본 연구가 질적연구이며, 질적방법을 선택한 이유를 말한 뒤에 사용한 특정한 질적연구 접근법에 대해 서술하는 것이 바람직하다.

- 이것은 양적방법에 익숙한 사람들을 위해서 그리고 상대적으로 새로운 질적 접근법을 사용하는 경우에 특히 중요하다. 다음 예시는 그러한 서술의 시작 부분을 보여주고 있다.

**〈예시〉**

⇨ 우리는 Hill, Thompson과 Williams(2010)가 개발한 consensual qualitative approach(CQR) 방법론을 사용하였다. Hill과 동료들에 의하면 이러한 접근법의 주요 특징은 다음 몇 가지로 요약된다: (a) 이 방법은 숫자를 사용하기 보다는 현상을 서술하는 언어에 의존한다; (b) ... (c) .... (d) ...

※ 이러한 유형의 내용은 서론부분이나 연구방법 부분에 제시될 수 있다는 점을 기억하라

출처: Pryczak & Bruce, 2000, p. 95.

- 질적연구는 참여자 선정 여하에 따라 연구에 대한 가장 좋은 정보를 얻을 수도 있고 그렇지 않을 수도 있다. 참여자 선정이 질적연구의 수준에 큰 영향을 미친다.

- 예를 들면 질적연구는 "연구의 참여자를 선정하기 위해서 유의적 표집, 눈덩이 표집을 이용했고 특성상 이 사람의 경험이~"라는 것과 유사한 부분을 포함하는 문장을 볼 수 있는데, 연구대상과 절차를 제시하는 부분이다. 참가자 선정 방법, 자료수집을 어떻게 했는가 하는 것을 철저하게 제시하는 것이 중요하다.

- 양적연구는 설문 조사를 몇 명 했는가를 비롯하여 조사 설계가 중요하다. 질적연구는 설문 조사 설계보다도 '절차' 적인 것이 매우 중요하다. 절차적이라는 것은 질적연구에서 윤리적인 문제라든가 엄격성을 지켰는가 하는 것을 강조하기 때문에 차곡차곡 세밀하게 써야한다. 아주 구체적으로 손에 잡힐 듯이 잘 정리해야 한다. 다시 강조하건데 질적연구는 방법이 아니라 절차가 중요하다.

- 예를 들면, "연구자가 30명을 만났지만 내용이 부실하거나 좋은 내용을 줄 수 있는 사람이 아니라는 여러 가지 이유로 12명을 선정했다, 사람을 만났는데 인터뷰 하는 과정에서 협조를 거부하고..., 10명인데 1명이 나중에 자신의

인터뷰 내용을 빼달라고 해서 뺐다든가, 최종적으로는 12명이 되었다."는 식으로 그런 당면한 상황을 자세하게 다 밝혀줘야 한다.

- 연구자는 연구 참여자와 라포를 어떻게 형성했는지 모두 정리한다. 평소에 메모를 하고 방법론을 배우면서 철저하게 자신을 질적연구자로 훈련하여 연구에 임하도록 해야 한다. 이런 것들을 습관화하는 것이 좋다.

- 연구의 내용들을 잘 정리해 두고 일단 기록은 다 해두지만 최종논문을 위해 문장을 다듬는 부분에서는 어느 정도까지 써줄 것인가를 고려해야 한다. 모든 기록을 먼저 자세하게 해두어야 한다는 것을 잊지 말자.

- 양적연구와 달리 질적연구에서는 참여자의 선정 과정 절차 하나하나가 중요하다. 양적연구는 예를 들어 설문조사 3,000명을 했다면 탈락자, 무응답자 빼고 백 몇 명이었다 하는 것으로 마무리할 수 있지만 질적연구는 그렇지 않다. 의미단위를 뽑아내는 경우에도 이 의미가 어떻게 나왔고 용어가 어디서 왔는가 하는 것을 모두 써야 한다.

- 서론에서 왜 질적연구를 했는가 그리고 그중에서도 왜 근거이론을 했는가에 대해 언급했던 것을 기억해 보자. 3장에서는 그 부분에 대해 보다 자세하게 설명해야 한다. 그러니까 서론에서는 압축적으로 제시해주고, 이는 연구자의 엄격성, 윤리성과 연결되는 부분이다. 3장은 연구자의 준비와 관련된다.

- 즉 서론에서 간단하게 압축적으로 "나는 그런 질적연구방법론을 수강했고 아카데미에서 배웠다." 라고 잠깐 언급했다면 자세한 내용은 3장에서 서술하는 것이다. 질적연구를 왜 택했고 왜 이 방법으로 연구하는지에 대한 자세한

내용을 3장에서 밝힌다. 이렇게 특정한 접근법에 대해서 왜 그렇게 선택했는가를 서술하는 것이 바람직하다.

## 가이드라인 4-2

- 독자에게 "자신을 드러내기" 할 것을 고려하라.
  - 양적연구자들이 "객관적"이 되어야 하며 연구결과에 영향 주는 일을 피하기 위해 일정한 거리를 유지해야한다고 배우는 것과는 달리, 질적 연구자들은 연구의 본래적인 주관성을 인정받는다.

- 대부분의 질적 연구자들은 심층 인터뷰, 초점집단, 참여관찰 등과 같이 개인적 상호작용을 포함하는 방법을 사용한다.

- 질적연구에 임하는 연구자의 개인적인 본질로 인해서 연구자들 자신의 이야기를 서술하는 것이 가능하다.

- 예시논문에서는 한부모 가정의 여성에 대한 연구에서 연구자가 자신에 대해 서술한 것을 보여준다.

출처: Pryczak & Bruce, 2000, p. 96.

- 자신을 드러내라! '연구자의 준비'를 기억할 것이다. "나는 교사 30년 했고..." social location이다. 서론에서 간단히 썼지만 3장에서 더 자세하게 연구자에 대한 모든 것이 드러난다. 모든 것이라는 게 한계가 있지만 이 연구자는 정

말 전문가구나, 정말 이 연구할 만하구나 하는 정도는 밝힐 수 있는 뭔가가 나와 주어야 한다. 연구자 자신에 관한 소소한 진술을 통해 질적연구자들의 주관성을 인정하는 것이다.

✤ 양적연구자가 질적연구자를 비판하는 이유는 학문, 과학, 또한 연구라는 것이 객관적이어야 된다는 것 때문이다. 이것은 양적연구자들의 절대적인 명제이다. 그런데 질적연구는 주관성을 중요하게 생각한다. 연구자의 주관, 각자의 경험 그 자체를 데이터로 볼 수 있다고 생각한다는 점에서 양적연구와 근본적으로 다르다.

✤ 통계 분석을 할 경우에는 연구자가 어떤 사람인가 하는 것이 중요하지 않다. 그러나 질적연구의 경우엔 연구자의 판단이 개입되고, 판단하는 사람의 견해가 의미있게 생각할 만한 권위를 인정받는 것이 중요하다.

## 가이드라인 4-3

⊠ 서론이나 방법론 부분에서 이러한 서술이 이루어진다.

### 〈예시〉

⇨ 제1저자는 사회복지학 석사이며 상담심리학 박사이다. 그녀는 ○○학회의 임상회원이며, 공인 수퍼바이저이다. 그녀는 가족치료가와 집단치료가로서 모두 28년 이상의 경험을 가지고 있다. 그녀는 두 가지 관점에서 한부모 어머니에 관한 주제에 관심을 가지게 되었다. 임상가로서...

⇨ 제2저자는 교육심리학 박사이며 ○○학회의 임상회원이다. 그녀는 가족치료

가로서 6년의 경험을 가지고 있으며, 한부모가족의 어머니가 된 것은 10년째 이다. 그녀는...

출처: Pryczak & Bruce, 2000, p. 96.

❖ 더욱이 대부분의 질적연구자들은 심층 인터뷰, 초점집단, 참여관찰 등과 같이 개인적 상호작용을 포함하는 방법을 사용한다. 무슨 말인가? 상대방이 있다는 것이다. 참여자와 인테이션을 한다. 설문조사는 이름을 밝히지 않고 얼굴을 몰라도 조사가 가능하다. 그러나 질적연구는 참여자 한 사람 한 사람이 매우 밀접한 rapport형성을 하고 연구자와 서로 잘 안다.

## 가이드라인 4-4

- 샘플이 실제로 편의(convenience)샘플이라면 “purposive” 샘플이라고 부르지 마라.

- Purposive sample은 특별한 연구문제에 관해 의미있는 데이터를 획득하는데 매우 적합한 것이라고 볼 수 있는 것을 말한다. 다른 말로 연구자가 선택한 참가자 집단을 말한다. 왜냐하면 그들은 특별한 관심을 받을 가치가 있는 것으로 볼 수 있는 특질을 가지고 있기 때문이다.

- 연구자가 단순히 샘플을 정하는데 편리하다는 이유로 연구 참여자를 선정한다면 그 샘플은 purposive 샘플이 아니라 convenience 즉 편의 샘플로 불러야 한다.

출처: Pryczak & Bruce, 2000, pp. 96-97.

✤ 다음은 샘플링이다. 보통 눈덩이 샘플링이나, purposive sampling 이라고 한다. 의도적 샘플링이라는 것은 예를 들어 다문화여성을 연구한다고 하면, 다문화 여성을 어떻게 선정할 것인가에서 연구자가 기준을 정해 선정한다. 다문화 여성의 기준은 한국에 결혼하러 온 이주 결혼자만 한다든가, 북한에서 넘어온 경우도 포함한다든가로 연구자가 정하는 것이다. 개념정의에서 이를 정의해 준 다음 그 정의를 기준으로 선정하는 것이다.

## 가이드라인 4-5

※ 만일 purposive sample이 사용되었다면, 참여자를 선정한 기준에 대해 밝혀야 한다.

※ 다음 〈예시〉에서 연구자는 다양하게 선정하기 위해 purposive 하게 선택된 샘플에 대해 서술하고 있다. 단, 정규학교활동에 장애아동이 포함되어 있는 학교와 프로그램만을 포함하고 있다.

### 〈예시〉

⇨ 우리는 프로그램에서의 variation을 극대화하기 위해서 purposive sampling 절차를 사용하였다. 전국의 농촌, 중소도시 및 도시환경에서 지역중심, 공립학교 및 헤드스타트 프로그램을 선택하였다. 이 프로그램은 ..

출처: Pryczak & Bruce, 2000, p. 97.

✤ 눈덩이 표집은 연구자가 아는 사람을 통해 누군가를 소개받은 후 소개받은 그 사람을 통해 연쇄적으로 소개를 받는 경우이다. 질적연구는 많은 내용(경험)을 말할 수 있는 사람, 연구의 목적에 적합한 많은 내용을 들려주는 사람을 표집했는가가 중요하다.

✤ variation은 우리말로 변용, 응용 또는 다양화라는 뜻이다. 융통성 있게 하는 것이다. 자! 만약 다문화 여성을 선정한다면 일본 사람, 베트남 사람, 몽골 사람이 고루 포함되는 것이 일본 사람 5명에 몽골 사람 1명 보다 낫다. 다양하게 포함되도록 하는 것이 좋은 선정이다. 그리고 한국에 온지 1년 된 사람이 있으면 10년 된 사람, 5년 된 사람 등 다양한 것이 좋다. 최종적으로 선정할 때는 이와 같은 측면을 고려하는 것이다.

## 가이드라인 4-6

▣ 연구참여자들이 충원되는 방법에 대해 서술하라.

- convenience 샘플이나 purposive 샘플 중의 어느 것이 사용되었든 간에 독자들은 연구 참여자를 어떻게 충원하였는지에 대해 관심을 갖는다.
- 이 점은 잠재적으로 민감한 이슈를 연구할 때 특히 맞는 말이다. 왜냐하면 충원절차가 잘못된 경우는 ethical sample에 문제가 있을 가능성이 높기 때문이다.

▣ 다음 예시는 HIV 양성인 어머니들을 충원한 것에 대해 길고 자세히 서술한 내용의 한 부분이다.

**〈예시〉**

⇨ 복지서비스를 받지 않은 여성을 충원하려는 모든 노력이 이루어졌다. ... 충원절차는 장소에 따라 다르며, 대체로 직원들의 제언에 의해 결정되었다. ... 한 보건프로그램에서 사회복지사는 프로그램의 환자로서 HIV양성인 어머니에게 연구참여를 요청했다.

출처: Pryczak & Bruce, 2000, pp. 97-98.

✣ 질적연구가 통계적이지는 않지만 질적연구도 다양한 참가자들을 고려해야 한다. 즉 다문화 여성을 샘플링 할 때 국가별 분포를 염두하여 구성할 필요가 있다고 제안하였다.

## 가이드라인 4-7

⊠ 데이터를 수집한 방법에 대해 자세하게 설명하라.

- 인터뷰 연구에서는 "심층적인 반구조 인터뷰가 수행되었다"라고만 말하는 것은 불충분하다. 독자들은 그 인터뷰가 어디에서 어떻게 수행되었으며 최초 질문이 제기되었던 일반적 방향에 대해서도 알고 싶어 할 것이다.
- 인터뷰에서 실제로 사용된 질문을 서술할 필요는 없다(특히 이러한 질문은 연구 참여자에 따라 실제로는 조금씩 다양해질 수 있고 질적연구가 수행되는 과정에서 변할 수 있기 때문이다.)

## 가이드라인 4-8

- 관찰적 연구에 대한 결과를 보고하는 경우에도 자료수집에 대해 자세한 사항을 제공하는 것이 바람직하다.

- 다음과 같은 질문에 대해 대답하는 것을 고려하여 서술하라.

  - 관찰자는 참여자였는가 아니면 비참여자였는가?
  - 참여관찰은 언제 실시되었나?
  - 참여관찰은 얼마나 자주 이루어졌나?
  - 어떻게 데이터가 기록되었나?
  - 연구자는 어떤 유형의 행동을 처음으로 보았는가?

출처: Pryczak & Bruce, 2000, p. 98.

✤ 최근에는 차 안에서도 인터뷰가 많이 이루어진다. 마주볼 수 없는 점 등 여러 단점이 있지만 조용하고 아늑하다는 특성이 있다. 그 곳이 어디든 인터뷰 장소를 밝혀야 한다.

# 2. 연구방법과 절차

## 1) 연구방법

슬라이드 4-①

※ 방법과 절차는 상호연결되어 있지만, 동일한 것이 아님

※ 방법은 큰 그림이며 다음과 같은 질문에 답한다.

- What does this approach get you?
- How does it understand a problem?
- How did it lead you, guide you and shape the work that you did?

※ 연구방법에서는 질적 방법이 어떻게 연구에 접근하는 지를 알려준다.

※ 이 섹션은 연구자의 질적 방법의 형태가 - 심층 면접, 참여관찰, 페미니스트 방법 등 - 어떻게 연구과정에 접근하였으며 어떻게 world를 틀지우는 지에 대해 나타내보여야 하는 것을 의미한다.

출처: Biklen & Casella, 2007, p. 79.

✤ 근거이론, 생애사, 내러티브, 사례연구 등 연구자는 자신의 연구방법에 대해 서술해야 한다.

## 2) 연구절차

**슬라이드 4-❷**

- 절차는 연구자를 캔버스의 특정 부분에 위치시킨다.
- 연구자의 구체적 결정과 현장에서 직면한 실제적 문제에 대해 논의하는 것이다.
- 어떻게 현장이나 연구참여자에 접근하였는지에 대해 서술하는 것이며 어떻게 rapport를 형성했으며, 어떻게 데이터를 수집했으며, 현장연구시에는 어떤 일이 구체적으로 일어났는지에 대해 서술하는 부분이다.
- 데이터코딩 절차에 관한 것도 절차에 해당한다. 질적연구 프로그램을 사용한 것에 대해서 서술하고 이론적 접근들(근거이론, 후기실증주의 등)을 분석할 때 어떻게 또 언제 병합했는지에 대해서도 말한다.
- 실수한 일이나 그것이 연구자 판단에 끼친 영향 서술

출처: Biklen & Casella, 2007, p. 79.

- 절차란 무엇인가? 자신이 선택한 방법에 따른 순서를 서술하는 것이다. 초기 잠정적인 참여자와의 만남에서부터 최종적인 결정을 내릴 때까지 어떻게 사람들과 접촉했던가 하는 참여자 확보를 위한 활동의 전 과정을 서술하는 것이다. 최종적으로 연구할 만한 사람이라고 판단하는 절차가 있다면 그 점을 서술해 주어야 한다.

**수업과제 리포트쓰기**

이렇게... 논문 쓰는 거 보면 우리는 벌써 수준을 알아요. 기초적인 준비가 안 된 사람, 기초적인 준비만 된 사람. 이와 같은 것도 훈련하면 됩니다. 그런데 훈련할 시간은 수업시간에 리포트 내는 것과 같아요. 원래 리포트는 이런 것을 훈련하는 과정이지요. 그러니 리포트를 위한 리포트를 내지 않도록 노력해야 합니다.

# 제5강 결과분석(제4장) 작성

## 1. 결과분석 챕터의 가이드라인

### 가이드라인 5-1

⊠ 결론 부문을 쓸 때 양적 사안에 대해서는 양적 결과를 보고하라.

- 질적연구를 수행하더라도 통계를 제공하는 것이 적절할 곳에서는 통계사용을 배제하지 않는다.
- 어떤 사안은 자연스럽게 양적인 방법으로 보고하게 된다.
- 다음 예시에서와 같이 "많은"이라는 용어는 모호한 양적 용어라는 점에 유의하라.

**〈예시〉**

⇨ 많은 학생들이 수학 수업동안에는 머리를 책상위에 붙이고 조는 것을 관찰할 수 있었다.

⇨ 25%의 학생들이 수학 수업동안에는 머리를 책상위에 붙이고 조는 것을 관찰할 수 있었다.

출처: Pryczak & Bruce, 2000, p. 99.

✜ 질적연구에는 통계를 쓸 수 없다? 그게 아니다. 예를 들어 20명의 참가자 중에 12명이 공통된 어떤 특성을 보일 경우 그러한 참가자 특성을 표나 그래프로 만들어 제시하는 것이 유용할 때가 있다. 연구에 참여한 다문화 여성 20명 중 12명이 자녀양육에 대해 '어찌할 수 없다' 라는 말을 했고 8명이 '스스로 만족한다' 고 답하였다고 한다면 이 참여자들을 공통적인 특성으로 그룹화(grouping)할 수 있다. 이런 그룹화한 것을 통계적인 수치로 표현한다든가 해서 표로 제시하는 것이 가능하다.

## 가이드라인 5-2

⊠ 인용을 사용하는 경우에는 왜 그 부분을 인용했는가에 대한 근거를 말하여야 한다.

- 질적 연구에서는 많은 양의 구술 부분(원자료)이 수집된다. 독자들은 연구결과에서 구술의 일부를 제시한 인용문에 상응하는 근거를 알고 싶어한다. 다양한 직접인용문들은 각기 다른 인용근거를 가질 수 있다는 점에 유의하라.
- 그 중 일부는 해당 주제에 대해 가장 articulate한 표현이기 때문에 선정되며, 다른 인용문들은 가장 정서적인 부분이기 때문에 선정되기도 한다. 또

다른 많은 인용문들은 단지 주제에 대해 전형적인 반응을 예시하는 것이기 때문에 제시될 수도 있다. 이처럼 인용의 근거는 다양하다.

출처: Pryczak & Bruce, 2000, p. 99.

✤ 결과분석에서 제일 중요한 것은 참여자들이 한 말이다. 우리는 인터뷰에서 연구 참여자들이 말한 것을 전사한다. 인터뷰한 내용을 전사한 것을 가지고 분석하며 분석한 후에 참여자가 말한 것 중 중요한 내용들을 우리가 그대로 옮겨 쓰게 된다.

## 가이드라인 5-3

▣ 인용문을 선택하는 가장 많은 근거는 그것이 "전형적"이거나 "잘 대변하는 것"이기 때문이다. 인용문에 대해 이러한 주장을 할 때는 그것이 "어떻게" 전형적인 것인지를 밝혀야 한다. 유사한 sentiments를 표시한 참여자들이 몇 명이며 몇 퍼센트인지를 적시할 필요가 있다.

- 다음 예시는 이 점을 나타내고 있는데, 연구자는 결과의 범주에 대해 말하면서 초록의 수와 비율을 언급하였다.

### 〈예시〉

⇨ 클라이언트가 치료가를 신뢰한다(11개 초록, 초록의 100%)
"내가 그녀를 신뢰하게 된 사실은..."
"나는 전적으로 그녀를 신뢰한다. ..."

▧ 위의 예시는 범주와 인용문의 의미가 논의된 보고에서 따온 것이다.

출처: Pryczak & Bruce, 2000, p. 99.

❖ 질적연구의 결과부문은 단순히 범주의 나열과 비율만으로 구성되어서는 안 된다. 그것이 나타내는 논점의 측면에서 해석되고 논의되어야 한다.

## 2. 질적논문의 결과분석

### 1) 결과분석 챕터는 2개 이상 가능

슬라이드 5-❶

▧ 데이터 챕터가 논문의 핵심이라는 점은 의문이 없다.

▧ 다른 챕터가 강하다고 해도 좋은 논문은 중심 챕터에 있는 강한 데이터와 그것이 나타내는 것에 좌우된다.

▧ 질적 논문에서는 보통 3개 챕터가 결과분석에 사용된다. 2개 또는 1개 챕터도 때로 적절한 것일 수도 있다.

▧ 대학에 따라 다르지만, 3개 챕터를 사용하는 것이 일반적이라는 점을 기억하라.

출처: Biklen & Casella, 2007, p. 82.

✤ 4장 데이터 결과 분석은 논문의 전체 분량에서 거의 반 이상을 차지하지만 분량 중심으로 구성해서는 안되고 질적인 수준을 중요하게 생각해야 한다. 아주 핵심적으로 종합하고 구조화해서 필요한 것만 제시하되 너무 간결해서는 안된다. 의미를 충분히 담아내면서도 절제있게 정리하는 것이 좋다. 참고로 글을 줄일 경우 중략은 마음대로 점을 찍는 것이 아니라 반드시 점 세 개로 하는 것이 규칙이다.

## 2) Argument를 말하라

슬라이드 5-❷

- 질적 논문은 증거기반 택스트 (evidence-based texts)이며 어떻게 showcase하며 연구자가 주장하는 것이 가장 효과적으로 나타나도록 사용하는가에 관한 것이다.
- 데이터를 잘 사용해야 하며, 근사하게 보이도록 하고 말하고자 하는 이야기를 위해 데이터의 에너지를 harness해야한다.
- 자신에게 물어야 할 첫 번째 질문은 "말하고자 하는 이야기가 무엇인가?"하는 것이다.
- 데이터 분석을 하면 그러한 이야기를 찾을 수 있게 되고 그것을 구분하여 챕터화하는 것을 도와준다.
- 말하고자 하는 이야기가 무엇인가에 대해 묻게 되면 같은 구문으로 시작하는 대답을 하게 된다. "이것은 ... 에 관한 이야기이다 ... "
- 그리고 두 번째 문장은 다음과 같은 구문으로 시작한다. "본 논문은 ... 에 대해 논의한다."
- 이러한 두 문장을 같이 쓰고 계속 다듬어가면서 단지 "무엇인가에 관하여" 뿐만 아니라 그것에 관해 구체적인 입장을 가지는 논문을 만들어갈 수 있도록 해야 한다.

※ 다음의 몇 가지 (예시)는 이 말의 의미를 설명해 줄 것이다.

- (예시 1) 이것은 어떻게 femininity가 대학 생활의 "숨은 교과과정"의 중요한 일부를 구성하는 지에 관한 이야기이다. 본 논문은 연구참여자가 반드시 여성주의자 학생이 되어야 한다는 것에 대해 논의한다.
- (예시 2) 이것은 일단의 젊은 중산층이며 거의 모두가 백인인 청소년과 그들의 경험에 관한 이야기이다. 본 논문은 그러한 학생들은 사회정의에 대한 강한 약속과 그것이 개인주의라는 이념에 기반하고 있는 근원 간의 긴장을 계속해서 협상한다는 것에 대해 논의한다.

출처: Biklen & Casella, 2007, pp. 82-83.

❖ 연구 참여자들이 말했던 내용을 모두 다 항목화하는 것이 아니라 중요한 것을 순서대로 핵심적인 내용을 중심으로 말해 줄 필요가 있다. 많은 데이터를 다 인용해 줄 필요는 없고 챕터에 들어가지 않는 것은 기타로 묶어 제시하기도 한다. 질적연구에서는 많은 데이터를 버려야 하는 상황이 있을 수 있다.

❖ 연구자가 의미를 찾으려고 할 때 데이터를 취사선택하게 되는데 대체로 전체 데이터의 5분의 1만 중요한 데이터로 체크하면 된다. 아주 중요한 데이터가 무엇인지 집중하고 그것을 선택하라. 모든 데이터가 전부 필요한 것은 아니다.

## 3. 데이터 조직화 방법

- 주제중심 조직화(Thematic Organization)
- 데이터 유형의 조직화(Data-type Organization)
- 연대기적 조직화(Chronological Organization)
- 분류적 조직화(Classificatory Organization)
- 연속체형 조직화(Continuum Organization)

출처: Biklen & Casella, 2007, pp. 84-87.

- 4장의 절을 어떻게 구성할 것인가? '다문화 여성의 초등학생 자녀 양육 경험에 관한 질적 논문'에서는 1. 개방코딩 2. 축 코딩... 등으로 되어 있는데 이것은 근거이론에서 요구하는 고유의 틀이다.

- 내러티브는 내러티브대로의 방식이 있다. 일반적으로 보면 결과분석 chapter를 쓰는 절 구성의 방법에는 다섯 가지가 있다. 보통 하위 절은 세 개가 안정적이다. 결과분석은 3~5절로 구성한다. 그럼 절의 구성은 무엇을 기준으로 분류하는가?

## 1) 주제중심 조직화(Thematic Organization)

**슬라이드 5-③**

- 질적 연구자들은 연구결과를 주제(themes)의 측면에서 말하는 일이 많다. 이는 연구참여자와의 연구에서 대두된 데이터 클러스터에서 구성되는 아이디어 들이다.
- 질적 연구자들은 스스로를 inductive 연구자로 보는 경향이 있기 때문에 데이터가 만들어내는 주제들에 대해 자주 이야기한다.
- 전략은 각 챕터를 다른 주제로 조직화하는 것이다.
- 이 전략을 선택하면, 그것이 연구자의 큰 주장에 어떻게 기여할 것인가를 계속해서 생각하게 된다.

- 제일 많이 쓰이는 방법은 thematic으로 주제별로 묶는 것이다. 큰 덩어리, 의미의 덩어리별로 절을 만드는 것이다. '의지할 수 없음', '어찌할 수 없음', '행복함' 등 의미의 덩어리가 나오면 그것이 절이 된다. 유사한 의미 덩어리들은 함께 묶여 또 하나의 상위의 의미 덩어리를 만든다.

## 2) 데이터유형별 조직화

**슬라이드 5-④**

- 논문이 절충적 방법을 선택하면 데이터 수집의 각기 다른 방법과 형태(forms)을 사용한다.
- 또 다른 선택은 챕터를 연구자가 쓰고자 하는 데이터의 종류에 따라 조직화하는 것이다.

- 예를 들면, 데이터가 역사적인가, 참여관찰과 인터뷰에 사용한 노트들인가 또는 텍스트 분석인가에 따라 챕터를 구분한다
- 청중들이 어떻게 특정한 TV나 필름같은 시각적 텍스트를 이해하는 가에 대해 연구하는 경우는 이 방법이 유용한 접근법이 될 수 있다.

✤ 데이터 유형별로 묶는 방법이다. 영상데이터는 영상데이터대로, 사진데이터는 사진데이터대토, 녹음된 데이터는 녹음된 데이터대로 묶는 것이다.

## 3) 연대기적 조직화

슬라이드 5-⑤

- 질적사례연구나 여러 차례 multisited study를 했다면 연대기적으로 챕터를 조직화할 수 있다.
- 구성하고자 하는 특별한 narrative를 초기, 중기, 말기 등으로 구분하여 강조할 수 있다.
- Solomon(1999)의 논문은 간호조무사가 되기위해 연수를 받는 빈곤 여성에 대한 것인데, before-during-after method of organization을 사용하였다.
- 유용한 조직화 도구인 일반적으로 사용되는 사회학적 연대기적 틀은 Career에 관한 생각에 따라 좌우된다.
- Howard Becker(1970)에 의해 개념정의된 것으로 사람들이 특별한 삶의 양식에서 참여를 위해 취하는 일련의 단계를 의미한다.
- 직업과 관련하여 사용하는 career의 전통적 개념과는 달리, 이러한 형태의 “경력 career”은 판매원, 학교중퇴자 등 사람의 생애에서 시간이 지남에 따른 변화를 추적하는데 사용할 수 있다.

☒ 이것은 경험을 구분하는 단계에 관한 아이디어에 좌우된다는 점에서 연대기적인 것으로 볼 수 있다.

❖ 연대기적인 것은 연대 순서대로, 즉 시기적으로 구성하는 것이다. 예컨대 생애사라면 초기 과정, 장년기, 중년기, 노년기 식으로 구성할 수 있다.

❖ 어떤 경험에 관한 것이라면 초기의 경험, 중기의 경험, 후기의 경험 식으로 구성할 수 있다. 주제가 어떤 것인지를 생각하고 그런 주제에 적합할 때 사용한다. 이 방법은 생애사에서 주로 쓰는 방법이다.

### 4) 분류적 조직화

슬라이드 5-⑥

☒ 챕터를 조직화하는 다른 효과적인 접근법은 데이터를 범주별로 구분하는 하나의 분류틀(classification scheme)을 개발하는 것이다.

☒ 주제가 어떻게 복수의 범주로 구성되는 지를 보여주는 것이다. 이들 범주에 대한 연구자가 제공하는 증거는 이야기를 frame하고 예시해 준다.

☒ 범주화는 이슈를 분석하는 데 강력한 도구가 될 수 있다.

☒ 이러한 분류화에는 두가지 형태가 있다.

☒ 첫째는 Taxanomy형태로서 하나의 분류 system이며 분류 scheme이다.

☒ 이를 사용하면 범주별에 따라 다른 챕터가 된다. 교육여행(educational travel)의 형태를 분류하거나 상황을 지배하는 이야기의 종류 등을 분류할 수 있다.

☒ 둘째의 범주적 접근은 상황을 지지하거나 구조화하는 담론(discourses)의 종류를 조사할 수 있다.

※ 사례로는 학교폭력에 관한 담론을 분류한 논문과 고등학교 학부모 참여에 대한 담론을 범주화한 것이 있다.

※ 범주화하거나 분류하는 접근법은 말하고자 하는 이야기 속의 통찰력을 제공하기 위해 전체를 몇 개의 부분으로 나누게될 때 적합하다.

✣ 분류적 조직화를 할 경우 이론적인 분류의 틀을 만들 수 있다. 즉 이론적 틀로 classify를 하는 것이다. 예를 들어 중년에 관한 연구에서 중년의 특성을 좋은 점과 나쁜 점으로 나눌 수 있을 것이다. 연구 참여자를 여성과 남성으로 나눌 수도 있을 것이다. 이 두 분류를 가로축과 세로축으로 하여 중년이면서 여성인 경우 좋은 점, 중년이면서 여성인 경우 나쁜 점, 중년이면서 남성인 경우 좋은 점, 중년이면서 남성인 경우 나쁜 점 등의 틀이 만들어 질 수 있고 그러한 틀을 목차로 하여 체계적으로 서술하는 것이다.

## 5) 연속체형 조직화

슬라이드 5-⑦

※ 연속체(continuum)란 일종의 분류틀이며 앞의 분류에 들어 갈 수 있지만, 일정범위를 따라 분류되는 점에서 느슨한 것이다.

※ 여기서 따로 논의하는 것은 이 접근법의 위험에 대해 알려줄 필요가 있기 때문이다.

※ 하나의 연속체를 구성하는 것은 전체를 하나의 progression과 연속성(sequence)에 따라서 두 부분으로 나누는 방법이다.

※ Continuum은 continuous와 같은 어원을 갖는데, 이 점에서 부분들 간의 연결성을 강조한다.

※ 만일 연구자가 그 연속체를 두 개의 개념에 걸치는 하나의 직선으로 생각한다고 해도 이 선에서의 일정 지점들의 관계를 탐색하게 된다.

- 연속체(continuum)는 강함 대 약함, 빈곤 대 부유 등과 같은 대응성을 강조하지 않는다. 오히려 직선 상의 점들이 왜 서로 다른가에 관한 논의를 하게된다.
- 연구자가 연속체를 사용하려면 어떤 용어들이 연속체의 양 끝에 있는지 또 두 지점의 차이가 어떤지를 결정해야 한다.
- 논문 챕터를 조직화하는 scheme으로서 연속체의 위험은 관계성을 선형으로 구성한다는 점이다. 그러나 대부분의 관계성은 선형이 아니며, 질적연구는 complications를 portray 할 때 가장 효과적이기 때문에 연구자는 이 전략을 사용할 때 특히 충분히 생각할 필요가 있다.

- 연속체형이라는 것은 sequence로 하나의 연속선상에서 순서대로 구성하는 것이다. 예를 들면 약한 것에서 강한 것으로 또는 나쁜 것에서 좋은 것으로 등의 흐름을 순서에 반영하여 서술하는 것이다. 이 경우 약한 것을 먼저 쓰고 강한 것이 뒤에 오도록 구성한다든지, 나빴던 것이 점점 좋아지는 것으로 서술하는 방식으로 목차를 정할 수 있다.

## 6) 조직화 방법의 결정

- 연구자가 어떤 조직화방법을 선택할 것인가는 이야기와 데이터에 따라 달라진다.
- 분류에 사용할 데이터를 가지고 있지 않다면 Taxanomy를 사용할 수 없다.
- 이야기나 연구자의 주장에 연대기가 유용하지 않다면 연대기적 방법을 사용해서는 안된다.
- 이러한 조직화 전략은 모든 것이 아니지만, 데이터에 관해 어떻게 말하고 주장할 것인가를 구분하는 것에 대한 생각을 하는 일련의 범주를 제공한다.
- 연구자가 선택하는 형태는 데이터를 제시하는 방법과 이야기를 제시하는 방법에서 중요한 차이를 줄 것이다.

✤ 이제 자세한 내용은 다음 페이지에 설명되어 있다. 실제로 작업을 하면서 정리해 보자.

**주제별 표작업**

데이터를 놓고 그냥 보면서 '이 부분은 주제와 관련이 있어, 중요해' 라고 말만하고 지나쳐서는 안되겠지요. 데이터에서 나온 주요한 결과를 하위주제별로 각각 표로 만드는 것이 필요합니다. 주제별로 이 작업을 하는 것이 의미없는 것이 아닙니다. 오히려 이 작업이 많으면 많을수록, 잘되면 잘 될수록 논문의 결과분석 첸터가 더욱 좋아집니다. OK?

## [실습 3] 연구참여자의 내용 특성 정리

- 연구참여자의 특성에 대하여 인구사회학적 배경을 중심으로 전체적인 표를 만들어 제시하는 것 외에도 연구의 주요 내용에 대한 부분을 핵심적으로 정리하여 소개하는 방법이 있습니다.

- 질적사례연구, 근거이론 등의 다양한 장르에서 이러한 연구참여자에 대한 스토리 또는 내용적 특성을 연구결과로 포함합니다.

- 여기에 인용된 예시들은 연구참여자의 내용적 특성을 중심으로 서술식으로 정리한 것입니다. 나이 등의 객관적인 배경특성 외에도 경험의 내용이 잘 나타나 있습니다.

- 예시논문의 내용은 아마도 사례분석 연구의 스타일 같은데 이런 것은 반드시 필요합니다. 근거이론에서 참여자의 스토리로 소개가 됩니다.

**예시논문 5.1**

**참여자 9**

〈참여자 9〉는 세 살 경 보육원에 입소하였다가 중학교 3학년 졸업 후 가출해서 취업을 하였다. 참여자는 아버지가 폐병으로 두 살 때 돌아가시고 어머니는 후에 재가하셨다. 교회 목사님이 보육원으로 가는 게 낫겠다고 해서 누나, 형, 동생과 자신을 어머니가 보육원에 데려다 주고 어머니는 돈 벌어 온다고 나가셨다. 그렇게 한동안 안 보이다가 초등학교 6학년 때 누가 찾아왔다고 하여 가봤더니 어머니가 오셨는데 아이를 안고 계셨다. (중간생략)

참여자는 스스로 생각하기에 사업이 망한 것은 다시 사회복지 일을 하라는 하나님의 뜻이라 생각하고, 연고지가 없는 보육원에 사회복지사로 재취업을 했다. (중간생략) 참여자는 어려운 환경 가운데서도 사회복지와 신학을 대학원까지 공부했다. 자신이 일하는 보육원에서 아이들이 부모를 찾는다고 하면 참여자는 차라리 찾지 말라고 이야기를 한다고 했다. 낳은 정 보다 기른 정이 더 중요하다고 생각했기에 어머니가 돌아가셨을 때도 울지 않았다. (중간생략) 원가족과의 생활경험이 없기에 이상적인 생각만으로 결혼생활을 하고 있다고 구술했다.

출처: 황수연, 2017, pp. 59-60 발췌 구성

- 그러니까 무슨 말인가 하면 표로 만들어 주고 표로 된 것을 서술식으로 종합하면서 정리한 각자의 사례가 필요합니다.

- 나누어 준 핸드아웃 두 가지를 보겠습니다. 이것은 표가 없지요? 이런 내용으로 된 것을 표로 구성하는 연습입니다. 지금 표를 만듭니다. 표를 만드는데 〈사례 라〉, 〈사례 마〉는 보이니까 이 세 사람의 스토리 내용을 읽습니다.

간단합니다. 세 사람에 대해 정리한 내용을 읽고 나름대로의 표를 만드세요.

❖ 공통적으로 나이가 나오네요? 나이는 모두 공통적으로 들어가겠지만 그 외의 항목은 보는 관점에 따라 다를 수 있습니다.

❖ 그 다음 연구 참여자 3, 4, 5, 6, 7 나오는 핸드아웃을 봅니다. 지금 하는 작업내용은 그대로 저장하고, 여기에는 두 사람 것만 제시합니다. 참여자 4, 6만 있습니다. 이것이 무엇에 대한 논문일 것인가를 생각해 봅니다.

❖ 그러니까 참여자 특성을 소개할 때 연구주제와 무관하지 않습니다. 참여자 특성을 아무 항목이나 만드는 게 아닙니다. 논문 주제와 관계되는 것을 중심으로 해야 된다는 것입니다.

❖ 다음으로 다른 핸드아웃을 보면, 참여자 9, 10, 11까지 세 사람에 대한 내용이 있습니다. 다음 페이지에 그림 나오죠? 참여자 특성이라는 부분에서 9, 10, 11에 해당하는 내용을 동그라미 치세요. 내용 중에서 말입니다. 그 다음 페이지에 표가 있습니다. 표에 참여자에 대한 내용이 어떻게 되어 있나 동그라미 쳐보세요. 그리고 읽으면서 표에 들어간 것과 표에 안 들어간 추가적인 서술, 그것을 구분해야 합니다. 여기 9, 10, 11을 읽고 9, 10, 11에 해당되는 내용이 참여자의 특성을 종합적으로 정리한 이 글에 어느 부분인가를 연필로 표시해 보세요.

## 예시논문 5.2

### (5) 봄비

봄비는 29살의 미혼으로 참여자중 가장 어린 남성으로 연구자가 아동학대 업무 경험에 대해 들려달라고 부탁을 하자 차분하게 이야기를 시작하였다. 봄비 자신은 유복하고 행복한 가정에서 태어나 자랐는데 자신이 만나는 아이들은 상상할 수 없는 상황에 처해 있어 더욱더 아이들 생각을 많이 하게 되는 것 같다하면서 말을 이어나갔다. 봄비는 입사 한 달도 안 되었을 때 학대행위자가 커터 칼과 비누통으로 손목을 그어 자해하는 장면을 목격하게 됨으로써 두려움을 느끼게 되었고 그 상황에 어떻게 대처해야 하는지도 몰라 혼란스러움과 불안감으로 인해 불면증을 느꼈다고 하였다. 또한 봄비는 '죽여 버리겠다'며 사무실로 찾아온 학대행위자로 인해 많이 놀란 적도 있는데 다행히 사무실에 직원들이 같이 있어 학대행위자가 자신을 해하지 않고 화만 내면서 학대행위자가 돌아갔던 적도 있었음을 회상하였다.

봄비는 아동학대 사례개입업무로 인한 스트레스와 계속되는 긴장감에서 벗어나고 싶어 늦은 밤 친구들과 술을 마시거나 하면서 살도 많이 찌고, 특히 편한 사람들을 만나게 될 때 대화 자체에 몰입되지 않아 이야기 하는 것의 50~60%는 흘려듣고 있어 자신이 곤란한 적도 있었다고 하였다. 그러나 지금은 아동학대사례개입 업무를 통해 자신이 성장해 가고 있음을 느끼며, 친구들도 참여자를 보면서 예전보다 말하는 것이 조리 있고, 상대방의 이야기를 긍정적으로 받아준다는 평가를 하였다. 봄비 생각에도 상담일을 하다보니까 자신에게 이러한 변화가 생기는 것 같다고 하였다.

봄비는 현장조사를 마치고 돌아오는 길에 자주 어머니께 전화를 드려 좋은 환경에서 자랄 수 있음에 대해 감사의 전화를 드리고 있음을 말하였다. 현재 봄비는 조금씩 현장에서 대처할 수 있다는 자신감도 생기며 이로 인해 자신의 미래에 대해 여기서 청사진을 그릴 수 있게 되었고, 향후 대학원 진학 및 기관장을 꿈꿀 수 있게 됨으로써 입사초기와 달리 자신이 성장하였음을 느낀다고 하였다.

출처: 엄영숙, 2014, p. 39.

✤ 이제 결과분석에 관한 것입니다. '간질장애인의 사회참여 경험 연구'라는 논문입니다. 어떻게 했습니까? 오른쪽 표에 보시면 '① 높은 수준의 긴장과 불안' 이라고 하고 '가. 초면인 사람과의 대화의 두려움'이라고 했습니다. 그리고 작은 글씨로 쓰여진 부분에서 "연구 참여자들이 사람을 많이 만나지도 못했거니와~" 나오죠? 그리고 '연구 참여자 가'가 말한 내용이에요. 그런데 그 내용이 초면인 사람 만날 때 대화가 두려운 것입니다. 이 부분이 연구자가 결과분석한 것을 증명하는 내용입니다. 아래를 보면 하나 더 있지요? '연구 참여자 마' 한 줄이지요? 아주 절제되어 있습니다.

✤ 보통은 연구 참여자가 한 말, 즉 직접인용을 많이 넣습니다. 그런데 아주 필요한 부분만 딱 두 개를 언급했어요? 이 두 개는 연구 참여자 10명 중에 대표적으로 낯을 가린다는 의미를 가진 부분에 대해 대표적으로 뽑은 것입니다.

✤ 보았다시피 이 연구자는 맨 위에서 참가자 10명 전체를, 이런 주제와 관련된 것을 종합했어요. "연구 참여자들은 사람을 많이 만나지도 못하겠거니와 이야기 거리가 없기 때문에 낯선 사람을 만나는 것이 두렵다. 편한 사람이 아니면 대화 중에 긴장으로 인하여 전조현상을 경험하기도 한다." 이렇게 설명했죠? 이건 연구자의 말입니다.

읽을거리

# 1. 질적 자료 분석을 위해 설계된 컴퓨터 패키지들

최근 20년간 질적 자료 분석 전용의 많은 소프트웨어 패키지들이 개발되었다. 이 패키지들은 대체로 질적 자료 분석에 대한 서로 다른 접근방식의 성장 및 현재 사회학 연구에 포함되는 자료 범위의 확장과 함께 개발되었다. 현재 가장 널리 이용되는 패키지는 NVivo(www.qsrinternational.com/products_nvivo.aspx, 2009년 8월 30일 접속)이며 우리는 아래에서 이 패키지의 일부 예를 제시한다. 다른 예에는 Atlas.ti (www.atlasti.com 2009년 8월29일 접속)와 Ethnograph(www.qualisresearch.com, 2009년 8월29일 접속)가 있다. 이러한 패키지 대부분은 다음과 같은 기능을 한다.

- 데이터자원(인터부 필사본, 문서, 오디오나 비디오 기록, 또는 메모)의 생성과 읽기를 가능케 한다.
- 데이터를 다양한 방법으로 분류할 수 있도록 한다.
- 코딩이나 색인 기능을 가지고 있다.
- 특정 코드를 이용해 자료를 검색하고 인출한다.
- 데이터 단위들 간의 연계를 구축해 복잡한 검색을 용이하게 해 준다.
- 문서나 코드에 메모를 첨부하는 기능을 가진다.
- 데이터자원에서 코드, 단어 등의 빈도를 셀 수 있다.
- 코드에 데이터간의 연계를 나타내는 지도, 네트워크, 다이어그램을 생성시키는 기능을 가지고 있다.

University of Surrey에서의 컴퓨터활용 질적 자료 분석(Computer Assisted Qualitative Data Analysis; CAQDAS) 프로젝트는 사용가능한 패키지 범위의 선택 및 이용에 관한 조언과 지침을 제공한다. 그러한 패키지 이용을 고려하는 연구자들은 그들의 웹사이트(http://caqdas.soc.surrey.ac.uk, 2009년 8월26일 접속)에 문의하거나 이 장의 끝에서 제시되는 자료를 참조할 수 있다.

통계 소프트웨어에서와 같이, 패키지 대부분의 트라이얼 버전은 무료로 다운이 가능하며 또한 그 최상의 이용방법을 익히는 데에 도움이 되는 매뉴얼 및 표본 자료를 가지고 있다(www.qsrinternational.com/products_nivo.aspx, 2009년 8월30일). 여기에서도 통계 소프트웨어와 마찬가지로 여러 수준에서 이용될 수 있다. 즉 일부는 주로 대량의 원자료 코딩 및 색인 생성과 관리의 방법으로 이용될 수 있으며 다른 일부는 자료 내에서 설명을 찾거나 이론 개발에 도움이 되는 복잡한 코딩이나 맵핑 기법, 검색에 더욱 이용될 수 있다.

## 2. 질적 자료 분석 소프트웨어의 대안

만일,

- 질적 자료 분석 패키지에 접근할 수 없다면,
- 그러한 패키지의 사용법을 익힐 시간이 없다면,
- 많은 수의 사례와 많은 양의 자료를 가지고 있지 못하다면,

마이크로소프트 Word와 같이 질적 자료 처리 과정을 관리하는 데에 도움이 되는 익숙한 패키지의 사용을 원할 수도 있다.

마이크로소프트 Word는 다음과 같은 기능을 가진다.

- 자신의 텍스트 자료 모두의 필사와 요약
- 텍스트에 번호를 부여하는 작업을 용이하게 하기 위해 Line number 기능 이용
- 예를 들면 표 형태로 자료 그룹들을 조직화
- 여러 색의 텍스트, 강조표시, 상징이나 글씨체를 이용해 코딩된 텍스트 강조
- 표 기능을 이용해 차트 생성
- 코딩된 데이터를 잘라 새로운 페이지나 차트표에 붙이기
- Find 기능을 이용해서 문서 내의 단어나 문구 찾기
- Shapes 기능을 이용해 코드들 간의 연결 관계에 대한 다이어그램 생성
- 텍스트의 특징 표시를 위해 Book-marking 기능 이용, 문서의 여러 부분의 문단들 연결을 위해 Cross-reference 기능 이용

워드 프로세서 소프트웨어 패키지 대부분에서 이용 가능한 기능들을 이용하는 것은 사회학 연구 프로젝트에서만이 아니라 학업 및 일상생활에서 큰 도움이 될 것이

다. 최소한 이 기능들을 자신의 보고서나 논문 프레젠테이션과 기타 연구 과제 수행에서 이용할 수 있다.

| 자신의 분석에서 컴퓨터 소프트웨어를 이용하는 분야 | | |
|---|---|---|
| | | √ |
| 컴퓨터를 일상적으로 이용한다. | | |
| 자신이 일반적으로 이용하는 소프트웨어 종류 | 워드 프로세서. 예) Word | |
| | 스프레드시트. 예) Excel | |
| | 데이터베이스. 예) Access | |
| 접근이 가능한 소프트웨어 | 통계 분석 소프트웨어.<br>예) PASW(SPSS) Statistics, Minitab | |
| | 질적 자료 분석 소프트웨어.<br>예) NVivo, Ethnograph, ATLASti | |
| 자신은 유능한 컴퓨터 이용자인가? | | |
| 컴퓨터 작업을 즐겨하는가? | | |
| 새로운 소프트웨어 사용법을 익힐 시간을 가지고 있는가? | | |

출처: Matthews & Ross, 2010. pp. 416-421.

# 제6강 논의(제5장) 작성

## 1. 논의 챕터의 가이드라인

### 가이드라인 6-1

▣ 논의는 반드시 논문에 포함되어야 하며 요약과 결론과는 구별한다.

- 논의는 연구결과에서 발견한 중요한 내용과 관련한 차이점과 유사성에 유의하면서 이유를 설명하거나 해설한다.
- 논의는 연구결과를 지지하지 않는 선행연구의 결과도 포함하여 서술한다.

✤ 연구자들이 제일하기 어려운 것이 논의이다. 선행연구를 언급할 때 '누구 누구의 연구에 의하면~' 이라는 표현에 대해 한 번 더 생각해 보자.

✤ 논의는 요약이 아니다. 요약과 구별해야 한다. 논의는 연구자가 발견한 사항에 대해 중요한 것을 중심으로 이유를 설명한다거나 해설을 해주는 것이다. 그러나 학생들은 주로 선행연구를 언급하면서 다른 연구에 나타난 결과만을

제시하여 '어떤 연구에 의하면~' 이라는 식으로 쓰는 것에 그치고 만다. 그렇게 쓰면 선행연구가 부족할 경우 한계가 있고 내용이 빈약해질 수 밖에 없다.

❖ 선행연구만 쓸 것이 아니라 이론적 배경에서 언급했던 개념설명과 사전적 정의들을 충분히 활용할 수 있어야 한다. 30~40페이지 분량의 이론적 배경의 내용들을 선별적으로 정리하여 제시할 수 있는 부분이 논의 챕터이다.

## 가이드라인 6-2

▩ 논의 부문에서는 연구질문과 관련한 주요 결과를 중심으로 서술한다.

- 논의에서는 연구주제와 관련한 선행연구는 물론 문헌분석 챕터에서 고찰한 내용과도 연결시키는 것이 필요하다.
- 논의는 분량이 많지 않을 수 있지만 반드시 포함해야 한다. 논의가 없는 논문은 기본적으로 논문의 의미를 결여하고 있다고 볼 수 있다. 논의와 결론을 한 챕터로 묶을 수도 있지만 그렇게 하는 것 보다는 분량이 적어도 논의와 결론을 별도의 챕터로 구성하는 것이 바람직하다.

❖ 논의에서는 이론적 배경에서 언급한 많은 문헌들을 충분히 활용할 수 있다. 둘째, 선행연구도 활용하되 선행연구에만 의존하지 말라.

❖ 논의는 보통 5페이지 정도의 분량을 차지한다. 논의쓰기의 한 방법으로 10페이지 정도를 먼저 쓴 다음 그것을 5페이지로 줄이는 것이다. 그렇게 훈련하는데 만약 참고문헌이 많지 않다면 5페이지를 쓰기도 쉽지 않다.

❖ 논의는 생각없이 베낄 수 있는 것이 절대 아니다. 참고한 것을 인용하고 베끼되 자기의 생각을 계속해서 써 내려가는 것임을 명심해야 한다.

## 가이드라인 6-3

데이터에 관한 해석에 대안적인 것이 있다면 왜 그것을 수용하지 않고 다른 해석을 하게 되었는지를 논의한다.

- 독자들이 생각할 수 있는 분명한 대안적 해석이 있다면 연구에서 그 해석이 아닌 다른 해석을 한 것에 대해 논의할 필요가 있다.
- 대안적 해석을 수용하지 않은 이유를 명시적으로 논의한다. 예를 들면, 연구자는 데이터의 경향에 관하여 말하거나 대안적 해석과 다른 내용에 인용표시를 사용할 수 있다. 즉 인용문을 사용하거나 대안과는 반대되는 데이터의 추세에 대해 말할 수 있다.
- 이러한 것은 대안적 해석이 있지만 그것과 다르게 연구자가 해석한 이유에 대해 설명하는 데 도움을 주게된다.

출처: Pyrczak & Bruce, 2000. p. 101.

❖ 논의의 내용에는 연구자가 데이터의 결과를 이해하고 해석한 것이 일반적으로 생각하는 해석과 다른 경우가 있으면 그 내용에 대해 밝혀주는 것을 포함하는 것이 좋다. 이는 하나의 해석이 선택되고 다른 것은 선택되지 못한 것에 대한 이유를 설명하도록 도울 수 있다.

## 2. 논의 챕터의 내용 구성

### 1) 필수적 유형 (Inevitable Type)

슬라이드 6-❶

- 논의 챕터의 포맷(format)에 대해서는 APA Publication Manual에서 자세히 제시되고 있지 않지만, 대체로 다음 유형의 내용을 담고 있다.

- 첫째는 필수적 유형(inevitable type)에 해당하는 내용이다.

  - 결과(results)부분을 연구질문의 측면에서 평가한다.
  - 분석결과는 결과분석 챕터에서 제시되며, 논의부분에서는 어떤 분석이 어떤 답을 이끌어내는지를 적시해야 함.
  - 이러한 필수부분은 반드시 서론과 결과분석의 내용을 실제로 이해하는 연구자가 직접 작성해야하는 점을 분명히 할 필요가 있다.

출처: Szuchman, 2011. pp. 86-88.

- 논의부분에는 세 부분이 필요한데  필수적인 내용, 창의적인 내용, 그리고 고백적 내용에 관한 것이다.

- 논의 챕터에서 필수적인 내용은 연구가설 또는 연구질문과 관련하여 도출된 결과에 대한 내용을 말한다. 이때 결과는 유의미한 것만을 제시하는 것이 아니라 유의미하지 않은 결과도 제시할 수 있다. 또한 2장의 이론적 배경, 4장의 결과분석의 내용과 연결되도록 작성해야 한다. 한편 창의적인 내용은 연구가설 또는 연구질문과 관련이 없다 하더라도 연구자가 의미있게 언급되어야 한다고 생각하는 것들을 제시해 주는 내용들을 말한다.

❖ 논의의 내용이 적으면 절 번호를 주지 않고 그냥 논의한다. 연구의 전체적인 내용들을 먼저 설경하고 도출된 결과들을 제시한 다음 선행연구의 결과들과 연결하여 서술한다.

## 2) 창의적 유형 (Creative Type)

슬라이드 6-❷

⊠ 둘째는 창의적 유형(creative type)이라고 할 수 있는 부분으로 연구자만이 쓸 수 있다.

- 여기에서의 창의성은 시인의 창의성을 말하는 것이 아니라 연구자의 창의적 특성을 말한다.
- 연구결과(findings)로 부터 한발짝 물러나서, 그 결과에 관하여 또 달리 관심을 갖게하는 부분은 무엇인지에 대해 생각해 볼 필요가 있다.
- 논의에서 필수 내용부분에서 언급하는 문헌의 대부분은 서론에서 언급되었어야 한다. 그러나 창의적 내용부분에는 예외가 있을 수 있다.
- 논의시에는 과거시제와 현재시제 간의 개념적 차이에 유의한다. 연구가 종료되었고, 결과가 분석되었다. 연구자와 참가자가 한 것을 언급하거나 발견한 내용을 말하는 것은 항상 과거의 것이다.

출처: Szuchman, 2011. pp. 88-94.

❖ 연구자의 논문이 기여하는 창의적인 부분을 논의챕터에 서술하는 것이 필요하다. 전체적인 것에서부터 구체적인 것으로 제시하는 흐름을 갖도록 한다.

**질적연구방법론 익히기**

개인적으로 바쁘기도 하고 엄두가 안 나고 방법론을 제대로 배울 기회가 없었다면 한 학기 정도는 방법론에 대해 배울 필요가 있어요. 그 다음에 '질적연구' 라는 말을 들은 적이 있고 관심은 가는데 엄두가 안날 수 있지요. 박사는 그 과정이나 학위논문의 차원이 석사와 또 엄청 다른 면이 있으니 특히 질적연구를 한다면 깊이 고민하고 각오해야...

### 3) 고백적 유형 (Confessional Type)

**슬라이드 6-③**

셋째는 고백적 유형(confessional type)이라고 할 수 있는 부분이다.

- 연구의 제한점에 관해 고려하는 부분이다.
- 연구결과를 통해 알게 된 답(answer)이 당면 문제에 대한 궁극적 해답인 것이 아니라는 점을 인정할 필요가 있다.
- 연구결과를 해석하는데 있어서 유의해야 하는 것이 무엇인지에 대해 반드시 설명해야 한다.

출처: Szuchman, 2011. p. 86.

✜ 논의 부분에는 위와 같이 세 부분이 있으면 좋은데, 각 부분을 어떻게 개념화하는가(conceptualize)는 연구자에 달린 일이다. 필수적, 창의적, 고백적이라는 용어를 실제 논문에서 항목으로 사용해서는 안 된다.

# 제7강 결론(제6장) 작성

## 1. 결론챕터의 가이드라인

### 가이드라인 7-1

▣ 결론 부문에서는 연구의 주요한 강점과 제한점에 대해 언급하라.

- 논문의 연구방법상의 강점과 제한점은 경우에 따라 서론이나 연구방법 섹션에서 언급되기도 한다. 이러한 강점과 제한점은 연구결과 분석이나 논의에서 서술된 데이터에 대한 해석에 영향을 끼칠 수 있기 때문이다.
- 어떤 연구가 방법론적으로 특히 강하다는 점을 지적함으로써 연구자들은 독자들에게 자기 연구에 대해 더 많은 신뢰를 줄 수 있게 된다.

✤ 결론의 구조는 1. 요약, 2. 결론, 3. 결론을 바탕으로 한 함의이다. 함의라는 것은 사회복지적인 기준으로 연구적 또는 일반적인 이론적 함의, 정책적 함의, 실천적 함의 3가지이다.

✤ 영문논문은 80페이지, 국문논문은 50페이지 정도가 좋다.

❖ 함의 다음에는 보통 제언을 한다. 함의와 제언은 다르다. 함의는 도출된 결론이 사회복지학에, 사회복지실천에, 사회복지정책에 어떤 의미를 주는가를 쓰는 것이다. 반면 연구의 의미가 무엇이고 사회복지실천현장에서 개선되어야 하는 것이 무엇인지를 말하는 것은 제언이다.

## 가이드라인 7-2

▩ 결론 부문에서는 가능한 연구결과의 함의에 대해 명료하게 기술하라.

- 연구의 함의는 대체로 개인이나 조직이 연구결과에 입각하여 취해야하는 행동을 말하는 것으로 나타난다.
- 연구계획서에서도 연구의 가능한 함의에 대해서 논의해야한다.
- 연구의 함의는 때로 연구계획서의 끝 부분에 별도로 섹션을 두어 서술하기도 한다.

▩ 향후 연구를 위한 제언을 서술할 때에는 구체적으로 하라.

- 연구논문을 공허한 진술로 끝을 맺는 것은 너무 안타까운 일이다. '연구가 필요하다'라고 말하는 것 대신에 주제에 대한 지식을 진전시키기 위해서는 연구가 어떤 구체적인 방향을 가져야 할 것인가를 지적해야한다.

❖ 연구 또는 연구결과와 아무 관계가 없는 것을 제언해서는 안 된다. 논문과 관계 없는 너무 멀리 있는 이야기, 추상적인 것을 피하라, 구체적이고 핵심적인 것을 논의해야 한다.

❖ 어떤 결론 챕터를 보면 제언이 4페이지인 경우가 있다. 제언할 때 연구와 매

우 밀접한 관계가 있는 것 중 세 가지 정도를 간결하게 제시하도록 권한다. 만약 빈약할 것 같다면 하나 정도로 정리해서 끝내고 내용이 될 수 있는 것이면 2~3개 정도도 풀어서 서술하도록 한다.

- 제언을 한 다음 연구의 한계점을 밝힌다. 즉 연구의 한계, 연구의 부족한 점이 있음을 제시한다.

- 마지막으로 이러한 한계에도 불구하고 연구가 가진 의의가 있다는 걸 밝혀 준다. '이러저러한 점에서 기여할 것으로 생각한다.' 라는 식으로 표현하되 한 문장이 아니라 반드시 문단의 형태로 서술해 주어야 한다.

## 2. 강한 결론, 좋은 결론

**슬라이드 7-①**

- 강한 결론은 논문의 중요한 부분이다. 좋은 결론은 많은 가치가 있다. 좋은 결론을 가진 논문이 많지 않기 때문이기도 하다.
- 결론에는 주장한 것을 요약한 것과 말하고자 한 이야기, 그리고 각 챕터를 통해 이야기를 어떻게 narrate했는지가 포함된다.
- 좋은 결론은 연구자가 매 데이터 챕터에서 고찰한 것을 요약하고 elaborate하고, 검토한다.
- 결론에는 또한 향후 연구에 대한 논의를 포함하며 실천적 함의를 포함한다. 본인의 연구와 이러한 함의 간의 연결이 있어야 한다.

✤ 강한 결론이란? 좋은 결론이란? 어떤 결론인가를 생각해보자. 결론은 논문의 중요한 부분이다. 좋은 결론은 많은 가치가 있다. 좋은 결론을 가진 논문이 많지 않기 때문이기도 하다. 결론 챕터라고 써놓고 요약을 해 놓거나 결론 문장, 문단이 없는 경우도 있다.

✤ 예를 들어 '다문화 여성의 초등학생 자녀 양육 경험에 관한 질적 논문'에서 결론은 '상생과 행복을 위한 감인대의 삶'이었다. 이 결론은 참여자들의 인터뷰 내용을 가지고 불교 신자인 연구자가 이끌어낸 결론이다. '감인대' 라는 연구자 자신의 언어로 정리한 것이다.

✤ '상생과 행복'이라는 말은 연구 참여자 중 누군가에게서 아이디어를 얻었을 것이다. 이렇게 해서 내린 결론 '상생과 행복이라는 감인대의 삶' 이라는 말은 연구자 이전에 그 누구도 말한 적이 없다. 이것이 결론이 가진 가치이며 의미이다.

## 3. 결론의 분량과 힌트

### 1) 결론의 분량

슬라이드 7-❷

- 결론은 동시에 연구자가 자신의 연구에 대해 보다 expansive mode로 쓸 수 있는 공간이기도 하다.
- 학위논문일 경우는 연구자의 연구수행 능력을 나타내는 장소이기 때문에 모든 챕터에서 더 많은 내용을 담고 싶은 압력을 받기 쉽다.

⊠ 결론은 길 필요는 없지만 영문학위논문은 8-10페이지, 국문학위논문은 5-7페이지 정도면 된다. 아주 재미있게 10페이지 정도라도 쓰고 싶을 것이다. 그리고 결론을 쓸 시간이 쫓기거나 하면 아무 말이라도 쓰면서 끝내고 싶어하는 마음이 더 앞서기 쉽다. 그러나 이런 상황은 피하여야 한다.

출처: Biklen & Casella, 2007, p. 88.

❖ 결론은 연구자가 연구결과를 바탕으로 하여 나름대로 종합하고 정리하는 과정을 거친다. 결론의 분량은 일반적으로 7~8페이지가 좋다.

## 2) 결론을 위한 힌트

슬라이드 7-❸

⊠ 서론에서 결론을 포함하지 않았다면 결론을 쓰기 쉽다. 서론은 단지 연구에 대해 소개할 필요가 있다.

⊠ 서론에서 연구결과에 대해 너무 많은 것을 쓰게되면 결론에서 반복하는 상황에 빠지게된다. 따라서, 서론을 거듭 읽어서 결론에 쓸 내용이 포함되어 있지 않은 지를 살펴야 한다.

⊠ 결론은 연구자의 주제를 다른 어떤 것과 연결하는 장소가 될 수 있다. 이것은 연구가 제시하는 어떤 통찰력에 관한 뉴스에서 하나의 이벤트가 될 수도 있으며 연구자가 공부한 일반적 주제의 또 다른 측면일 수 있다.

⊠ 연구자는 자신이 분석한 원칙이 무엇인지를 이해하려고 함으로써 결론을 강화할 수 있다.

❖ 결론을 쓸 시간이 충분하지 않고 아무 말이라도 쓰면서 끝내고 싶어하는 마음이 앞서기 싶다. 그러나 이런 상황은 피하여야 한다. 마무리할 때가 제일 중요하다. 결론을 갑자기 쓰려고 하지 말고 미리 미리 써 두는 것도 방법이다.

# 부록 질적논문의 주요 자료

부록 ❶

## 첫 면접 설문지

►일반적 사항

<table>
<tr><td colspan="2">일시</td><td></td><td colspan="2">별칭</td><td></td></tr>
<tr><td colspan="2">소요시간</td><td></td><td colspan="2">연령</td><td></td></tr>
<tr><td colspan="2">장소</td><td colspan="4"></td></tr>
<tr><td rowspan="2">연락처</td><td>휴대폰</td><td></td><td rowspan="6">가족관계</td><td rowspan="4">원가족</td><td rowspan="4"></td></tr>
<tr><td>E-mail</td><td></td></tr>
<tr><td colspan="2">학력</td><td></td></tr>
<tr><td colspan="2">직업</td><td></td></tr>
<tr><td colspan="2">결혼기간/<br>연애, 관련 내용</td><td></td><td rowspan="2">이전가족</td><td></td></tr>
<tr><td colspan="2">이혼 후 기간/<br>관련 내용</td><td></td><td></td></tr>
<tr><td colspan="2">현재 상태<br>(경제적, 심리적,<br>신체적 상황)</td><td colspan="4"></td></tr>
<tr><td colspan="2">첫 면접<br>소감</td><td colspan="4"></td></tr>
<tr><td colspan="2">첫 면접<br>시 유의사항</td><td colspan="4"></td></tr>
<tr><td colspan="2">다음 상담 예정</td><td colspan="4"></td></tr>
</table>

출처: 이정희, 2014, p. 220.

부록 ❷

# 연구소개 및 연구참여 동의서

연구주제 :
지도교수 :
연 구 자 :
연 락 처 : E-mail :

본 연구의 목적은 가정폭력을 경험한 이혼여성들이 가족이나 중요한 타인들과의 관계 경험 속에서 자신에 대한 이해와 관점이 어떠하며 현재의 삶과 어떤 관계가 있는지를 이해하는데 있습니다.

본 연구에 대한 궁금한 점은 언제라도 질문하실 수 있으며, 원치 않는 질문에 대해서는 답변을 거부할 수 있습니다. 또한 연구에 대한 참여와 중단여부를 자유롭게 결정할 수 있습니다.

연구의 진행과정은 다음과 같습니다.

- 연구자와 귀하는 몇 회기의 면담을 할 예정이며, 연구의 필요에 따라 추후 한 차례 더 이루어질 수 있습니다.
- 면담 시간은 약 1시간 30분에서 2시간 정도 걸릴 것입니다.
- 면담 내용 및 관련자료(그림, 사진, 글)은 매 회기마다 녹음되며, 녹음 및 관련자료 내용은 본 연구의 목적으로만 사용될 것입니다.
- 면담 내용 중의 기록물과 그림은 익명처리를 한 후 연구결과에 사용될 것입니다.
- 연구결과를 제시할 때, 귀하의 신분과 관련된 정보는 익명으로 인용될 것이며, 2차례에 걸쳐 전사내용에서 관련정보의 익명성이 기록내용이 사실과 다름이 없으며 귀하가 전하고자 하는 내용을 잘 이해하고 전사하였는지를 확인받을 것입니다.
- 본 연구가 종결된 후 3년 정도는 문서화된 자료와 녹음파일들은 연구자의 개인 컴퓨터에 안전하게 보관할 것이고 이후에는 전량 소각폐기 처분할 것입니다.

위 내용들을 완전히 이해하셨으면 다음 동의서에 사인해 주시기 바랍니다.

**나는 위의 내용에 대하여 설명 받았고 이를 완전히 이해하였으며, 이에 연구에 참여하는 것을 동의합니다.**

20 년 월 일

참여자 : ______________ 서명

연구자 : ______________ 서명

출처: 이정희, 2014, p. 221.

## 부록 ❸

# 인터뷰 가이드

| 인터뷰 일시 | | 이름 | |
|---|---|---|---|
| 연락처 | | E-mail | |

**연구 주제** : 다문화 여성의 초등학생 자녀 양육 경험에 관한 질적 연구

| 일반적 질문 | 날씨, 사회적 이슈, 관심사 등 마음 풀기 대화 |
|---|---|
| 개방형 중심 질문 | 1. 다문화 여성으로서 초등학생 자녀를 양육하면서 경험한 것은 무엇인가요? |
| 자녀의 초등학교 입학 | 2. 국제결혼을 통해 한국에 와서 자녀를 낳고 자라서 초등학교에 입학하게 되었을 때, 남다른 감회가 있었을 것 같아요. 거기에 대해서……. |
| 자녀의 초등학생으로서의 생활 | 3. 지금은 자녀가 ()학년이 되었는데, 그동안 집에서, 학교에서, 학원이나 방과후 학교에서는 어떻게 지내고 있나요? |
| | 4. 자녀의 학교 홈페이지나 알림장, 안내장 등에 대해서나 가정생활에서는 어떤 경험이 있나요? |
| 자녀의 대인 관계 | 5. 자녀가 가족들과는 잘 지내나요? |
| | 6. 자녀가 친구들이나 선생님과는 어떻게 지내나요? |
| 학부모로서의 학교 참여 경험 | 7. 학부모로서 학교를 방문한 경험은 어떠한가요? 경험이 없다면 없음에 대해 어떤 생각을 하나요? |
| | 8. 자녀의 친구 어머니나 다른 학부모와 만나거나 대화를 하는 일은 있나요? |
| 종합 의견 | 9. 초등학생 어머니로서 기쁘거나 슬펐거나 보람이 있었다는 등의 특별하거나 새로운 경험은 어떤 것이 있었나요? |
| | 10. 다문화 여성으로서 초등학생 자녀를 양육하면서 앞으로 바라는 것이 있다면 무엇인가요? |

출처: 이승민, 2013, p. 281.

부록 ❹

# 2차 인터뷰 가이드

| 인터뷰 일시 | | 이름 | |
|---|---|---|---|
| 연락처 | | E-mail | |

**연구 주제** : 다문화 여성의 초등학생 자녀 양육 경험에 관한 질적 연구

| |
|---|
| 일상적인 대화<br>날씨, 사회적 이슈, 공통 관심사 등 마음 풀기 대화 |
| 1차 인터뷰에 대한 member check |
| 초등학생 자녀 양육에 대한 이해 |
| 초등학생 학부모로서 필요하다고 생각하는 것에 대해 |
| 그 외 하고 싶은 말 |

출처: 이승민, 2013, p. 282.

## 부록 ❺

# 인터뷰 가이드

## 1. 연구 참여자의 일반적 사항

| 성 명 | | 성 별 | 남, 여 |
|---|---|---|---|
| 종 교 | | 연 령 | |
| 연락처 | | 결혼유무 | |
| 학 력 | | 자녀는? | |
| 전 공 | | E-mail | |
| 근무기간 | | 주요업무 | |

## 2. 인터뷰 가이드

※ 주요연구 질문: '**아동보호전문기관 사회복지사의 이차외상스트레스 대처경험은 어떠한가?**'

| 개방형 질문 | '아동보호전문기관 사회복지사로서 이차외상스트레스를 겪으면서 경험한 것은 무엇인가요? |
|---|---|
| 1. 주요대상과 관계 경험은 어떠한가? | 1. 아동학대사례개입업무를 수행하면서 무엇을 경험 하셨나요? |
| | 2. 특히 더 힘든 점이 있었나요? |
| | 3. 지금 떠오르는 사례가 있는지요? |
| 2. 주요대상과의 관계 경험으로 인해 무엇을 경험했는가? | 1. 어떠한 현상으로 나타났나요? |
| | 2. 현장조사 갈 때 어떤 마음이세요? |
| | 3. 어떻게 대처하셨어요? |
| 3. 경험을 어떤 식으로 풀어나갔는가? | 1. 내가 달라졌다고 느끼기 시작한 때는 언제인가요? |
| | 2. 변화하게 된 사건이 있었나요? |
| | 3. 입사초기와 현재를 비교하면 어떤 생각이 드나요? |

출처: 엄영숙, 2014, p. 199.

부록 ❻

# 전사 요약본의 연구 참여자 확인서

| ________회기 요약본 |
| --- |
| |

1) 이 연구결과에 동의하십니까? (예, 아니오)
2) 동의하거나 동의하지 않는 이유를 써 주십시오

3) 이 요약분의 일부 중 수정할 것이 있습니까? (오자, 탈자, 단어선택)

_______________________________________________

_______________________________________________

본인은 2013년 월 일 에서 있었던 면담의 전사 내용을 확인하고 이에 서명합니다.
확인결과 면담 내용과 다름이 없으며 본인이 전하고자 하는 내용을 잘 이해하고 전사하였으며 말한 내용이 모두 포함되어 있음을 확인하였기에 서명합니다.

20 년 월 일

연구참여자 (서명)

연 구 자 (서명)

출처: 0 정희, 2014, p. 224.

## 부록 ❼

# 연구단계(예시)

| 단계 | 과업 | 기간 |
|---|---|---|
| 단계 1:<br>연구조사<br>설계 | 1. 연구계획 수립<br>2. 문헌 검토<br>3. 인터뷰 가이드 및 동의서 작성<br>4. 프러포절 심사<br>5. IRB 승인<br>6. 자문위원 구성<br>7. 예비 연구 참여자 연락 | 2018. 03 - 2018. 08<br>2018. 03 - 2018. 08<br>2018. 05<br>2018. 06<br>2019. 04 - 2019. 05<br>2019. 05<br>2019. 05 |
| 단계 2:<br>자료수집 | 1. 연구계획 재검토<br>2. 연구 참여자 인터뷰<br>3. 추가 인터뷰<br>4. 인터뷰 전사<br>5. 정확성을 위한 전사본 재확인<br>6. 자문위원 조언 | 2019. 03 - 2018. 08<br>2019. 05 - 2019. 08<br>2019. 05 - 2019. 09<br>2019. 05 - 2019. 09<br>2019. 05 - 2019. 09<br>2019. 05 - 2019. 09 |
| 단계 3:<br>자료분석 | 1. 코딩지침(Coding guide) 개발 및 검토<br>2. 자료정리 및 분석<br>3. 자료 통합<br>3. 구성원 확인<br>4. 동료 검토<br>5. 자문위원 조언 | 2019. 08 - 2019. 10<br>2019. 08 - 2019. 10<br>2019. 08 - 2019. 10<br>2019. 08 - 2019. 10<br>2019. 08 - 2019. 10<br>2019. 08 - 2019. 10 |
| 단계 4:<br>연구완료 | 1. 연구결과 도출<br>2. 예비보고서 작성<br>3. 자문위원 조언<br>4. 외부감사(자문위원)<br>5. 최종 보고서 작성<br>6. 논문 심사 | 2019. 10 - 2020. 01<br>2020. 01 - 2020. 02<br>2020. 01<br>2020. 01<br>2020. 04<br>2020. 05 |

출처: 조휴정, 2020, p. 182.

**부록 ❽**

# 감사흔적(예시)

| 분류 | 파일형식 | 증거 |
|---|---|---|
| 지침개발 | 면접가이드 | 방법론 전문가의 피드백 |
| 원 데이터<br>Raw data | 샘플링 | 연구 참여자를 추천받고 정보 수집 |
| | 동의서 | 모든 연구 참여자가 서명한 동의서<br>(IRB위원회에 연구결과 종료보고서와 함께 제출. 2020년 3월 25일) |
| | 연구 참여자 기본사항 조사 | 모든 특성에 대한 연구 참여자의 기록 |
| | 오디오 파일 | 연구 참여자들의 면담을 녹취한 오디오 파일 |
| | 필드노트 | 현상, 느낌, 인터뷰 시 메모 |
| | 연구 참여자 대응 | 전화 또는 SNS로 인터뷰 일정을 정하고 필요한 사항 또는 조정사항 확인 |
| | 컨설턴트위원회 대응 | 직접 대면 후 피드백 확인 |
| 데이터 분석 및 데이터 재구성 | 연구 참여자 별로 의미파악을 통한 주제의 분리와 규명 | 사례에 따라 구성된 자료 |
| | 사례요약 | 연구 참여자 별 경험 요약 |
| | 코딩요약 | 연구 참여자 별 코딩 범주의 정보요약 |
| | 패턴개요 | 개념 및 범주의 배열 |
| | Member checks | 연구 참여자들에게 SNS 발송 후 확인 |
| 결과 및 결론 | 총 데이터 집합 | 보고서 초안 |
| | 컨설턴트위원회 대응 | SNS 발송 후 피드백 확인 |
| | 최종결론 | 논문 심사위원회에 서면보고서 제출 |

출처: 조휴정, 2020, p. 193.

# 참고문헌


강상조, 박재현, 황규자(2016). 연구논문: 어떻게 작성할 것인가? 서울: 21세기교육사.

강태신(2009). 청소년사이코패스 성향의 예측 요인. 중앙대학교 박사학위논문.

고주애, (2010), 아동보호전문기관 상담원의 '소진(burnout)'경험에 관한 탐색. 한국사회복지질적연구, 4(1), 5-31.

고홍월, 권경인, 김계현, 김성희, 김재철, 김형수, 서영석, 이형국, 탁진국, 황재규(2013). 상담연구방법론(한국상담학회 총서 12). 서울:학지사.

김경호(2012). 사회복지 문헌고찰. 경기: 한국학술정보.

김규태(2018). 교육학 논리와 논술. 경기: 양성원.

김규태, 권민석, 최경민(2016). 학위논문과 통계분석. 경기: 양성원.

김기화(2020). 연구방법과 학위논문 작성의 기초. 경기: 박이정

김기홍(2012). 논문작성 이렇게 해라: 텍스트분석에서 내용구성, 그리고 문장 작성법까지. 서울: 시대의 창.

김도환(2017), 논문쓰고 졸업하기: 심리·교육·사회복지전공 대학원생을 위한 방법론 워크북. 서울: 사회평론.

김병욱, 김영희(2015). 탈북박사부부가 새롭게 쓴 논문작성법. 서울: 북스힐.

김상현(2009). 영어로 논문쓰기. 서울: 넥세스.

김연경(2016). 논문작성법 컨설팅. 서울: 글로벌컨텐츠.

김영천(2010). 질적연구방법론 I: Bricoleur. 서울: 문음사.

김원표, 이종환(2019). DataIN으로 보고서 및 통계분석 한방에 끝내기! 경기: 공동체.

김윤옥, 박성미, 박소영, 손 미, 신경숙, 이은화, 정명화, 허승희, 황희숙(2009). 질적연구 실천방법. 교육과학사.

김인숙(2016). 사회복지연구에서 질적방법과 분석. 서울: 집문당.

김주아, 박보영, 강진구, 김성길(2015). 논문작성 길라잡이. 서울: 공동체.

김진희, 김영순, 김지영(2015). 질적연구여행. 서울: 북코리아.

김혜숙, 공윤정, 여태철, 황매향(2017). 초보자를 위한 학위논문작성법. 서울: 학지사.

노경섭, 김정옥(2021). 제대로 작성하는 논문: 시작부터 마무리까지. 서울: 한빛아카데미.

노영희, 박향하(2015). 논문자료 탐색과 논문작성법. 서울: 청람.

문수백(2011). 학위논문작성을 위한 연구방법의 실제. 서울: 학지사.

박규상(2017). 처음쓰는 논문쓰기. 경기: 샌들코어

박기우 외 공역(2013). 사회연구조사방법론: 질적연구와 양적연구방법. 이앤비플러스..

박미숙(2012). 간질장애인의 사회참여 경험연구. 한국사회복지질적연구, 6(1), 41-79.

박선희(2011). 청소년의 영적안녕감이 사회성 발달에 미치는 영향. 대구가톨릭대학교 석사학위논문.

박선희(2015). 사회복지전공 대학생의 다문화 역량에 관한 영성지능과 인권태도의 구조관계분석. 대구가톨릭대학교 박사학위논문.

박창원, 김성원, 정연경(2012). 논문작성법. 서울: 이화여자대학교 출판부.

박향경(2012). 정신장애인의 어머니가 경험한 가족생활 내러티브 탐구. 서울: 이화여자대학교 대학원. 박사학위논문.

박휴용 (2014). 초보연구자를 위한 질적연구방법론. 전주: 전북대학교 출판문화원.

서대진, 장형유, 김봉화(2011). 인문사회과학도를 위한 학위논문 작성법 교과서. 서울: 일문사.

서영석, 안하얀, 김시연, 김애란, 왕윤정, 이정선, 곽열, 김설화, 김재훈, 박성화, 이상학, 이정윤, 이채리, 최민영, 최유리, 최정윤(2019). 출판되는! 논문작성하기: 학술지 논문분석. 서울: 학지사

서유라(2012). 청소년 멘토링 구성요인이 멘토링 기능수행에 미치는 영향. 대구가톨릭대학교 석사학위논문.

성정숙(2010). 레즈비언 생애사 연구: 사회복지 이론과 실천의 비판적 확장. 중앙대학교 박사학위논문.

성태제, 시기자(2011). 연구방법론. 학지사.

송진영(2018). 사회복지자료분석. 경기: 지식공동체.

심윤무(2016). 사회복지사의 글쓰기 365일. 경기: 공동체

엄영숙(2014). 아동보호전믄기관 사회복지사의 이차외상스트레스 대처과정에 관한 연구: 고통 속에서 줄탁을 통해 나아가기. 청주대학교 박사학위논문.

우수명(2019). 마우스로 잡는 26.0 SPSS. 경기: 양서원.

유기웅, 정종원, 김영석, 김한별(2012). 질적연구방법의 이해. 서울: 박영사.

유영준 (2006). 사회복지사의 반성적 실천에 관한 연구. 가톨릭대학교 박사학위논문.

윤택림(2004). 문화와 역사연구를 위한 질적 연구 방법론. 아르케.

이승민(2013). 다문화여성의 초등학생 자녀 양육경험에 관한 질적연구: 상생과 행복을 위한 감인대

의 삶. 위덕대학교 박사학위 논문.

이원주, 이영미(2019). 사회복지조직과 논문집필자를 위한 사회복지모형구조연구. 경기: 공동체

이윤주, 문명현, 송영희, 김미연, 김예주, 김여흠, 지연정 (2014). 알기쉬운 상담연구방법론: 학위논문 작성에서 학술논문 투고까지, 서울: 학지사

이윤진(2021). 생애 첫 논문 완성을 위한 31가지: 논문작성연습. 서울: 한국문화사

이재희, 박효정, 이보람(2017). 제안·보고·발표력 향상을 위한 프레젠테이션 전략. 경기: 양성원.

이정희(2014). 가정폭력 피해 이혼여성의 자기표상 변화과정에 관한 질적사례연구. 대구대학교. 박사학위 논문.

이현섭, 강협민, 김형수(2018). 응용 프로그램을 활용한 연구 기법: 연구방법의 이해와 적용. 서울: 이프레스.

이형환, 이재훈(2012). 학위논문작성 길라잡이. 경기: 한국학술정보.

장길상(2013). 실증연구를 위한 논문작성법. 울산: 울산대학교 출판부.

정건희(2013). 청소년참여 담론연구. 중앙대학교 박사학위 논문.

정병기(2011). 사회과학 논문작성법. 서울: 서울대학교 출판문화원.

정병기(2017). 논문작성을 위한 스터디독서. 서울: 서울대학교 출판문화원.

정삼권(2014). 학위논문작성법: 쉬운예문 및 통계. 서울: 기문사.

정현욱(2012). 사회과학 연구방법론. 서울: 시간의 물래

조휴정(2020). 사회복지사의 근무지속에 관한 질적 사례연구. 경성대학교 박사학위 논문.

천정웅(2017). 서회복지연구방법론. 경기: 양서원.

초의수(2020). SPSS 25.0 활용 자료분석론. 경기: 양서원

최옥채(2008). 사회복지사를 위한 질적연구. 신정.

하나이 히토시, 와카마츠 아츠시 저, 송주명 역(2012). 스텝식 논문작성법. 서울: 새길 아카데미.

한석우, 김영화(2015). 논문작성 체크포인트. 경기: 지구문화사.

한유리(2015). 질적연구입문, 서울: 박영story.

황수연(2017). 아동양육시설 퇴소성인은 가족을 어떻게 만들어 가는가? 서울: 중앙대학교 대학원 박사학위논문.

히든 그레이스 논문통계팀(2020). 한번에 통과하는 논문: 논문검색과 쓰기 전략. 서울: 한빛아카데미.

Biklen, S. K. & Casella, R. (2007). *A practical guide to the qualitative dissertation*. New

York, NY: Teachers College Press.

Bloomberg, L. D. & Volpe, M. (2012). *Completing your qualitative dissertation: A road map from beginning to end*. Thousand Oaks, CA: Sage.

Booth, W. C., Colomb, G. G. & Williams, J. M. (2008). The crafte of research: Chicago guides to writing editing and publishing. 양기석, 신순옥 역(2012), 학술논문작성법, 서울: 나남.

Brewer, J., & Hunter, A. (1989). *Multimethod research: A synthesis of styles*. Newbury Park, CA: Sage.

Bryman, A. (2012). *Social research methods*. New York, NY: Oxford University Press.

Cone, J. D. & Foster, S. L. (2004). *Dissertations and theses from start to finish: Psychology and related fields*. 정옥분, 임정하 (역)(2013). 학위논문작성법: 시작부터 끝내기까지. 서울: 시그마프레스.

Cone, J. D. & Foster, S. L. (2010). *Dissertations and theses from start to finish: Psychology and related fields*. Washington, D.C.: American Psychological Association.

Creswell, J. W. (2015). 30 Essential skills for the qualitative researcher. 한유리 역(2017). 질적연구의 30가지 노하우. 서울: 피와이메이트.

Davis, G. B. & Parker, C. A. (1997). *Writing the doctoral dissertation: A systematic approach*. New York, NY: Barron's Educational Series, Inc.\

Denscombe, M. (2010). *The good research guide: Open up study skills for small-scale social research projects*. New York, NY: Open University Press.

Eco, U. (1977). 김운찬 역(2017). 논문 잘쓰는 방법. 경기: 열린책들.

Efron, S. E. & Ravid, R. 저, 한유리 역 (2020). 문헌 리뷰 작성 가이드. 서울: 피와이메이트.

Gabrys, B. J. & Langdale, J. A. (2012). *How to succeed as a scientist: From postdoc to professor*. New York, NY: Cambridge University Press.

Glassman-Deal, H. (2007). *Science research: Writing for non-native speakers of English*. 김성철, 진병문 (역)(2009). 유학생 및 과학자를 위한 영어논문작성법(2012). 서울: 청범출판사.

Grbich, C. (2007). *Qualitative Data Analysis: An Introduction*. London: Sage.

Greenbaum, T. 저, 이광숙 역. (2003). 포커스그룹 리서치.

Guba, E. and Lincoln, Y. (1994). Competing paradigms in qualitative research, in Denzin ,N. K. and Lincoln, y. (Eds) *Handbook of Qualitative Research*, Newbury Park: Sage.

Hacker, D. (2009). *Rules for writers: 2009 MLA update*. Boston, MA: Bedford/St. Martin's.

Hatch, J. A. (2002). 진영은 (역) (2008), 교육상황에서 질적연구 수행하기. 서울: 학지사.

Hays, P. A. (2004). Case study research. In K. deMarrais & S. D. Lapan (Eds.), *Foundations for researchs of inquiry in education and the social sciences*(pp. 217-234). Mahwan, NJ: Lawrence Erlbaum.

Heppner, P. P. & Heppner, M. J. (2004). *Writing and publishing your thesis, dissertation & research: A guide for students in the helping professions*. Belmort, CA: Brooks/Cole. Cengage Learning.

Lunenburg, F. C. & Irby, B. J. (2008). *Writing a successful thesis or dissertation: Tips and strategies for students in the social and behavioral sciences.* Thousand Oaks, CA: Sage.

March, L.A. & McEvoy, B.T. (2009). *The literature reviews: Six steps to success.* Thousand Oaks, CA: Sage.,

Matthews, B. and Ross, L. (2010). *Research Methods: A Practical guide for the social science.* London: Pearson Education.

Merriam, S. B. (1998). *Qualtative research and case study applications in education.* San Fracisco, CA: jossey-Bass.

Miles, M.B. and Huberman, A.M. (1994). *Qualitative Data Analysis* (2nd), Thousand Oaks, CA: Sage.

Patton, M. (2002). *Qualitative Evaluation and Research Methods* (3rd). Newbury Park: Sage.

Patton, M. Q. (2015). Qualitative research and evaluatin methods: Integrating theory and practice. 김진호, 나장함, 차동춘, 조대훈, 조윤경, 임정완, 임부연, 최윤정, 이연선, 최진혁, 박주영(2017). 질적연구 및 평가방법론. 경기: 교육과학사.

Punch, K. F. (2005). *Introduction to social reserch: Quantitative and qualitative approaches* (2nd ed.). Thousand Oaks, CA: Sage.

Pyrczak, F. & Bruce, R. R. (2000). *Writing empirical research reports: A basic guide for students of the social and behavioral sciences.* Los Angeles, CA: Pyrczak Publishing.

Ridley, D. (2012). *The literature review: A step-by-step guide for students.* Thousand Oaks, CA: Sage.

Roberts, C. M. (2010). *The dissertation journey: A practical and comprehensive guide to planning, writing, and defending your dissertation.* Thousand Oaks, CA: Sage.

Shaughnessy, J. J., Zechmeister, E. B., & Zechmeister, J. S. (2014). Research Methods in Psychology. 조영일(2016). 사회과학에서의 연구방법론. 서울: 시그마프레스.

Sheperis, C. J., Young, J. S., & Daniels, H. (eds.) 최한나, 김은하, 김형수 (역)(2013). 상담연구방법론: 양적·질적·혼합적 방법론. 서울: 학지사.

Silverman, D. (2001). *Doing Qualitative Research: A Practical Handbook*. London: Sage.

Single, P. B. (2010). *Demystifying dissertation writing: A streamlined process from choice of topic to final text*. Sterling, VA: Stylus Publishing, LLC.

Stake, R.E. (1995). *The art of case study research*. Thousand Oaks, CA: Sage.

Szuchman, L. T. & Thomlison, B. (2004). *Writing with style: APA style for social work*. Belmont, CA: Wadsworth/Thomson Learning.

Szuchman, L. T. (2011). *Writing with style: APA style made easy*. Belmont, CA: Wadsworth Cengage Learning.

Turabian, K. L. (2003). *A manual for writers of research papers, theses, and dissertations: Chicago style for students and researchers*. Chicago: The University of Chicago Press.

Yin, R. K.(2003). *Case study research design and methods* (3rd ed.). Thousand Oaks, CA: Sage.

# 찾아보기

## [인 명]



## [내 용]

### ㄱ



### ㄴ

ㅇ

ㅈ

## 저/자/소/개

### ▪ 천정웅(대구가톨릭 대학교)

미국 캔사스대학교(The University of Kansas)에서 청소년전문가들(youth professional)의 관점에서 청소년분야 "강점기반실천(strengths-based practices)의 본질(nature)"을 분석한 논문으로 사회복지학 박사학위를 취득하였으며 한국 중앙대학교에서 환경레짐(environmental regime)에 관한 논문으로 정치학 박사학위를 받았다. 한국청소년정책연구원 기획조정실장, 한국청소년학회 사무총장, 미국 아이오와 대학교(University of Iowa) 방문학자, 미국 캔사스대학교(University of Kansas), 사회정책분석연구원 Research Manager 등으로 일한 바 있다.

현재 대구가톨릭대학교 사회복지학과 교수로 재직하고 있으며, 대구다문화가족지원센터 협회장 등을 역임하였다. 대구가톨릭대학교의 주요보직으로 국제다문화대학원장, 다문화연구원장, 다문화교육원장, 청소년복지연구소장, 사회복지학과장, 대학원 사회복지학과장 등이 있다. 학부와 일반대학원 석 · 박사 과정에서는 청소년복지론을 비롯하여 주로 청소년인권과 참여, 사회복지정책론, 사회복지행정론, 지역사회복지론, 고급통계자료분석론, 질적연구방법론, 사회복지법제론, 국제사회복지론, 청소년활동론, 인간행동과 사회환경 등을 담당하고 있다.

1980년대 중반 이후 30여 년간 청소년학, 사회복지 및 영성복지 등과 관련한 이론과 실천, 양적/질적 연구방법론 등에 관한 연구, 강의 및 저작활동에 진력해오고 있다. 한국전통사상에 관해 특별한 관심을 갖고 있으며, "적극적 관점의 청소년개발", "차세대 청소년학총론", "청소년 인권과 참여", "청소년멘토링", "청소년복지론", "다문화청소년활동론", "지구환경레짐의 정치경제학" 등의 국 · 영문 50여권의 저서와 "청소년참여의 유형화 연구", "청소년정책의 발전적 특성연구" 등 다수의 논문이 있다. 또한, "Best practices in community-based prevention for youth substance reduction", "Causal relationships between service outcomes and satisfaction, service utilization, and demographic characteristics: A path analysis" 등 단독저자로서 SCI, SSCI 등재 영문저널에 게재된 영문 논문을 여러 편 갖고 있다.

2003년 미국에서 "세계청소년학 아카데미(World Academy for Youth Studies)"를 창립했으며 2006년에는 한국 청소년복지의 발전을 위한 "청소년학 월드포럼(World Forum on Youth Studies)"을 제안하여 격년마다 세계 주요 국가를 순회하면서 국제컨퍼런스를 개최하고 있다. 한국사회복지질적연구학회 편집위원장, 글로벌청소년학회 편집위원장, 한국청소년연구 편집위원 등을 역임했으며, 최근에는 글로벌청소년학회 회장을 맡고 있으며, 국제사회복지학회 회장, 한국시민청소년학회 회장을 역임하였다. 한국과 미국의 연구기관에서 청소년관련 정책연구와 청소년 정신건강관련 데이터 분석 등을 통해 50여종의 국 · 영문 보고서를 발간하였다.

학술아카데미 총서 ④ : 논문작성법
**논문작성 연구방법 실전 노하우**
입말로 전하는 문헌 · 양적 · 질적연구

1판 1쇄 인쇄 — 2022년 1월 10일
1판 1쇄 발행 — 2022년 1월 15일

저　　자 - 천정웅
발 행 인 - 강철원
발 행 처 - 양성원
주　　소 - 경기도 파주시 검산로 173번길 29-20
전　　화 - 031-946-3861(代)
팩　　스 - 031-946-3864
이 메 일 - tnwpub@naver.com
홈 페 이 지 - tnwpub.co.kr
출판등록 - 2015년 8월 31일 제 2015-000211 호

ISBN 979-11-6126-414-1

정가 22,000원